한국어 교육학 총서

한국어 발음 교육론

저자 권성미

한글파크

10년 전 한국어 발음 습득에 대한 연구로 박사학위를 받으면서 막연하게나마 언젠가 발음 교육에 대한 책도 써 보고 싶다는 생각을 했던 것 같다. 그런데 그 시기가 생각보다 빨리 찾아왔다. 한국어교육학회에서 한국어교육 총서를 출판하는 일을 기획하셨고, 영광스럽게도 발음 교육 영역의 집필을 필자가 맡게 됐다. 일을 맡을 때부터 개론서를 쓰는 일이 시기상조임을 우려 아니 한 바 아니지만, 원고를 쓰는 3년 내내 나는 여기저기 지식의 빈자리들을 발견하며 이 일은 적어도 5년 후, 아니 10년 후에나 시작했어야 하는 일임을 확인할 수 있었다. 두고두고 후회하게 될 것 같은 지금의 상태로 책을 출판하는 것에 마음이 영 편하지 않지만, 기본을 더 축적해 향후 개정판에 이러한 아쉬움을 반영하리라 다짐하며 일단 원고를 내보낸다.

발음은 "파티에 초대받지 못한 신데렐라", "교육과정의 고아"로 일컬어질 정도로, 그동안 교육과정의 중심부에 들지 못하고 주변부에서 부수적인 요소 취급을 받아 왔다. 발음은 같은 미시 기능에 해당하는 어휘나 문법과 달리 거시 기능에 통합시켜 다루기가 어려워, 그동안 교육학적 측면을 비중 있게 다루지 못하고 이론적인 면에만 치중해 온 경향이 있다. 발음은 또, 교수 난이도가 높은 영역이어서 교사들이 의식하지 못한 채 교수를 회피하고 있는 영역이기도 하다. 발음을 가르치기 위해서는 한국어의 음성음운론에 대한 지식뿐 아니라 학습자의 L1과 한국어에 대한 대조 언어학적 정보는 물론 효과적인 교수 방안에 대한 정보까지 갖추어야 해서, 경험이 많은 숙련된 한국어 교사들마저도 발음에 한해서는 자신감을 잃게 될 때가 많다. 실제로 발음 교육에 필요한 지식은 꽤 전문성을 띠는 것이어서 체계적인 교육을 받지 않고서는 안타깝게도 그저 '선생님을 따라 말하세요.'만을 반복하는 유능하지 못한 교사가 되기 십상이다.

이 책은 이러한 어려움에 봉착한 한국어 교사들과 한국어 발음 습득 양상을 연구하려는 연구자들에게 필요한 발음 교육에 대한 전반적인 지식을 전하고자 한다. 이 책에서는 한국어 발음 교육에 필요한 이론적인 지식과 더불어 실제적인 정보를 모두 다룬다. 이론적인 지식으로는 먼저 한국어 음성음운론에 대한 기본 지식을 다루고, 그리고 제2 언어 음성을 습득에 관한 이론 및 가설과 그것을 바탕으로 한 교수·학습에 관한 이론을 다룬다. 학습자의 한국어 중간언어 발음은 학습자의 L1과 한국어의 대비를 통해 예측할 수 있는 부분이 크기에, 영어, 중국어, 일본어를 중심으로 한국어와 학습자 L1의 대조 분석 정보 역시 다룬다. 그리고 실제적인 정보로는 학습자 언어권별로 교수 시 유의해야 할 사항이나 효과적인 설명 방법은 물론 수업에서 활용할 수 있는 활동에 대해서도 다룬다.

이 책의 1~4장은 발음 관련 교수 · 학습 이론을 다루고 5장에서 음성음운론에 대한 기초 이론을 다룬다. 그리고 6~13장은 한국어 발음 교육 내용에 해당하는 장들이다. 발음 교육 내용에 해당하는 6~13장은 〈발음/규칙의 특징〉, 〈교수 방법〉의 두 부분으로 이뤄져 있다. 〈발음/규칙의 특징〉 부분에서는 한국어 분절음의 조음 위치와 조음 방법을 기술하거나 음운 규칙의 특징을 설명하고, 〈교수 방법〉 부분에서는 해당 분절음이나 규칙 등을 학습자에게 효과적으로 설명하는 방안을 제시한다. 그리고 학습자 언어와 한국어의 대조 정보와 그에 따른 학습자 언어권별 교수 시 유의 사항을 함께 제시하고 학습 활동의 실제적인 예시도 다룬다.

이 책은 한국어 발음 교육에 필요한 것들을 고려하여 장을 구성하여 전체 구성에 있어서 음운론적인 체계에 따라 구성된 개론서와는 차이가 있다. 또, 이 책에서 기술하고 있는 한국어 발음 용례는 어문규정의 표준 발음법을 준수하는 범위 내에서 다루었다. 다만 한국어 표준교육과정을 기준으로 발음 교육의 내용이 될 만한 현실 발음은 표준 발음이 아니어도 다루지만 표준 발음 여부를 명시적으로 언급하였다.

최근 활발히 이루어지고 있는 한국어 발음 습득 연구 성과들을 이 책에서 충분히 다루지 못했다는 점이 못내 아쉽지만, 축적된 연구 성과가 교육에 반영될 수 있도록 하는 일은 다음 기회로 미뤄 본다. 집필을 시작하게 해 주신 한국어교육학회의 이삼형 회장님과 최정순 부회장님과 한글파크에 감사한 마음을 전하고 싶다. 그리고 집필하는 내내 늘 의논 상대가 되어 준 지도학생들과 3년 동안 고생하신 장은혜 편집부장님께도 감사의 마음을 전하고 싶다.

권성미

목 차

제1장 **한국어 발음 교육론 개괄** ················· 11

1 발음 교육의 목적 ······························· 13
   1. 모국어 화자와 같은 발음, 이해 가능한 발음, 이해하기 쉬운 발음 ··· 13
   2. ESL에서는 발음 교육의 목적을 어떻게 설정하고 있을까? ·········· 14
   3. 한국어 발음 교육의 목적을 설정할 때 고려해야 할 점들 ·········· 16
   4. 표준 교육과정의 한국의 발음 교육의 목표 ················· 18

2 발음 교육의 필요성 ··························· 19
   1. 발음이 등한시되는 이유 ······················· 19
   2. 발음을 가르쳐야 하는 이유: 발음 교육의 중요성 ············· 23

3 발음 교육을 위해 한국어 교사가 갖추어야 할 지식 ·········· 24
   1. 발음 및 발음 교수 관련 영역과 내용 ················· 24
   2. 한국어 교사가 갖추어야 할 지식 ··················· 26

4 발음 교육의 내용 ···························· 26
   1. 학습자가 알아야 할 발음 지식 ···················· 26
   2. 숙달도에 따른 발음 교육 내용 ···················· 28

제2장 **제2 언어 음성 습득 이론과 교수 이론** ············· 31

1 제2 언어 발음 습득의 성공과 실패를 결정짓는 요인들 ······ 33
   1. 언어적 요인: 제2 언어 음성 습득 이론 ················ 33
   2. 비언어적 요인 ···························· 42

2 외국어 교수 이론의 사조와 발음 교육 ················· 48
   1. 문법번역식 교수법 ························· 48
   2. 직접 교수법 ···························· 49
   3. 청각구두식 교수법 ························· 49
   4. 인지주의적 접근법 ························· 50
   5. 의사소통식 접근법 ························· 50

제3장 **발음 교수의 기본 원리** ···················· 53

1 발음 영역의 특징과 교수 학습 원리 ································ 55

    1. 발음 교육 영역의 특징 ································ 55

    2. 발음 지도 원리 ································ 56

    3. 발음 수업의 구성 ································ 59

2 수업 단계별로 할 수 있는 활동의 예시 ································ 61

    1. 도입 방안 예시 ································ 61

    2. 제시 방안 예시 ································ 63

    3. 연습 단계에 활용할 수 있는 활동의 예시 ················ 65

    4. 활용 단계에 활용할 수 있는 활동의 예시 ················ 69

제4장 **발음 평가와 교정** ································ 73

1 발음 평가 ································ 75

    1. 발음 평가의 특징 ································ 75

    2. 발음 평가의 기준 ································ 76

    3. 발음 평가의 유형 ································ 78

2 발음의 수정적 피드백 ································ 82

    1. 발음 교정의 원리 ································ 82

    2. 수정적 피드백의 유형 ································ 84

    3. 컴퓨터를 활용한 자가 교정 ································ 87

제5장 **음성 · 음운론의 이해** ································ 91

1 음성학의 이해 ································ 93

    1. 말소리의 생성 과정: 발음의 과정 ················ 93

    2. 조음 기관 ································ 96

2 음운론의 이해 ································ 97

    1. 음운과 변이음 ································ 97

    2. 음절 ································ 99

    3. 음운론적 제약 ································ 101

    4. 음운 규칙과 변이음 규칙 ································ 103

목차

제6장 **모음** ·· 109

1 단모음의 발음의 특징 ·· 111

　1. 표준 발음의 한국어 단모음 목록 ···················· 111

　2. 현실 발음의 한국어 단모음 목록 ···················· 112

　3. 단모음별 발음의 특징 ······································ 113

2 이중모음의 발음의 특징 ··· 116

　1. 표준 발음의 이중모음 목록 ···························· 116

　2. 현실 발음의 이중모음 ······································ 116

　3. 한국어 반모음 ·· 117

　4. 이중모음별 발음의 특징 ································· 118

3 교수 방법 ·· 121

　1. 제시 방안 및 제시 시 유의 사항 ··················· 121

　2. 학습자 언어권별 교수 시 유의 사항 ·············· 124

　3. 학습 활동 예시 ·· 128

제7장 **자음** ·· 131

1 발음의 특징 ··· 133

　1. 조음 위치에 따른 자음 ··································· 133

　2. 조음 방법에 따른 자음 ··································· 134

　3. 발성 유형에 따른 자음: 평음, 경음, 격음 ········ 138

　4. 공명성에 따른 분류 ·· 140

　5. 변이음 ·· 141

2 교수 방법 ·· 143

　1. 제시 방안 및 제시 시 유의 사항 ··················· 143

　2. 학습자 언어권별 교수 시 유의 사항 ·············· 148

　3. 학습 활동 예시 ·· 153

제8장 **음절 구조, 음절말 자음** ··· 157

1 발음의 특징 ··· 159

1. 한국어 음절 구조 ……………………………………………… 159
2. 음절말 자음 …………………………………………………… 160

② 교수 방법 ……………………………………………………… 164
1. 제시 방안 및 제시 시 유의 사항 ………………………… 164
2. 학습자 언어권별 교수 시 유의 사항 …………………… 165
3. 학습 활동 예시 ……………………………………………… 171

제9장　음운 현상 1: 연음화, 격음화 …………………………… 173

① 연음화 …………………………………………………………… 175
1. 규칙의 특징 …………………………………………………… 175
2. 교수 방법 ……………………………………………………… 177

② 격음화 …………………………………………………………… 182
1. 규칙의 특징 …………………………………………………… 182
2. 교수 방법 ……………………………………………………… 183

제10장　음운 현상 2: 비음화, 유음화 …………………………… 187

① 비음화 …………………………………………………………… 189
1. 규칙의 특징 …………………………………………………… 189
2. 교수 방법 ……………………………………………………… 193

② 유음화 …………………………………………………………… 202
1. 규칙의 특징 …………………………………………………… 202
2. 교수 방법 ……………………………………………………… 204

제11장　음운 현상 3: 경음화, 구개음화, ㄴ 첨가 …………… 207

① 경음화 …………………………………………………………… 209
1. 규칙의 특징 …………………………………………………… 209
2. 교수 방법 ……………………………………………………… 214

② 구개음화 ………………………………………………………… 219

1. 규칙의 특징 ·························· 219
2. 교수 방법 ·························· 220

3 ㄴ첨가 ································ 227
1. 규칙의 특징 ·························· 227
2. 교수 방법 ·························· 228

제**12**장 초분절음 ···························· 229

1 초분절음 ······························· 231
1. 장단 ································ 231
2. 강세와 악센트 ························ 233
3. 성조 ································ 236
4. 억양 ································ 237
5. 음역 ································ 237
6. 발화 속도 ··························· 238

2 한국어 억양 체계 ···················· 239
1. 억양 구조 단위 ······················ 239
2. 음절과 음운 단어 ···················· 241
3. 강세구 ······························ 241
4. 억양구 ······························ 243

3 교수 방법 ···························· 244
1. 제시 방안 및 제시 시 유의 사항 ········· 244
2. 학습자 언어권별 교수 시 유의 사항 ······· 244
3. 학습 활동 예시 ······················ 246

제**13**장 한국어 억양의 기능 ················ 247

1 억양의 기능 ·························· 249

2 유형별 기능 ·························· 250
1. 문법적 기능 ························· 250
2. 태도 · 감정 표시 기능 ················· 255
3. 담화 기능 ··························· 258

　　　4. 사회언어학적 기능 ································· 262

　3　교수 방법 ································· 262

　　　1. 제시 방안 및 제시 시 유의 사항 ················ 262

　　　2. 학습자 언어권별 교수 시 유의 사항 ·············· 265

　　　3. 학습 활동 예시 ································· 269

〈부록〉　**발음 교육을 위한 강의안 예시**

　⑴ 분절음 강의안: 평경격음 강의안 ·················· 274

　⑵ 음운 규칙 강의안: 장애음의 비음화 강의안 ·········· 276

　⑶ 초분절음 강의안: 부정사 의문문의 억양 강의안 ········· 278

〈참고〉　표준 교육과정의 한국어 발음 교육 내용의 현실 발음 ·············· 27

　　　한국어 교사들은 발음 교수 시 어떤 점들을 어려워하고 있을까? ·· 28

　　　섀도잉이란? ································· 70

　　　음운의 언어 개별성 ································· 99

　　　국제음성기호(IPA) ································· 106

　　　반모음(반자음 · 활음 · 전이음) ················· 118

　　　표준발음법 5항 ································· 120

　　　평경격음에 대한 음향음성학적 설명 ·············· 140

　　　외국어 음소 교수에 변이음 정보를 활용하는 것의 효과 ········ 147

　　　한국어 음절말 자음의 오류에서 관찰되는 흥미로운 특징 ····· 170

　　　자모 수업에서의 받침 발음 제시 순서 ·············· 171

　　　음운 규칙의 교수 · 학습 원리 ················· 180

　　　장애음의 비음화 관련 어문규정 ················· 191

　　　유음의 비음화 관련 어문규정 ················· 193

　　　한국어, 중국어, 일본어의 조음 위치 동화 ·············· 197

　　　유음화 관련 어문규정 ································· 203

　　　장애음 뒤 경음화 관련 어문규정 ················· 210

　　　한자어 /ㄹ/ 종성 뒤 경음화 관련 어문규정 ·············· 211

　　　어간말 비음 뒤 경음화 관련 어문규정 ·············· 211

　　　어미 '-(으)ㄹ' 뒤 경음화 관련 어문규정 ·············· 212

　　　구개음화 관련 어문규정 ································· 220

제 1 장

한국어
발음 교육론
개괄

학습 목표

☐ 한국어 발음 교육의 목적과 필요성에 대해 이해한다.

☐ 한국어 발음 교육 내용을 파악한다.

☐ 한국어 발음 교육을 위해 교사가 갖추어야 하는 지식에 어떤 것이 있는지 알아본다.

본 강의

1 발음 교육의 목적

    1. 모국어 화자와 같은 발음, 이해 가능한 발음, 이해하기 쉬운 발음

    2. ESL에서는 발음 교육의 목적을 어떻게 설정하고 있을까?

    3. 한국어 발음 교육의 목적을 설정할 때 고려해야 할 점들

    4. 표준 교육과정의 한국의 발음 교육의 목표

2 발음 교육의 필요성

    1. 발음이 등한시되는 이유

    2. 발음을 가르쳐야 하는 이유: 발음 교육의 중요성

3 발음 교육을 위해 한국어 교사가 갖추어야 할 지식

    1. 발음 및 발음 교수 관련 영역과 내용

    2. 한국어 교사가 갖추어야 할 지식

4 발음 교육의 내용

    1. 학습자가 알아야 할 발음 지식

    2. 숙달도에 따른 발음 교육 내용

① 발음 교육의 목적

　발음 수업을 구상하는 한국어 교사라면 누구나 한 번쯤은 발음 교육의 목적을 어디에 두어야 할지에 대해 고민해 본 적이 있을 것이다. 학습자가 하는 말이 무슨 뜻인지 알아듣는 데에 큰 문제는 없지만 모국어 발음이 그대로 전이된 어색한 한국어 발음이 느껴질 때, 그 발음을 수정해 줄 것인지 아니면 그대로 둘 것인지 갈등해 본 일도 있을 것이다. 사실상 발음 교육의 목적을 설정한다는 것은 발음 교수·학습의 궁극적인 도달점을 어디에 둘지를 결정하는 일이기에 교육과정과 수업을 설계하는 일에는 물론이고, 수업에서 학습자의 특정 오류를 교정해 줄지 말지를 판단하는 일에까지 영향을 미친다. 그렇기 때문에 한국어 교사는 발음 교육의 목적을 학습자가 한국인과 구분이 안 될 정도의 정확한 발음 능력을 획득하는 것에 둘 것인지 아니면 한국 사람만큼은 자연스럽지 않더라도 의사소통에 방해가 되지 않을 정도의 정확한 발음을 획득하는 것에 둘 것인지 등에 대해 생각해 볼 필요가 있다.

1. 모국어 화자와 같은 발음, 이해 가능한 발음, 이해하기 쉬운 발음

　발음 교육의 목적은 학습자가 궁극적으로, 즉 최종적으로 획득하게 될 발음 능력의 정확성의 정도에 따라 달리 설정된다. 제2 언어 발음 교육에 대해 다양한 연구를 한 바 있는 Derwing(2009)에서는 목표로 하는 발음의 정확성에 따라 세 가지 발음을 발음 교육의 도달점의 유형으로 거론하고 있다.

　첫째는 '모국어 화자와 같은 발음(native-like pronunciation)'이다. 모국어 화자와 같은 발음은 학습자 발음에 L1 발음의 흔적이 없어 (L2의) 모국어 화자와 구분이 되지 않을 정도로 정확한 발음을 가리킨다. 이 같은 모국어 화자와 같은 발음 능력을 획득하는 것을 발음 교육의 목적으로 설정할 경우, 발음 수업은 학습자의 L1 발음의 흔적(foreign accent)이 느껴지지 않고 목표어의 모국어 화자와 차이가 없는 모국어 화자만큼 정확하고 자연스러운 발음을 획득할 수 있게 하는 방향으로 이루어진다.

　둘째는 '이해 가능한 발음(intelligible pronunciation)'이다. 이해 가능한 발음은 목표어 화자가 학습자의 발화를 들었을 때 학습자가 의도한 의미대로 들리는 발음, 즉 의미 전달에 문제가 없는 정도의 정확성을 갖춘 발음을 의미한다. 이해 가능한 발음을 발음 교육의 목적으로 설정한다는 것은 학습자가 의도한 의미를 청자가 알아들을 수 있는 정도의 발음 능력을 획득할 수 있게 교육한다는 것을 의미한다.

셋째는 '이해하기 쉬운 발음(comprehensible pronunciation)'이다. 이해하기 쉬운 발음은 화자의 발화를 이해하는 데 어려움이 없는 발음을 말한다. 이해하기 쉬운 발음을 발음 교육의 목적으로 설정할 경우 청자가 '쉽게' 알아들을 수 있게 발음할 수 있도록 교육을 하게 된다.

이 세 유형은 발음의 정확성에 대한 관점에 차이가 있는 셈인데, 발음의 정확성에 대한 판단 기준과 판단 방법을 유형별로 비교해 보면, 그 관점의 차이를 잘 느낄 수 있다(표 1.1).

유형	판단 기준	판단 방법
모국어 화자와 같은 발음	모국어 발음의 흔적 (accentedness)	이해 난이도와 마찬가지로 척도 판단 과제를 활용해 정도성을 측정한다. 학습자의 발화를 목표어 화자에게 들려주고, 모국어 발음의 흔적이 전혀 없음(no accent)부터 모국어 발음 흔적이 아주 많음(extremely strong accent)까지 모국어 화자와 유사한 정도, 즉 발음의 자연스러운 정도를 측정한다. [그림 4.1]을 참조
이해 가능한 발음	이해 가능성 (intelligibility)	화자의 발화를 이해할 수 있는지 없는지는 전사 과제나 이해 확인 문제 등을 활용해 측정할 수 있다. 목표어 화자에게 들려주고 전사를 하게 한 후 맞게 전사한 단어의 백분율을 구한다. [그림 4.2]를 참조
이해하기 쉬운 발음	이해 난이도 (comprehensibility)	화자의 발화를 이해하는 데 어느 정도 어려움이 있는가는 척도 판단 과제를 활용해 측정할 수 있다. 화자의 발화를 들려주고 아주 이해하기 쉬움부터 아주 이해하기 어려움까지 정도성을 측정한다. [그림 4.3]을 참조

[표 1.1] 발음 교육의 목적 유형에 따른 발음의 정확성 판단 기준과 방법

2. ESL에서는 발음 교육의 목적을 어떻게 설정하고 있을까?

제2 언어로서의 영어(English as a Second Language, ESL)를 중심으로 외국어 교육 분야에서 발음 교육의 목적을 어떻게 설정하고 있는지 살펴보면, 발음 교육의 목적을 설정하는 일은 교육 내용이나 방법을 설정

하는 일과 마찬가지로 교수 이론의 사조와 맥락을 같이해 왔음을 알 수 있다. 교육법의 사조를 살펴보자면 주지하다시피 1980년대 이래로 최근까지 의사소통식 접근법(Communicative Approach, CA)이 각광을 받고 있다 (2장 참고). 그리고 그에 따라 언어 사용에 있어서 정확성(accuracy)보다는 유창성(fluency)이 중시되고 있으며, 그러한 맥락에서 발음 교육에서도 모국어 화자와 같은 정확한 발음보다는 이해 가능한 발음을 획득하는 것을 교육의 목적으로 설정하는 추세이다.

현재 성행하는 언어 교수 이론의 사조인 CA가 추구하는 바와 이해 가능한 발음을 발음 교육의 목표로 삼는 일은 상충하지 않고 서로 부합되므로, 높은 정확성을 강조하는 모국어 화자와 같은 발음을 추구하자는 주장은 설득력이 약해질 수밖에 없다. 또, 교수 이론의 사조는 차치하고서 현실적인 측면에서 모국어 화자와 같은 발음을 획득하는 것은 불가능에 가까우므로 모국어 화자와 같은 발음을 목적으로 설정하는 것을 상당히 비현실적인 일이라고 주장하는 교육자와 연구자도 많다.

재미있는 사실은 최근의 이러한 견해와 달리 1960년대 이전까지는 모국어 화자와 같은 발음을 습득하여야 한다는 주장이 일반적이었다는 사실이다. 하지만 Lenneberg(1967), Scovel(1969)과 같은 연구들에서 모국어 화자와 같은 발음을 습득하고 못하고는 교수·학습보다는 생물학적 조건이 결정한다는 주장을 한 이래로, 생물학적인 특성한 시기를 지나 외국어를 학습하는 성인 학습자가 모국어 화자와 같은 발음 능력을 습득할 것이라는 기대감은 교사들은 거의 사라졌다고 볼 수 있다(Levis 2005).

한편, 다언어 사회나 다문화 사회에서 외국인으로 느껴지는 다소 어색한 발음은 용인 가능한 것이므로, 모국어 화자와 같은 발음보다는 이해 가능한 발음에 초점을 맞추는 것이 적절하다는 견해도 있다. Jenkins(2000, 2002)는 국제어로서 영어(English as an International Language, EIL) 교육을 위한 발음 교수요목을 제안하면서 국제어로서 영어의 경우, 비모국어 화자 간의 영어 사용이 활발한 점을 들어 '모국어 화자와 같은 발음' 능력을 습득해야 할 필요성이 크지 않음을 주장하였다.[1]

---

1) 국제어로서 영어(EIL)란 영어가 모어가 아닌 화자들이 영어를 국제적인 의사소통의 매개어로 사용하는 경우의 영어를 가리키는 말이다. 세계 영어(World English, WE), 공용어로서 영어(English as a Lingua Franca, ELF) 역시 유사한 개념의 용어로 사용된다.

3. 한국어 발음 교육의 목적을 설정할 때 고려해야 할 점들

지금까지 한국어 발음 교육의 목적을 설정하기 위해 발음의 정확성의 정도에 따른 목적의 유형을 ESL의 경우를 중심으로 살펴보았다. 그렇다면 한국어 교사로서 우리는 과연 한국어 발음 교육의 목적을 어떻게 설정하는 것이 좋을까?

이상적으로는 모국어 화자와 같은 발음 능력을 습득하도록 교수·학습하는 것이 좋겠지만, 교사는 이상을 좇는 동시에 무엇이 현실적으로 가능한 것인지를 모두 고려해야 한다. 이상적인 목적을 선택할 경우, 학습자를 도달하지 못할 목적지로 이끌어 학습의 효율을 떨어뜨릴 우려가 있다. 또 목적의 실현 가능성만을 고려하여 이해 가능한 발음을 목적으로 삼을 경우, 학습자가 실제로 희망하는 바가 무시될 수 있다. 이러한 맥락에서 한국어 교육에서 '모국어 화자와 같은 발음'과 '이해 가능한 발음' 가운데 어느 쪽을 발음 교육의 목적으로 설정할지 판단하는 일은 쉽고 단순한 문제가 아니다. 그렇다면 한국어 발음 교육의 목적을 설정할 때 어떠한 점들을 더 고려해야 할지 생각해 보자.

(1) 학습 상황

한국어 발음 교육의 목적을 설정하는 데 있어서 무엇보다도 우선적으로 고려해야 하는 요소는 학습 상황이다. 외국어 환경에서 한국어를 배우는 KFL(Korean as a Foreign Language) 상황에서는 이해 가능한 발음을 발음 교육의 목적으로 삼는 것이 자연스러워 보인다. 그에 비해 한국어 환경에서 한국어를 배우는 KSL(Korean as a Second Language) 상황의 학습자의 경우는 이해 가능한 정도로 발음하는 것에 만족하지 않고 한국인처럼 들릴 정도로 자연스럽게 발음하는 능력을 가지기를 희망하는 학습자가 많다는 사실을 고려할 필요가 있다.[2] KSL 상황의 학습자 가운데서도 단순히 한국어를 배우러 온 어학 연수생이나 학부 및 대학원의 유학생

---

2) 외국어 환경이라 함은 학습자의 모국어를 사용하는 환경에서 목표어를 배우는 상황을 의미한다. 외국어로서 한국어(KFL)는 바로 외국어 환경에서 목표어인 한국어를 배울 때의 한국어를 가리키는 말이다. 반면에 제2 언어 환경은 목표어 환경에서 목표어를 배우는 상황을 의미한다. 따라서 제2 언어로서 한국어(KSL)는 한국에서 한국어를 배울 때의 한국어를 가리킨다.

과 직업적으로 업무상 한국어가 필요한 사람들, 그리고 이주민의 요구 사항은 각기 다를 수 있다. 일정 기간이 지난 후 귀국할 어학 연수생이나 유학생에 비해 한국에서 살아갈 이주민의 경우는 이해 가능한 발음에서 나아가 한국인과 같은 혹은 한국인의 발음에 가깝게 상당히 자연스럽게 발음하는 능력을 갖기를 바라는 경우가 많다.[3]

반면에 KFL 상황의 한국어 학습자들의 경우는 이해 가능한 발음을 획득하는 것에 만족할 가능성이 높다고 할 수 있다. 그렇지만 한국어 학습 목적에 따라 발음에 대한 기대치가 다를 수 있기에, KFL 학습자는 모두 이해 가능한 발음을 습득하는 것으로 충분하다고 일반화하기는 어렵다. 한국어로 한국어를 가르치거나 한국어로 전공 강의를 해야 하는 경우, 중요한 비즈니스나 외교 업무를 한국어로 수행해야 하는 경우 등은 상당히 높은 수준의 발음 능력을 필요로 하기 때문이다.

(2) 한국의 사회·문화적인 특징

또 한 가지 고려해야 할 점은 아직까지 한국은 다문화가 정착된 사회로 보기는 힘들다는 사실이다. 이해 가능한 발음을 발음 교육의 목적으로 삼는 ESL의 논의는 여러 정황상 이치에 맞아 보인다. 하지만 한국어 교육의 상황은 ESL의 상황과 상이한 점이 있어 그 경향성을 그대로 받아들이기에는 곤란한 점들이 있다. 언어·문화적 다양성을 용인하는 측면에 있어서 한국은 미국, 캐나다, 호주 등과 같은 다문화 사회와 차이가 있다. ESL의 배경이 되는 미국, 캐나다, 호주 등의 나라는 다문화가 정착되어 다양성이 인정되는 사회인 데 비해, 한국은 아직은 완전한 다문화 사회로 보기는 힘들며, 이제 막 다문화 사회의 초입에 들어선 이질성에 대한 민감성이 꽤 높은 사회이다. 이러한 점 때문에 ESL에서 하듯이 이해 가능한 발음을 교수 목적으로 삼는 것을 일반화하기에는 현실과의 괴리가 발생할 우려가 있다.

---

3) 김선정(2007), 민상희(2010) 등의 조사에 따르면 이주 여성 한국어 학습자의 경우, 자신의 부정확한 발음과 서툰 한국어 때문에 자녀의 언어 발달에 문제가 생길까 염려하며 이해 가능한 발음 이상의 정확성을 습득하기를 희망하는 것으로 나타났다.

(3) 결론

한국어 교육에서 발음 교육의 목적을 논할 때는 학습자가 한국에서 한국어를 학습하고 있는 KSL 상황인지, 외국에서 한국어를 학습하고 있는 KFL 환경인지, 또, KSL 학습자라면 한국에서 영구히 거주할 사람인지, 단기간 거주 후 귀국할 사람인지 등이 고려되어야겠다. 그리고 아직까지는 한국어가 영어처럼 국제어로서 사용되는 일이 흔치는 않지만, 한국인과 사용하는 한국어인지 학습자 간에 사용하는 한국어인지도 고려할 필요가 있었다.

한국어 교육 역시 ESL과 마찬가지로 의사소통식 접근법에서 추구하는 의사소통 능력(Communicative Competence)에 부합되게 이해 가능한 발음을 발음 교육의 최종 목표로 삼는 것이 합당할 것으로 판단된다. 다만 발음 교육의 목적을 이해 가능한 발음에 고정시켜 모국어 화자와 같은 발음을 습득하도록 하는 일을 너무 간단히 포기하는 일도 권장할 만한 일은 아니다. 해당 수업 시간의 목표는 '표준 한국어 교육과정'에서 제시하는 바와 같이 등급에 맞춰 정하되 학습자의 학습 목적에 따라 궁극적으로는 한국인에 가까운 발음 능력 습득이라는 최종 목표로 향하는 문을 열어 두어야 할 것이다.[4]

4. 표준 교육과정의 한국어 발음 교육의 목표

한국어 교육의 표준 교육과정이라고 할 수 있는 〈국제 통용 한국어 표준 모형〉은 표준 교육과정·교수요목과 함께 변인별 표준 모형을 제시하고 있다. 영역별로 표준적 목표와 등급을 설정하고 등급 내용(목표, 내용 기술)을 제시하고 있다. 표준 교육과정에서 제시한 발음 영역의 고급 목표를 살펴보면 현재 한국어 발음 교육에서 발음 교육의 목적을 어떻게 설정하고 있는지를 관찰할 수 있다. 고급에 해당하는 5, 6, 7급의 교수 학습 목표는 [표 1.2]와 같다. 최상위 등급인 7급의 경우 '원어민에 가까운 발음' 능력을

---

4) 통상적으로 국립국어원의 "국제 통용 한국어 표준 모형"을 한국어 교육을 위한 표준 교육과정으로 보고 있다. "국제 통용 한국어 표준 모형"에 대해 더 알고 싶으면 김중섭 외(2010)의 "국제 통용 한국어 표준 모형 개발 1단계"와 김중섭 외(2011)의 "국제 통용 한국어 표준 모형 개발 2단계"를 찾아보는 것이 좋겠다.

획득하는 것을 목표로 하고 있다.[5]

등급	목표
5급	억양을 통해 화자의 발화 의도나 태도를 표현할 수 있다. 발화 상황에 맞게 적절하게 어조를 바꾸어 말할 수 있다.
6급	발화 초점에 따라 적절한 발화 속도와 휴지를 유지할 수 있다. 한국의 대표적 방언을 듣고 이해할 수 있다.
7급	아주 제한적인 경우를 제외하고 원어민에 가까운 발음과 억양을 구사할 수 있다.

[표 1.2] **표준 교육과정의 고급의 발음 교육의 목표**

② 발음 교육의 필요성

본 절에서는 발음 교육이 등한시되는 경향에 대해 살펴보고 한국어 교육에서 발음 교육이 왜 필요한지, 한국어 교육에서 발음 교육이 가지는 중요성에 대해 생각해 볼 것이다.

1. 발음이 등한시되는 이유

(1) 발음 교육이 등한시되는 경향성

언어를 교수·학습함에 있어서 발음을 따로 떼어 놓고 생각하는 것은 불가능하다. 그럼에도 외국어 교육에서 발음 교육이 왜 중요한지 그 이유에 부가적으로 힘을 주어 이야기를 해야 할 정도로 외국어 교육에서 발음 교육은 등한시되어 온 경향이 없지 않다.

---

5) 한국어능력시험(TOPIK)의 등급과 표준 교육과정의 등급 비교

한국어능력시험	표준 교육과정
고급(5~6급)	최상급(7급)
중급(3~4급)	고급(5~6급)
	중급(3~4급)
초급(1~2급)	초급(1~2급)

반세기도 전인 1960년대에 Kelly(1969)는 발음을 "왕실 파티에 못 간 신데렐라"로 언급하며 발음이 외국어 교육에서 빠져 있음을 개탄한 바 있다. 또 Brown(1991)에서는 발음이 "궁지에 몰렸다(thrown in at the deep end)"는 표현으로 외국어 교육에서 발음 교육의 비중이 낮음을 지적하였다. 그리고 최근까지도 발음이 소외되는 상황은 크게 달라진 바가 없다. Gilbert(2010)에서는 발음이 "영어 교육과정의 고아"라고 언급하며 발음이 ESL 교육과정에 충분히 포함되어 있지 않음을 안타까워한 바 있다. 같은 맥락에서 Derwing(2009), Derwing and Munro(2005) 등의 연구들도 발음이 문법, 어휘와 같은 영역에 비해 주류에서 벗어난 영역으로 간주돼 왔음을 논하고 있다.

연구자	언급 사항	공통된 지적
Kelly(1969)	왕실 파티에 못 간 신데렐라	발음이 교육과정에 빠져 있거나 비중이 낮게 다루어지고 있음
Brown(1991)	궁지에 몰렸다	
Gilbert(2010)	교육과정의 고아	
Derwing(2009) Derwing and Munro(2005)	주류에서 벗어난 영역	

[표 1.3] 발음 교육이 등한시되고 있음을 지적한 연구들

다수의 제2 언어 연구·교육자들이 이같이 '언어 교육에서 발음이 등한시되어 왔다'고 하는 것은 그동안 발음이 언어 교육과정에 포함되지 못했거나 포함돼 있다고 해도 미미한 비중으로 다루어졌음을 의미한다. 교육과정이나 교수요목, 교재 등에서 발음에 할애하고 있는 비중을 생각해 보면 발음이 등한시되고 있다고 보는 견해가 일리가 있음을 인정할 수밖에 없다. 이러한 맥락에서 본 절에서는 먼저 발음 교육이 다른 영역에 비해 다소 등한시되고 있는 이유에 대해 알아보고, 한국어 교육에서 발음 교육의 중요성 및 필요성에 대해 살펴보도록 하자.

(2) 발음이 등한시되는 이유

외국어 교육에서 말하기, 듣기, 쓰기, 읽기와 같은 거시 기능(macro-skills)과 더불어 미시 기능 가운데서는 문법이 중심적 위치를 차지하는 데 비해, 발음은 주변적 요소로 치부되어 온 경향이 있다. 이렇게 다른 영

역들에 비해 발음 영역이 낮은 비중으로 다뤄진 이유는 무엇일까? 다음과 같은 몇 가지 측면에서 그 까닭을 찾아볼 수 있다.

① 외국어 교육 사조상 외국어 교육에서 발음 교육이 차지하는 비중이 줄어든다

외국어 교수법의 사조에 따라 발음 교육의 비중이 위축되는 경향이 있다(2장 참고). 청각구두식 교수법이나 직접 교수법의 사조에서 발음은 상당히 핵심적인 위치를 차지했었으나, 그 외의 다른 교수법 및 접근이 성행하던 시기에는 발음이 완전히 무시되거나 별로 중요하지 않게 다루어진 경향이 있다. 1980년대 이후로 최근까지 성행하고 있는 의사소통식 접근법 하에서는 발음이 전면적으로 무시되지는 않지만, 다른 영역에 비하면 그 중요성이 낮게 취급되는 경향이 있다.[6]

② 교수 효과에 대해 회의적인 태도

발음을 가르쳐도 발음 능력이 향상되지 않을 것이라고 막연하게 부정적으로 생각하는 이들도 많은데, 이렇게 발음의 교수·학습 효과에 대한 믿음이 약한 것이 발음을 등한시하는 원인이 될 수 있다.[7] 결정적 시기를 넘기고 외국어를 학습하게 된 성인의 발음은 교수·학습을 통해 향상되기 어렵다고 생각하거나, 학습자가 수업 시간 중에는 다소 향상됨을 보이더라도 실제 발화 상황에서는 향상된 모습을 보이지 않을 것이라고 보는 경향이 있다.

교수 효과에 대한 이러한 막연한 불신은 완전히 근거가 없는 판단이라고 할 수도 없다. 왜냐하면 교수 효과가 있음을 입증한 연구가 더 많기는 하지만, 발음 교수의 효과에 대해 부정적인 의견을 제시하고 있는 연구들은 볼 수 있기 때문이다. Pucell and Suter(1980)에서 언어 배경이 다양한 61명의 학습자를 대상으로 발음의 정확성과 상관관계가 있는 변인들을 조사하였는

---

6) 의사소통식 언어 교수가 성행하던 초기에는 발음이 거의 완전히 소외되기도 하였다(Burgees and Spencer 2000).

7) 교수 효과에 대한 불신과 더불어 교수 효과의 지속에 대해 부정적인 교사들이 많은 점도 발음 교육이 등한시 되는 원인이 될 수 있다. Breitkreutz et al.(2001)의 조사에 따르면 ESL 교사를 대상으로 교수 효과가 지속 되지 않을 것 같은지 묻는 질문에 18%가 동의했으며, 74%가 부정적으로 응답했다. Foote et al.(2011)에서도 23%가 긍정적이고, 62%가 부정적인 것으로 조사되었다.

데, 조사 결과 학습자 모국어, 모방 능력, 거주 기간, 발음에 대한 관심의 정도가 발음 습득과 관계있는 데 반해 발음 수업은 발음 습득과 상관관계가 없는 것으로 나타났다. 이러한 조사 결과를 통해 Pucell and Suter(1980)은 학습자의 발음 능력을 향상시키는 데에 교사가 수업을 통해 기여할 수 있는 부분은 거의 없는 것 같다는 비관적인 견해를 제시하기도 하였다.

③ 교사들에게 발음은 교수 난이도가 높은 영역

Derwing and Munro(2005)와 같은 교사를 대상으로 한 발음 교육에 대한 인식 조사 연구에 따르면 안타깝게도 교사들은 발음을 가르치는 것을 피하는 경향이 있다. 교사들이 제2 언어 수업에서 학습자의 화석화된 발음에 마음을 쓰지 않는 이유가 몇 가지 있는데 그중 하나는 교사들이 발음에 대한 지식이나 교수 방법에 대한 정보가 부족하기 때문인 것으로 나타났다. 교사가 발음 교육을 중요하지 않게 여겨 수업에서 시간을 할애하지 않는 것이 아니라 발음에 대한 지식이 부족하거나 발음을 어떻게 가르쳐야 하는지 지식이 부족해 발음은 교수를 회피하는 경우가 있다는 것이다. 발음을 가르치기 위해서는 목표어의 음성·음운론에 대한 지식뿐 아니라, 학습자 언어와 목표어에 대한 대조언어학적 정보에 효과적인 교수 방안에 대한 정보까지 필요한데, 이러한 지식은 꽤 전문성을 띠는 것이어서 체계적으로 전문화된 교육을 받지 않는 이상 갖추기 힘든 것이 사실이다.[8]

④ 교사를 위한 교육 자료의 부족

교사를 위한 교육 자료가 부족한 점 역시 교사가 발음 교육을 회피하는 원인이 될 수 있다. 교사를 위한 교육 자료가 부족한 데다가 학습자의 발음에 대한 연구 결과가 교사 교육을 위한 출판물에 반영되지 않은 경우가 많아, 교재가 제시되는 정보가 충분하지 못할 때가 많다. Derwing and Munro(2005)에 의하면 결정적 시기 가설(CPH)에 관한 부분 정도를 제외하면 L2 발음 연구의 결과가 교사 교육을 위한 출판물에 파고들지 못하고

---

8) 한국어 교사들의 경우, 발음 교육에 관한 재교육에 대한 요구도가 높은 것으로 나타났다. 권성미(2014)의 조사에 따르면, 교사의 89%가 발음 교육에 대해 더 훈련받고 싶다고 응답했다. 전공 여부나 경력 기간에 관계없이 대부분의 교사들이 발음 교육에 대한 훈련을 더 받기를 희망하는 것으로 조사되었다. 재교육 희망 내용으로는 단순한 이론이 아닌 실제적이고 구체적인 발음 교수 방안, 언어권별 발음의 특징과 차이, 모국어 간섭으로부터 오는 적절한 발음 교육 방법, 발음 교정의 방법, 발음에 대한 지식, 억양 교육에 대한 것들이 있다(최정순 2012).

있다고 언급한 바 있는데, 한국어 교사를 위한 교육 자료 역시 그러한 경향이 없다고 할 수 없다.

2. 발음을 가르쳐야 하는 이유: 발음 교육의 중요성

발음 교육은 의사소통의 핵심적인 요소라고 할 수 있는 말의 수단인 말소리를 가르치는 것이므로 직관적으로 생각해도 언어 교육에서 상당히 중요한 부분임을 누구나 알 수 있다. 그럼에도 발음은 다른 기능들에 비해 비중 있게 다뤄지지 않는 경향이 있다. 본 절에서는 발음을 왜 가르쳐야 하는지 발음 교육이 왜 중요한지에 대해 생각해 볼 것이다.

(1) 발음은 언어를 배우는 데 있어서 기본

발음은 언어를 배우는 데 있어서 가장 기본이 되는 것이다. 아무리 문법이나 어휘에 대한 지식이 풍부하다 해도 발음의 정확성과 유창성이 떨어지면 사람들이 잘 못 알아들어 의사소통이 불가능할 수 있다. 다른 영역에 비해 발음 영역에 대한 능력이 상대적으로 떨어질 때 실제 언어 사용 능력보다 낮은 평가를 받을 수 있다. 심하게는 목표어 환경에서 살아가면서 모국어 화자와 다른 어색한 발음으로 발화를 하는 것은 차별을 받는 원인이 될 수도 있기에(Flege 1987), 발음은 가벼이 여길 수 없는 요소이다.

(2) 발음 교수의 효과가 있다

앞서 발음 교수의 효과가 거의 없다고 보고한 Pucell and Suter(1980) 등의 연구 결과로 인해 교사들이 교수 효과에 회의적인 태도를 갖게 된 경향이 있다고 기술한 바 있지만, 반대로 교수 효과가 있다는 결과를 제시한 연구들을 더 쉽사리 찾아볼 수 있다. Derwing, Munro, and Wiebe(1998), Derwing and Rossiter(2003), Elliott(1997) 등을 비롯한 다수의 연구에서는 ESL 학습자를 대상으로 한 연구에서 발음 교수의 효과가 있음을 밝힌 바 있다. 이 연구들은 분절음과 초분절음 중 어느 쪽이 교수 효과가 더 큰지, 혹은 문장 읽기 연습을 한 경우와 자유 발화를 통한 연습을 한 경우 중 어느 쪽이 효과가 더 큰지 등에 대한 연구들로 발음 항목의 유형이나 연습 유형에 따라 교수 효과에 차이가 있는 것일 뿐, 발음 항목들에 대한 교수 효과 자체가 없는 것이 아님을 보여 준 셈이다.

한국어 교육 연구에서도 발음 교수의 효과는 여러 연구 결과에서 관찰된다. 한국어 교육에서 발음 교육의 효과에 대해 다룬 연구들로는 박성현·박형생(2008), 이혜영(2009, 2011), 정명숙·이경희(2000) 등 다수가 있다. 이들은 모두 특정 교수 방법의 교수 효과를 입증하였다.

연구	검증 내용
박성현(2011) 박성현 · 박형생(2008)	지각 학습 과제를 활용한 분절음 교수 효과
정명숙 · 이경희(2000)	학습자 모국어의 변이음 정보를 이용한 분절음 교수 효과
이혜영(2009)	발음 전략 활용 분절음과 초분절음 교수 효과
이혜영(2011)	드라마에서 추출한 음성 텍스트를 활용한 억양 교수 효과

[표 1.4] 교수 효과를 입증한 연구의 예

③ 발음 교육을 위해 한국어 교사가 갖추어야 할 지식

발음을 잘 가르치기 위해 한국어 교사는 어떠한 지식과 정보를 갖추어야 할까? 한국어 교사가 갖추어야 할 지식은 한국어 교사 양성을 위한 교육과정이나 한국어 교원 자격시험 등에 잘 반영이 되어 있는 편이다. 여기서는 한국어교육능력검정시험의 평가 영역과 평가 항목 및 내용에 대한 고찰을 바탕으로 발음 교육을 위해 한국어 교사에게 요구되는 지식에 대해 살펴볼 것이다. 학습자를 위한 발음 교육의 내용은 교사가 갖추어야 할 핵심적인 지식에 포함되므로 표준 교육과정에 제시된 한국어 발음 교육의 내용 또한 살펴보도록 하자.

1. 발음 및 발음 교수 관련 영역과 내용

한국어교육능력검정시험 발음 관련 영역(과목) 가운데 발음 교육과 전체적으로 관련이 있는 내용을 다루는 과목은 1영역의 〈한국어음성음운론〉과 3영역의 〈한국어발음교육론〉일 것이다. 영역 전체가 발음 관련 내용을 포함하고 있는 〈한국어음성음운론〉, 〈한국어발음교육론〉 외에도 1영역의 〈

한국어규범〉과 2영역의 〈대조언어학〉에서도 발음을 비교적 비중 있게 다루고 있다. [표 1.5]는 국립국어원의 한국어교육능력검정시험 문항 개발 연구 보고서(박동호 외 2006)에서 설정한 평가 기준과 영역을 바탕으로 이들 네 과목의 발음 관련 내용을 목록화한 것이다. 이 내용이 바로 한국어 발음 교육을 위해 교사가 갖추어야 할 지식의 목록에 상응한다고 볼 수 있다.[9]

영역(과목)		하위 영역	관련 내용
1영역	한국어 음성음운론	한국어의 음운 체계	• 자음 체계, 모음 체계, 초분절 음운
		한국어의 음절	• 음절의 개념과 특성, 음절 구조, 음소 배열의 제약, 재음절화
		한국어의 음운 변동	• 음절과 관련된 음운 변동, 동화와 관련된 음운 변동, 탈락과 관련된 음운 변동, 첨가와 관련된 음운 변동, 축약과 관련된 음운 변동, 불규칙 활용과 관련된 음운 변동, 불규칙적인 음운 변동
		어감의 분화	• 자음에 의한 어감 분화, 모음에 의한 어감 분화
	한국어규범	표준발음법	• 자음과 모음, 음의 길이, 받침의 발음, 음의 동화, 경음화, 음의 첨가
2영역	대조언어학	외국어 교육과의 관계	• 대조언어학에서 한국어의 특징
3영역	한국어 발음교육론	발음 교육론 개괄	• 발음 교육의 필요성과 목적, 언어교육이론과 발음 교육
		발음 교육의 원리와 방법	• 발음 교육의 원리, 발음 습득의 변인, 발음 교육 항목에 따른 발음 교육의 내용, 발음 교육 항목의 선정, 발음 교육의 모형, 발음 교육의 활동 유형, 발음 교육을 위한 수업 자료, 주요 언어권별 발음 교육 방법, 발음 교정 방법

[표 1.5] 발음과 관련성이 높은 네 영역에 포함된 발음 관련 내용의 목록

---

9) 이들 외에도 1영역의 〈한국어학개론〉, 〈한국어사〉, 2영역의 〈언어학개론〉, 3영역의 〈한국어교육학개론〉, 〈한국어듣기교육론〉, 〈한국어말하기교육론〉에서도 부분적으로 발음에 대한 것을 담고 있지만, 내용의 상당 부분이 이 책에서 다루는 네 과목의 내용과 겹치거나 상당히 미미한 정도로 다루고 있다.

2. 한국어 교사가 갖추어야 할 지식

한국어 교사는 발음 교육을 위해 [그림 1.1]과 같이 한국어 음성학과 음운론에 대한 지식은 물론, 어문규정의 표준발음법에 대한 지식을 갖추어야 하고, 학습자 중간언어를 이해하기 위해 학습자 모어의 발음 체계와 학습자 L1과 한국어 간의 대조언어 정보를 갖추어야 하며, 발음 교육 원리와 교수 방안에 대한 지식을 겸비해야 한다.

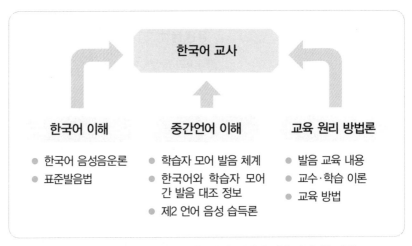

[그림 1.1] 한국어 발음 교육을 위해 교사가 갖추어야 할 지식

④ 발음 교육의 내용

본 절에서는 표준 교육과정을 바탕으로 한국어 발음 교육의 내용을 살펴볼 것이다.

1. 학습자가 알아야 할 발음 지식

표준 교육과정에서 제시하고 있는 발음 교육의 내용 범주를 살펴보면 (표 1.6), 분절음과 변이음의 발음, 음운 변동 규칙과 초분절음에 대한 것뿐만 아니라 현실 발음에 대한 부분도 교육 내용으로 포함하고 있다. 줄임말과 같이 구어체의 특징이 반영된 발음에 나타나는 음운 현상이나, 표준 발음에서 벗어나지만 한국인의 일상 발화에서 빈번히 접할 수 있는 발음에 대한 것도 교육 내용에 포함시키고 있다.

대분류	중분류	대분류	중분류
개별 음소	모음 자음(초성) 자음(종성) 변이음	초분 절음	억양 어조 장단 휴지 발화 속도 기타
음의 연쇄	연음 절음		
음운 현상	경음화 격음화 비음화 유음화 [ㄴ] 첨가 약화 탈락	현실 발음	단모음화 경음 받침 간편화 ㄹ 첨가 모음 변화 모음 축약

[표 1.6] 표준 교육과정의 발음 교육 내용의 범주(김중섭 외 2011)

※ 표준 교육과정의 한국어 발음 교육 내용의 현실 발음

표준 교육과정의 한국어 발음 교육 내용에 포함된 현실 발음의 목록은 다음과 같은데 현실 발음은 산출 차원에서 교육하는 요소는 아니고 이해 차원에서 교육할 내용임을 '이해한다'라는 표현으로 명시하고 있다.

단모음화	• 이중모음을 단모음에 가깝게 발음하는 것을 듣고 이해한다. 예) 과재[가자]
경음	• 경음화 환경이 아닌 곳에서 경음으로 발음되는 소리를 듣고 의미를 이해한다. 예) 좀[쫌], 소주[쏘주]
받침 간편화	• /ㅋ/, /ㅍ/, /ㅈ,ㅊ,ㅌ/가 모음으로 시작되는 조사와 연결될 때 각각 [ㄱ], [ㅂ], [ㅅ]로 발음되는 것을 이해한다. 예) 부엌에[부어게], 무릎을[무르블], 꽃이[꼬시]
ㄹ 첨가	• '-(으)려고'와 같이 '려' 앞에 [ㄹ]이 첨가되는 소리를 듣고 이해한다. 예) 가려고[갈려고]
모음 변화	• /ㅔ/를 /ㅣ/로 발음하는 것을 듣고 이해한다. 예) 네가[니가] • 조사나 어미의 /ㅗ/를 [ㅜ]로 발음하는 것을 듣고 이해한다. 예) 하고[하구] • /ㅓ/를 [ㅡ]로 발음하는 것을 듣고 이해한다. 예) 거지[그지] • /ㅕ/를 [ㅣ]로 발음하는 것을 듣고 이해한다. 예) 켜다[키다]
모음 축약	• 같은 모음이 반복될 때 소리가 축약되어 발음되는 것을 이해한다. 예) 나았어요[나써요]

2. 숙달도에 따른 발음 교육 내용

[표 1.7]은 표준 교육과정에서 제시하고 있는 숙달도 등급별 발음 교육 내용이다. 초급에서 분절음 교육이 이루어지고 중·고급에서 초분절음 교육이 이루어진다고 생각하기 쉽지만 초급과 중급 단계에서 분절음, 초분절음을 모두 다룬다. 다만 초급에서 좀 더 개별 음소 중심의 교육이 이루어진다면, 그에 비해 중급에서는 음운 현상을 비중 있게 다룬다. 고급에서는 문장의 유형을 결정하는 억양을 넘어서 자연스러운 발음을 하게 만드는 초분절음의 특징을 학습한다.

등급	대분류	중분류
1~2급	개별 음소	모음, 자음(초성), 자음(종성)
	음의 연쇄	연음
	초분절음	억양
3~4급	개별 음소	모음, 자음(초성), 자음(종성), 변이음
	음의 연쇄	연음, 절음
	음운 현상	경음화, 격음화, 비음화, 유음화, [ㅎ] 약화, [ㅎ] 탈락, [ㄴ] 첨가
	초분절음	억양, 발화 속도, 휴지
	현실 발음	단모음화, 받침 간편화, 모음 변화, 모음 축약, 경음, [ㄹ] 첨가
5~7급	초분절음	억양, 휴지, 어조, 발화 속도

[표 1.7] 숙달도별 발음 교육 내용[10]

※ 한국어 교사들은 발음 교수 시 어떤 점들을 어려워하고 있을까?

발음 교육에 대한 한국어 교사의 인식을 조사한 권성미(2014)에 따르면 한국어 교사들은 다음과 같은 점들을 발음 교육과 관련한 힘든 점으로 꼽았다.

● 음성음운론적 지식의 부족

발음 교육을 위해서는 한국어 음성음운론에 대한 지식뿐만 아니라 학습자 모국어의

---

10) 김중섭 외(2011)에서 제시한 발음 등급 화표를 초·중·고급별로 중분류까지 요약해 제시한 것이다. 김중섭 외 (2011)는 '약화'와 '탈락'으로 제시한 것을 명시화하여, [ㅎ] 약화 [ㅎ] 탈락으로 표시하였다.

발음 체계에 대한 지식과 한국어와 학습자 언어의 발음에 대한 대조언어학적 지식이 요구된다. 이러한 음성음운론적 지식이 부족함을 인식하는 교사들이 많다.

● 효과적인 교수 방안에 대한 정보의 부족

효과적인 발음 교수 방안이나 오류 발음에 대한 피드백 제공 기술에 대한 정보가 부족한 편이다. 음성학 지식이 부족한 것은 문헌을 찾아보는 것으로 어느 정도 해결이 가능하지만, 교수 방안에 대한 것은 참고할 만한 문헌 자료가 부족하여 교수 방안을 마련하는 것이 힘들다고 느끼는 교사가 많은 것으로 보인다.

● 교육 자료의 부족

학습자를 위한 교육 자료는 물론이고 교사를 위한 교육 자료 역시 부족하다. 최근 한국어 발음 습득 연구가 상당히 활발히 이루어지고 있는데, 그 연구들의 발견점이 학습자를 위한 교육 자료나 교사 교육의 내용으로 바로 연결이 되지 않는 경우가 많은 점 역시 안타까운 사실이다. 앞으로 학습자를 위한 발음 교육 자료뿐만 아니라 교사 교육을 위한 교재로 활용될 만한 출판물들이 더 풍부해져야 함은 물론이며, 그것들에 최근의 연구 결과들 가운데 교육에 효용성을 가질 수 있는 정보들이 포함되어야 할 것이다.

● 물리적인 시간의 부족

정규화된 수업의 일부로서 발음 교육을 해야 하는 경우, 독립적으로 일정 시간을 배정 받아 발음을 교육하고 있는 경우는 거의 없고, 말하기나 듣기 시간의 일부를 할애해 아주 단편적으로 발음을 다루고 있는 실정이다. 그렇기 때문에 발음을 가르치고 싶어도 진도에 쫓겨 발음에 할애할 시간이 부족한 것이 문제가 되는 경우도 많다.

● 기타

언어 배경이 다른 학습자들을 함께 가르치는 것, 학생들의 동기가 부족한 점, 수업이 지루해지는 문제, 교사 교육과정에서 발음 관련 수업을 받을 기회가 적은 점 등 역시 발음 교육과 관련해 교사들이 겪는 난점이 될 수 있다.

제 **2** 장

제2 언어
음성 습득 이론과
교수 이론

학습 목표

☐ 발음 습득의 성패를 결정짓는 변인들을 알아본다.

☐ 학습자의 L1이 L2 발음 습득에 미치는 영향에 대해 알아본다.

☐ 교수 이론의 사조에 따른 발음 교육의 위상 변화 양상에 대해 이해한다.

본 강의

1 제2 언어 발음 습득의 성공과 실패를 결정짓는 요인들

　　1. 언어적 요인: 제2 언어 음성 습득 이론

　　2. 비언어적 요인

2 외국어 교수 이론의 사조와 발음 교육

　　1. 문법번역식 교수법

　　2. 직접 교수법

　　3. 청각구두식 교수법

　　4. 인지주의적 접근법

　　5. 의사소통식 접근법

① 제2 언어 발음 습득의 성공과 실패를 결정짓는 요인들

주위에 외국어를 배우는 사람들을 둘러보면 숙달도가 비슷하더라도 같은 등급의 사람들에 비해 발음은 눈에 띄게 좋은 사람들을 볼 수 있다. 그리고 숙달도가 낮은 초급 학습자 가운데도 발음은 원어민 화자와 유사하게 들릴 정도로 훌륭한 사람들을 종종 볼 수 있다.[11] 또, 목표어를 장기간 배워 목표어 화자와 유사한 발음 능력을 획득하는 데 성공하는 사람도 있지만 실패하는 사람도 있는 것을 흔히 볼 수 있다. 이렇게 외국어 발음 습득에 있어서 학습자들 간에 습득 성패 여부를 결정짓는 혹은 성공 정도에 있어서 차이가 발생하게 만드는 요인은 무엇일까? 만일 우리가 어떠한 변인들이 학습자가 발음을 성공적으로 습득하게 만드는지를 이해할 수 있다면, 발음의 교수·학습 방안을 마련하는 데 큰 도움이 될 것이다. 이러한 맥락에서 본 절에서는 제2 언어 발음 습득 관련 선행 연구들에 대한 고찰을 통해 발음 습득의 성패를 결정짓는 요인들에 대해 살펴볼 것이다.

1. 언어적 요인 : 제2 언어 음성 습득 이론

제2 언어 발음 습득의 성패를 결정짓는 요인들은 언어적 요인과 비언어적 요인으로 나누어 생각해 볼 수 있다.

제2 언어를 습득하는 데 영향을 미치는 언어적 요인에는 학습자의 L1 언어 유형적 특징, L1과 L2 간의 차이나 유사성 혹은 유표성의 정도 차이 등이 있다. 여기서는 발음 습득과 관련된 제2 언어 습득론(Second Language Acquisition, SLA) 가설들 가운데 L1-L2의 관계에 따른 습득 양상을 논한 몇 가지 습득 가설과 이론에 대한 고찰을 통해 언어적 요인이 제2 언어 발음 습득에 어떠한 영향을 미치는지 알아보자.

---

11) 물론 성공과 실패에 대한 판단 기준은 발음 교육의 목적을 어떻게 설정하느냐에 따라 다를 수 있다. 발음 교육의 목적에 대해서는 1장을 참고.

(1) 대조분석 가설

1950~60년대에 제2 언어 습득 연구의 토대를 이룬 것은 '습관으로서의 언어'였다. 이 시기에 제2 언어 학습은 '새로운 일련의 습관의 형성' 과정으로 여겨졌다. 먼저 형성된 습관은 다른 새로운 습관의 형성을 간섭하는 것으로, '이전에 형성된 습관'인 L1이 L2를 배우는 데에 성공하지 못하게 만드는 주요 원인으로 간주되었다. 그리고 그에 따라 학습자의 모국어의 역할에 주목하게 되었는데 그러한 맥락에서 학습자 모국어와 목표어 체계의 비교를 통해 제2 언어 학습의 난점을 설명하기 위해 나온 시도가 바로 대조분석 가설(Contrastive Analysis Hypothesis, CAH)이다.

대조분석 가설은 L1과 L2 간의 차이가 작을수록 학습자가 L2를 습득하기 쉽고 차이가 클수록 습득하기 어렵다고 보는 가설이다. 즉, '차이(difference)=어려움(difficulty)'이라는 등식을 적용하려 한 가설이라고 볼 수 있다.

① 강 가설과 약 가설

초기의 대조분석 가설은 L1과 L2 간의 언어적 상이점이 바로 학습상의 난점이며 그것이 오류로 나타나므로, 두 언어 간의 대조분석을 통해 학습자에게 나타날 수 있는 모든 오류를 예측할 수 있다는 강 가설이 중심을 이루었다. 강 가설(strong view)은 학습자가 L1–L2 차이로 인해 학습상 어려움을 느끼게 되면 L1의 요소를 전이시킬 가능성이 높아지고, 여기서 전이된 요소에 의해 생기는 부정확한 요소가 바로 오류가 된다고 보았다. 강 가설은 L1 전이로 인해 일어나는 모든 오류는 대조분석을 통해 예측 가능하다고 보았다.

하지만 대조분석에 의해 발견되는 상이점들은 학습자의 오류로 나타날 확률이 높기는 하지만 상이점이 모두 오류로 나타나는 것은 아니었다. 더욱이 모든 오류를 예측하기 위해서는 한 언어를 이루는 모든 요소를 목록화하고 그것을 다른 언어와 대비하여야 하는데 현실적으로 그러한 일은 불가능한 일에 가깝다는 반박이 뒤따랐다.

강 가설은 그야말로 대조분석의 역할을 과대평가한 측면이 있는데 그 부분을 보완하여 나온 것이 약 가설(weak view)이다. 약 가설은 대조분석에 의해 발견되는 상이점들이 학습자의 오류로 나타날 확률이 높기는 하지만 상이점이 모두 오류로 나타나는 것은 아니라고 보았다. 대조분석은 오류의 원인을 해석하는 데 용이하다고 보았다. 출현 당시부터 반박을 받은 강 가설과 달리 약 가설은 좀 더 지속적인 관심과 지지를 받았다.

② 대조분석 가설의 활용성

대조분석 가설은 외국어 습득 과정에서 나타나는 오류들이 모국어의 간섭 때문에 생긴다기보다는 목표어 자체의 간섭 현상 역시 오류의 주요한 원인이 될 수 있다는 주장이 전개되면서 점차 무력화되었다. 대조분석보다는 학습 전이, 학습 전략, 과일반화 등의 오류의 원인을 밝히는 데로 관심의 방향이 전환되기도 하였다.

그럼에도 습득 과정에서 학습자들의 난점을 예측하거나 오류의 원인을 해설하는 데 있어 대조분석의 효용은 여전히 간과할 수 없다. 특히 음성·음운 차원에 있어서는 학습자 L1의 간섭 현상이 L2 학습상 난점이나 오류를 예측하는 데에 상당한 효용성을 지닌다. 조음은 상당 부분 운동적 기능과도 관계가 있어 성공적으로 조음하기 위해서는 근육 운동을 조절해야 하기에 L1으로 인한 간섭은 음성·음운적인 면, 즉 발음 면에서 넓은 부분에 걸쳐 대조분석에 따른 예측이 가능한 편이다.[12] 또한, 음성·음운 차원에서 다루게 되는 항목들은 목록이 비교적 한정적이어서 여러모로 대조분석을 활용하기에 유리한 경향이 있다(서정목 2002, 최용재 1984).

(2) 전이

① 긍정적 전이와 부정적 전이

전이는 이전에 형성된 지식이나 경험이 이후의 학습에 영향을 미치는 현상을 말하는 것으로, 그것이 미치는 영향의 결과에 따라 긍정적 전이(positive transfer)와 부정적 전이(negative transfer) 두 가지로 분류된다. 긍정적 전이는 이전에 습득한 것이 이후의 학습에 도움이 되어 긍정적인 영향을 미치는 경우로 습득의 촉진(facilitation)을 일으킨다. 긍정적 전이는 L1과 L2가 일치할 때 그대로 전이시킴으로써 나타날 수 있는 현상이

---

12) 어휘·통사·의미적 간섭은 음성·음운적 간섭에 비해 그 예측력이 떨어지는 편이다. 어휘·통사·의미는 운동적 기능보다는 사고, 처리, 저장, 회상과 같은 인지적 조정(cognitive coordination)을 더 요하는데, 이러한 인지적 조정은 근육 운동의 조정보다 복잡한 요인이어서 쉽게 예측하기 힘들다(서정목 2002).

다. 부정적 전이는 이전에 습득한 것이 이후의 학습에 부정적인 영향을 미쳐 학습을 방해하는 경우로 간섭(interference)을 일으킨다.[13] 부정적 전이는 L1과 L2 간에 차이가 있음에도 L1 체계를 L2 사용에 적용시켜 부정적인 결과인 오류를 발생시키는 현상이다.

② 음성·음운 간섭 현상

음성·음운적 간섭 현상으로는 발화와 관련된 조음 전이, 청취 전이, 그리고 문자와 관련된 자소 전이를 들 수 있다.

조음 전이는 L1을 발음하면서 고착된 L1의 조음 습관을 L2를 조음할 때 부정적으로 전이시켜 오류를 발생시키는 것을 말하는 것으로, 산출 차원에서의 전이라고 할 수 있다. 한국인이 영어 rice[rais]를 발음할 때 한국어 ㄹ[r]의 조음 습관을 전이시켜 [rais]라고 발음하는 경우를 예로 들 수 있겠다.

청취 전이는 L2 발음을 들을 때 L1의 음운 체계를 적용하여, L1 체계를 바탕으로 L2를 청취를 하게 되는 것을 말하는 것으로, 인식 차원에서의 전이라고 할 수 있다. 예를 들어 영어 'thank you'를 들을 때 한국인은 [Θ]를 [ㄸ]나 [ㅆ]로 지각하여 [Θæŋkju]를 [땡큐] 혹은 [쌩큐]로 듣게 되는데 이때 청취 전이가 일어났다고 할 수 있다.[14]

마지막으로 자소 전이는 L1과 L2의 정서법 혹은 자소 체계 차이로 인해 음운 체계의 부정적 전이가 일어나는 것을 말한다. 동일한 표기가 두 언어에서 서로 다른 음가를 지니는 경우에 발생하는 전이를 말한다. 예를 들면, 러시아어의 경우 자소인 'H'가 음가 /n/인데, 영어 화자의 경우 러시아어 자소 'H'를 영어 자소 'h'와 혼동하여 러시아어를 할 때 'H'를 [h]로 발음하는 오류를 발생시킬 수 있다. 마찬가지로 영어 화자는 /h/ 음가인 스

---

13) 간섭에는 언어 간 간섭(interlingual interference)과 언어 내적 간섭(intralingual interference)이 있다. 전이에서는 L1이 L2에 미치는 영향에 대해 기술하고 있으므로 언어 간 간섭을 다루고 있다고 할 수 있다. 한편, 언어 간 간섭에는 배제적 간섭(preclusive interference)과 침입적 간섭(intrusive interference)이 있다. 배제적 간섭은 제2 언어를 학습할 때 L1에 없는 요소를 배제해 버리는 오류를 발생시키는 현상을 말하고, 침입적 간섭은 L1에 있는 요소를 L2 학습에 적용해 오류를 발생시키는 현상을 말한다.

14) 인식 및 산출 차원에서 L1 발음 체계를 L2 발음 체계로 전이시키는 현상에 대한 연구는 최근까지도 활발히 행해지고 있다. 바로 이어 소개할 Best(Best 1994, Best and Strange 1992)의 지각 동화 모형(Perceptual Assimilation Model, PAM)과 Flege(1995, 1999)의 음성 습득 모형(Speech Learning Model, SLM) 역시 전이를 바탕으로 한 연구로 볼 수 있다.

페인어의 자소 'j'를 발음할 때 [y/j]로 발음하는 오류를 발생시키는 데 이는 모두 자소 전이에 해당한다.

(3) 유표성 차이 가설

유표성 차이 가설(Markedness Differential Hypothesis, MDH)은 Eckman(1977)에 의해 제기된 것으로 두 언어 간의 유표성의 정도에 차이가 있을 때 덜 유표적인 것이 먼저 습득되고 유표적인 것이 늦게 습득된다고 보는 가설이다.

- 모국어와 다르며 모국어보다 더 유표적인 목표어 자질들은 학습하기가 어려울 것이다.
- 모국어보다 더 유표적인 목표어의 상대적인 난이도는 상대적인 유표성과 일치할 것이다.
- 모국어와는 다르지만 덜 유표적인 목표어 자질들은 어려움이 없을 것이다.

[표 2.1] 유표성 차이 가설의 예측

유표적이라는 것은 하나의 자질에 어떤 자질이 더해진 더 복잡하고, 덜 보편적인 것을 가리킨다. 생성음운론의 관점에서 유표성은 유무의 이분법적인 것이다. 장애음의 유무성 대립의 경우를 예를 들어 설명하자면, 언어들에 따라 단어 초, 어중, 단어 말에서 모두 유무성이 대립을 이루는 언어(A)가 있는가 하면, 어초, 어중에서만 대립을 이루며 어말에서는 중화(neutralization)가 일어나는 언어(B)도 있고, 어초에서만 대립을 이루는 언어(C)와 어초, 어중, 어말 모두에서 대립을 이루지 않는 언어(D)도 있다(표 2.2).

이러한 경우, 장애음의 유무성 대립에 있어서 A, B, C, D 언어는 유표성에 있어서 내포적 관계를 가지게 된다. 어말에 유무성 대립이 일어나는 언어라면 반드시 어중, 어초에 유무성 대립이 일어나며, 어중에 유무성 대립이 일어나는 언어라면 어초에서 반드시 유무성 대립이 일어난다. 이러한 내포 관계를 통해 이들 언어 간의 유표성의 정도성을 설정할 수 있고, 유표성의 정도성에 따라 어려움의 방향과 어려움의 정도를 논할 수 있다(표 2.2).

언어	어초	어중	어말
A	○	○	○
B	○	○	×
C	○	×	×
D	×	×	×

[표 2.2] 장애음의 유무성 변별 여부[15]

언어	유표성 정도	어려움의 방향	어려움의 정도
A	가장 유표적		가장 어려운
B	⋮	⋮	⋮
C			
D	덜 유표적		가장 쉬운

[표 2.3] 유표성 정도와 장애음의 유무성 습득의 어려움 예측

　　유표성 차이 가설은 대조분석 가설과 마찬가지로 두 언어 간 차이가 습득에 미치는 영향에 대해 논한 가설이다. 하지만 유표성 차이 가설은 L1과 L2 간의 차이가 있는 곳에 난점이 있다는 식으로 어려움의 위치만을 예측하는 대조분석 가설의 평면적 예측 방식에서 한 걸음 더 나아가 어려움의 방향성과 어려움의 정도까지 예측 가능케 하였다는 점에서 의의가 있다. 다만 권성미(2007)에서 논한 바와 같이 Eckman(1977)이 MDH를 CAH의 대안으로 제안한 것과 달리, MDH는 실제적으로 많은 부분에서 CAH의 대안의 기능을 하기보다는 부가적인 기능을 하는 것으로 보인다. 따라서 유표성 차이 가설은 대조분석 가설을 지지하는, 혹은 대조분석 가설을 강화시키는 가설 정도로 보는 것이 적절할 것으로 보인다.

　　이후 Major and Kim(1999)에 의해 유사성과 유표성의 기능을 복합적으로 고려한 유사성 차이 정도 가설(Similarity Differential Rate Hypothesis, SDRH)이 제기되었다. 유사성 차이 정도 가설은 유사하지 않은 경우가 유사한 경우보다 더 빠르게 습득되지만, 유표성이 중재하는

---

15) A 유형에는 영어, 아랍어, 스웨덴어가 있고, B 유형에는 독일어, 폴란드어, 그리스어, 일본어, Catalan이 있다. C 유형에는 Corsican, Sardinian이 있으며 D 유형에는 한국어가 있다.

요인이 되어 일정 수준의 유사성이 있을 때 더 유표적인 경우 습득 속도가 감소된다고 보았으나, 아직까지 연구를 통해 실증적으로 입증되지는 않았다.

(4) 음성습득모형

대조분석 가설이 L1과 L2 간의 차이점을 L2 습득의 난점으로 보았다면, Flege의 음성습득모형(Speech Learning Model, SLM)은 유사성을 기준으로 습득의 난이도에 대해 논한 가설이다. 음성습득모형은 L1 음과 L2 음이 유사할 때, 즉 차이점이 잘 인식되지 않을 때 L2 화자가 새로운 음성 범주(new phonetic category)를 형성하기 힘들어 L2 음성 습득이 잘 이루어지지 않는다고 본다.[16] 그리고 L1과 L2의 음소가 서로 아주 달라 익숙한 음소(familiar phoneme)와 새로운 단음(new phone)이 분명히 대조를 이룰 때, 학습자는 L2 음을 L1 음과 연관시켜 생각하지 않게 되고 새로운 음성 범주를 형성하는 데 어려움을 덜 겪게 될 것이라고 예측한다.

음성습득모형에 따르면 L1과 L2의 음성적 하부 체계를 구성하는 음성적 요소는 '음운론적 공동 영역(common phonological space)'에 존재하기 때문에 L1과 L2는 서로 상호적으로 영향을 주고받는다. 그리고 음성범주 동화와 음성범주이화라는 두 기제로 이 상호 작용을 설명하였다(Flege et al. 2003).

① 음성범주동화와 음성범주이화

음성범주동화(phonetic category assimilation)는 L1과 L2의 음성 간에 인지할 수 있는 차이가 존재함에도 불구하고 새로운 음성 범주를 형성하는 데 실패했을 때 작동하게 되는 기제이다. 음성범주동화 기제가 작동하게 되면, L2 음성 범주가 L1 범주의 한 예로 간주돼 새로운 범주를 형성하는 데 방해를 가하게 된다. 그런 경우에 시간이 지나면 합쳐진 범주(merged category), 즉 인식적으로 L1과 L2가 연결된 음성 영역이 형성된다.

음성범주이화(phonetic category dissimilation)는 L2 음성을 위한 새

---

16) L2 음을 습득한다는 것은 머릿속에 하나의 새로운 음성 범주(a new phonetic category)를 형성하게 되는 것을 의미한다.

로운 범주가 수립될 때 작동이 되는 기제이다. 음성범주이화는 새로이 L2 범주가 수립되게 하고, 그것과 근접한 L1 음성 범주는 음성 영역에서 서로 거리를 두게 만든다. 음성범주이화는 단일 언어 화자(monolinguals)가 자신들의 L1 음성 영역을 구성하는 요소들 간에 음성적 대조를 유지하려는 것과 마찬가지로 이중 언어 화자들(bilinguals)이 L1+L2의 음성 영역에서도 L1과 L2의 모든 요소 간에 대조를 유지하게 하려고 하기 때문에 발생하는 현상이다.

② 음성습득모형 검증 연구들

이러한 음성습득모형은 다수의 연구에서 검증된 바 있다. Flege(1984), Flege and Hillenbrand(1984), Flege(1987), Flege(1995), Best et al.(2001), Aoyama et al.(2004) 등의 연구들은 L2 음이 인식적 측면에서 L1과 유사할수록 학습자가 L2 음성을 인식하고 발음하는 데 L1이 영향을 미쳐 학습에 방해가 된다는 공통된 결론을 제시하였다. 그중 영어를 습득하는 일본인 학습자를 대상으로 한 연구인 Aoyama et al.(2004)의 연구를 소개하자면 다음과 같다. Aoyama et al.(2004)는 일본어 화자가 영어의 /l/([l])과 /r/([ɹ])을 습득하는 데 나타나는 양상을 조사한 연구이다. 조사 결과, 학습자의 경험 기간이 짧을 때에는 일본어 /r/([ɾ])과 차이가 큰 /r/([ɹ])에 비해 일본어에 유사한 /l/([l])을 더 빨리 습득하지만, 경험 기간이 길어질수록 /r/([ɹ]) 발음이 향상되어 두 음이 결과적으로 동일한 정도의 정확도를 보이는 것으로 나타났다.

음성습득모형은 논리성과 검증 방식에 몇 가지 한계점이 있지만 L1과 L2 간의 유사성에 따라 음성 습득의 성공과 실패에 대한 추측을 가능케 하였다는 점에서 의의가 있다.[17]

---

17) 권성미(2009)는 음성습득모형의 한계점을 다음과 같이 기술한 바 있다. 첫째, 음성습득모형을 지지한 많은 연구에서 궁극적으로 정확한 발음을 습득 가능한 것이 어떤 것인지에 대한 언급이 없다. 습득의 속도와 관계없이 궁극적으로 정확한(authentic) 발음이 가능한 것은 유사성이 낮은 것이라는 SLM의 주장에 대해서는 Munro(1993), Kwon(2007)와 같은 일부 연구들에서 반증이 제시되고 있다. 둘째, Flege의 음성습득모형을 검증한 대부분의 연구들은 유사성을 취급하는 데 있어서 전개 방식 자체의 논리성에 문제가 있다. 유사성이 있고 없고를 이분법적인 분류 방식으로 판정하였으며, 유사성 유무의 판정 기준은 두 언어 간 IPA 기호 공유 여부에 따라 판단하였다. 하지만 L1과 L2 간 유사성은 정도성을 가지는 것으로 1980년대의 이분법적 접근 방식은 수정될 필요가 있다.

(5) Best의 지각동화모형

Best의 지각동화모형(Perceptual Assimilation Model, PAM)은 L1과 L2 간의 유사성에 따른 음성 인식(perception)에 초점을 맞춘 모형으로, L2 음이 L1 범주에 동화되는 유형에 따라 크게 세 가지 유형이 있을 수 있다고 보았다. 'L1의 특정 음성 범주에 동화되는 유형', '음성으로 인식은 되지만 L1의 특정 범주로 인식이 되지 않는 유형(즉 L1의 한 범주로 지각이 되기는 하나 뚜렷하게 특정 범주로 동화되지 않고 여러 범주 간에 걸쳐지게 동화되는 경우)', 그리고 마지막으로 'L1의 그 어떤 음성 범주로도 동화가 일어나지 않는 유형'이 있을 수 있다고 보았다.

Best는 그러한 동화 유형들을 음성 L1과 L2 음들 간 대응 관계별로 다음과 같은 세부 유형으로 유형화하고 변별 난이도를 예측하였다.

Two-Category Assimilation (TC)	• 두 개의 외국어 음(non-native segment)이 각각 다른 모국어 범주로 동화됨 • 학습자가 변별하기 아주 쉬운 유형
Category -Goodness Difference (CG)	• 두 개의 외국어 음이 하나의 동일한 모국어 범주로 동화되지만, 두 음이 모국어의 '전형(ideal)'과 차이가 나는 정도가 다름. 하나는 상대적으로 더 용인 가능한 음이지만(acceptable) 다른 하나는 전형에서 조금 벗어남 • 학습자가 변별하기 쉽거나 보통인 유형
Single-Category Assimilation (SC)	• 두 개의 외국어 음이 하나의 동일한 모국어 범주로 동화되는 유형. 두 음이 모국어의 전형과 차이가 나는 정도가 동일함 • 학습자가 변별하기 힘든 유형
Both Uncategorizable (UU)	• 두 개의 외국어 음이 모두 음성 영역에 존재하지만, 모국어 범주에는 속하지 않아서, 범주화할 수 없는 음으로 간주됨. • 변별은 아주 힘들거나 아주 쉬울 수도 있는 유형. 두 음이 서로 얼마나 근접한지와 모국어 음운 영역 내의 모국어 범주에 얼마나 근접한지에 달려 있음
Uncategorized versus Categorized (UC)	• 하나의 외국어 음이 하나의 모국어 범주에 동화되지만, 다른 하나는 모국어 음성 범주에서 벗어난 유형으로 인식됨 • 변별하기 쉬운 유형
Nonassimilable (NA)	• 두 개의 외국어 음이 모두 모국어 범주와 불일치. 음성으로 인식되지 않음 • 변별하기 쉬운 유형

[표 2.4] PAM의 지각 동화 유형(권성미 2010b)

성인 학습자의 경우 L1의 원형(prototype)에 숙달되어, 외국어 음을 인식할 때 'L1 원형'이 마치 자석과 같은 기능을 하여 청취한 음이 원형들 가운데 하나에 가깝게 인식되는 경향이 있다(Kuhl and Iverson 1995).

2. 비언어적 요인

비언어적 요인은 말 그대로 L2 습득에 영향을 미치는 요소가 언어적이지 않은 변인을 말한다. 제2 언어 습득에 영향에 미치는 비언어적 변인들로는 나이, L2 경험 기간, L1 사용량, 적성 등이 있다.

(1) 나이

제2 언어 발음을 습득하는 데에 영향을 미치는 비언어적인 요인 중 가장 먼저 꼽을 수 있는 것이 나이이다. 학습자가 언제 처음 제2 언어를 학습하기 시작했는지, 언제 처음 제2 언어에 노출되었는지, 언제 처음 제2 언어 환경에 거주하기 시작했는지 등이 습득의 변인이 될 수 있다.

① 결정적 시기 가설

나이를 발음 습득의 중요한 변인으로 보는 가설로 결정적 시기 가설(Critical Period Hypothesis, CPH)이 있다. 결정적 시기 가설은 언어를 습득하는 데에는 결정적 시기가 있어서 그 시기를 놓치고 나면 모국어 화자와 같이 언어를 구사하기 어렵다고 보는 가설이다. 결정적 시기 가설은 언어 습득을 생물학적인 관점에서 논하고 있는 셈인데, 결정적 시기 가설의 '결정적 시기'는 생물학적인 관점에서 언어 습득을 위한 대뇌 피질(cortex)이 가소성(plasticity)을 잃어가는 시기, 즉 뇌 성숙 과정에서 좌우 반구 기능의 편재화(lateralization)가 일어나는 시기인 것이다(Penfield and Roberts 1959, Lenneberg 1967).

결정적 시기는 특정한 요소에 대해 특별히 민감성을 보이는 과도기적인 기간이라 할 수 있으며, 언어 습득 과정에서 그 민감한 기간은 아주 중요한 것이나 그 기간의 시효가 짧은 것이 특징적이다(Breathnach 1993). 언어 습득의 결정적 시기가 언제인지에 대해서는 연구자에 따라 견해에 차이를 보이기는 하나 대체로 10대 초반, 즉 사춘기 즈음을 결정적 시기로 보고 있다. Lenneberg(1967)는 유동성의 감소는 두 살 때부터 시작되며 10

대 초반에 이르러 뇌 성숙이 이루어지면서 가소성(혹은 회복력)을 잃게 된다고 보았다.[18] 이러한 뇌의 편재화의 결과, 유년기를 지나 외국어를 학습하는 성인의 경우는 외국어를 모국어처럼 습득하지 못하고 외국어로 습득하게 된다고 보았다.[19]

음성 습득 차원에서 CPH를 따르자면 학습자가 결정적 시기를 지나 외국어를 습득하게 될 경우, Lenneberg(1967)에서 논한 대로 새로운 발음을 습득하는 능력이 억제되어 외국어를 할 때 불가피하게도 외국인 발음(foreign accent)으로 발음하게 될 것이다. 또, 결정적 시기를 지나서 제2 언어 음성을 학습할 경우, 결정적 시기 이전에 학습을 하는 것에 비해 습득이 상당히 느리게 진행되고 궁극적으로는 덜 성공적인 결과를 가져올 것이다(Flege 1987). 따라서 CPH의 논리에 따르면, 외국어 발음을 성공적으로 습득하기 위해서는, 다시 말해 음성 습득이 완벽하게 이루어지려면 음성 습득은 언어 기능과 관련한 뇌의 편재화가 일어나기 전에 이루어져야 한다.

② 결정적 시기 가설 검증 연구

발음 습득의 경우는 대부분의 연구들에서 나이가 중요하게 기능한다는 견해가 공감대를 이루고 있다. 유년기에 처음 L2를 접하게 된 학습자, 즉 빨리 시작한 학습자(early learners)가 성인이 되어 L2를 접하게 된 학습자, 즉 늦게 시작한 학습자(late learners)보다 모국어 화자와 같은 발음을 구사할 가능성이 높다는 견해는 자음과 모음 같은 분절음뿐만 아니라 초분절음이나 전체 발음(overall degree of foreign accent)을 대

---

18) Scovel(1969)은 반구 우위(cerebral dominance)가 시작되는 것은 12세 정도부터이며, 이때부터 제2 언어 음성 체계를 외국인 발음 없이 습득할 수 있는 능력이 억제되기 시작한다고 보았다. Geschwind(1970), Krashen(1973)은 다른 연구자들에 비해 결정적 시기가 더 이르게 찾아온다고 보았다. 이들은 결정적 시기가 10세가 되기 전에 나타난다고 보았다.

19) 우리의 뇌는 성인의 뇌로 성숙하는 과정에서 분석적이고 지적인 기능을 통제하는 좌반구가 정서적 기능을 통제하는 우반구에 우세해지게 되는데 이러한 현상을 뇌의 편재화 현상이라고 한다. 이러한 좌반구의 우세는 새로운 언어를 학습할 때 지나치게 분석하고 지적으로 집중하려는 경향을 초래하여 모국어처럼 언어를 습득하는 것을 방해할 수 있다. 사춘기 이전 어린이는 뇌의 편재화가 일어난 성인의 경우와 달리 뇌의 가소성(plasticity)으로 인해 모국어뿐 아니라 제2 언어를 모국어처럼 습득할 수 있다. Lamendella(1997)는 어린이의 미성숙한 뇌언어 체계(immature neurolinguistic system)가 성인에 비해 제2 언어 학습을 위한 본능적으로 더 나은 잠재력을 갖게 해 준다고 보았다.

상으로 한 다수의 연구들에서 실증적으로 검증되었다(Flege, Munro, and Mackay 1995, Yamada 1995, Mackay, IRA, Meador, and Flege 2001, Munro, Flege, and Mackay 1996, Munro, Flege, and Mackay 1996, Piske, Flege, MacKay, and Meador 2002, Flege, Schirru, and MacKay 2003, Oyama 1976, Yeni-Komshian, Flege, and Lui 2000).[20]

대표적인 연구들을 소개하자면, 다음과 같다. 미국의 이민자들을 대상으로 연구한 Patkowski(1990), Johnson and Newport(1989) 등의 연구 결과, 청소년기 이전에 영어를 배우기 시작한 집단은 원어민과 유사한 능숙도를 보였지만, 그 이후에 영어를 배우기 시작한 집단은 개인차가 심한 것으로 나타나는 등, 발음 습득 측면에서는 나이가 L2 습득에 상당한 영향을 미치는 것으로 나타났다. 또, Oyama(1976)과 Flege et.al.(1995)의 이민자를 대상으로 한 연구에 따르면, 목표어를 사용하는 나라에서 산 기간(Length of Residing, LOR)보다는 도착했을 때의 나이(Age of Arrival, AOA)가 L2 발음 습득에 결정적인 영향을 미치는 것으로 나타났다. 또, Flege et al.(1997), Moyer(1999)의 연구에 따르면 L1 사용량, 발음 훈련, 동기 등의 변인들이 L2 습득에 미치는 영향은 나이가 미치는 영향에 비해 크지 않은 것으로 조사되었다.

③ 결정적 시기 가설 반증 연구와 전망

이렇게 많은 연구가 지지하는 바와 같이 모국어 화자와 같은 발음을 습득하는 데에 있어서 결정적 시기 이전에 배우는 것이 더 유리한 것은 사실이겠지만, 결정적 시기 이후에 L2를 배우기 시작한 학습자가 모국어 화자처럼 발음할 수 있게 되는 통로(access)가 '완전히' 닫히게 되는 것일까에 대한 것은 여전히 의문으로 남는다. 결정적 시기 가설에 반증을 제시한 연구로 유명한 Neufeld(1978), Bongaerts, van Summeren, Planken, and

---

20) 어린이가 성인 학습자보다 제2 언어 습득에 유리하다는 것에 반론을 제기한 연구들도 있었는데, 반론을 제기한 연구들은 주로 형태·통사적 요소들의 습득 과정을 조사한 연구들이었다. 형태·통사적 요소의 경우는 성인 학습자가 어린이에 비해 더 우수하다는 연구 결과가 보고된 바 있으며(Ervin-Tripp 1974, Snow and Hoefnagel-Höhle 1978), 어린이들 중에서도 상대적으로 나이가 더 많은 어린이가 더 어린 어린이에 비해 습득 속도가 더 빠른 것으로 조사된 바 있다(Krashen 1979).

Schils(1997)에 따르면, 결정적 시기 이후에 제2 언어 학습을 시작하였을 경우도 모국어 화자와 같은 발음 능력을 가질 수 있는 것으로 나타났다.

이 연구들은 연구 방법론적인 한계로 인해 결정적 시기 가설이 부정될 정도로 널리 받아들여지고 있지는 않지만, 나이와 발음 습득에 대한 새로운 관점을 제시하였다는 의의가 있다.[21] 권성미(2007)에서도 논하였듯 습득 속도가 늦을지라도 장기간의 부단한 학습을 지속할 경우, 습득 속도가 느릴 뿐 좁게나마 그 습득 통로가 열려 있을 가능성을 무시할 수 없다. 따라서, 발음 습득에 있어서 나이라는 변인은 앞으로도 밝혀져야 할 부분이 남아 있는, 제2 언어 습득 연구자들이 지속해서 관심을 가질 만한 주제라고 할 수 있다.

(2) L2 경험 기간, L2 환경에서의 거주 기간

L2 발음 습득에 있어서 나이 이외에 또 다른 중요한 비언어적 요인은 바로 L2에 대한 경험 기간과 L2 환경에서의 거주 기간이다. 선행 연구들에 따르면, 다른 변인들에 차이가 없는 경우, 대체로 L2에 대한 경험 기간이 길수록, 또 L2 환경에서의 거주 기간이 길수록 습득이 잘 이루어지는 경향이 있다.

Flege, Bohn, and Jang(1997)에서는 L2인 영어로 생활한 지 평균 7년 정도 되는 경험이 많은 화자(experienced L2 speakers)의 발음이 경험이 많지 않은 화자(inexperienced L2 speakers)보다 청취 실험이나 음향 분석 측면에서 모국어 화자인 영어 화자에 상대적으로 가까운 양상을 나타냈다. 또, 새로운 소리, 즉 모국어에 없는 소리를 인식하고 발음하는 능력은 L2 사용국가에 거주하는 기간이 길수록 좋아진다는 연구 결과를 보인다(Flege and Hillenbrand 1984, Bohn and Flege 1996). Flege and Hillenbrand(1984)에서는 L1인 미국 영어에 없는 새로운 소리인 프랑스어

---

21) Neufeld(1978)에서는 18시간의 집중적인 훈련을 받은 20명의 영어 화자에게 L2인 중국어와 일본어를 발음하게 하고 그들의 발음을 중국어와 일본어 화자들에게 들려주는 실험을 하였는데, 20명 중 3명은 모국어 화자로 간주되었다. Bongaerts et. al.(1997)에서는 12세 이후에 영어를 배우기 시작한 네덜란드인 초급 학습자와 고급 학습자가 발화한 것을 들려 준 결과, 고급 학습자들의 경우 영어 화자와 차이가 없는 높은 점수가 나왔다. 그런데 결정적 시기 가설에 대한 반증을 제시한 이 연구들은 발음 관찰 자료로 자유 발화가 아닌 짧은 단어나 단편적인 문장을 활용한 점이나 연구자가 만족할 때까지 여러 번 읽게 한 점 등과 같은 연구 방법론적 한계가 있어, 연구 결과를 결정적 시기 가설에 대한 타당한 반증으로 인정할 수 없다는 반박을 받고 있다.

의 /y/와 미국 영어와 유사한 프랑스어의 /u/의 경우를 비교했을 때, /y/는 경험 기간에 따른 영향을 많이 받지만 /u/는 그렇지 않은 것으로 나타났다. Bohn and Flege(1992)에서도 미국에서 거주한 기간이 길수록 L1인 독일어에는 없는 모음의 발음은 향상되었지만 L1과 유사한 소리의 발음의 정확도는 거주한 기간과 관계없는 것으로 나타났다.

	피험자(명)	L2	경험 기간/거주 기간	결과
Flege and Hillenbrand (1984)	미국인(14)	프랑스어	1년 미만 10년 이상	NP: 경험 유무 영향 큼 SP : 경험 유무 영향 크지 않음
Flege, Bohn, and Jang (1997)	독일인(20) 스페인인(20) 중국인(20) 한국인(20)	영어	평균 0.7년 평균 7.3년 (AOA: 평균 25세)	경험자가 무경험자보다 더 정확히 발음
Tsukada et al.(2005)	한국인 (어린이36, 성인 36)	영어	3년 5년	어린이의 경우에 LOR이 미치는 영향이 더 큼
Baker and Trofimovich (2005)	한국인 (어린이10, 성인10) 미국인 (어린이10, 성인10)	영어, 한국어	0.6년 (AOA: 11.1세, 31.3세)	유사성의 정도와 L2에 노출된 기간이 습득에 영향을 미치는 변수로 작용

[표 2.5] 경험 기간 혹은 거주 기간(LOR)에 따른 L2 음성 습득 연구 사례(권성미 2007)

(3) L1 사용량, L1 집단에 대한 애착의 정도

선행 연구들에 따르면 L1을 많이 사용하는 것은 L2 음성 습득에 장애 요소로 작용하는 경향이 있다. Flege, Frida, and Nozawa(1997) 등의 연구에 의하면 평소 L1 사용량이 많은 사람의 경우 결정적 시기 이전에 L2인 영어를 배우기 시작했음에도 불구하고 여전히 외국인 같은 발음(foreign accent)이 감지되지 않는 것으로 나타났다.

(4) 언어 적성

언어 적성(language aptitude)은 심리학적인 개념으로 외국어를 배우는 능력 혹은 재능을 말하는 것이다. 언어 적성의 기제에 대해 논한 연구자로는 Carroll(1981), Skehan(1989, 1998) 등이 있다. Carroll(1981)은 언어

적성을 구성하는 능력을 음소 부호화 능력(phonemic coding ability), 문법적 민감성(grammatical sensitivity), 귀납적 언어학습 능력(inductive language learning), 암기력(rote learning ability), 네 가지로 설명하였다. 그리고 Skehan(1989)은 Carroll(1981)의 논의를 바탕으로 청각 능력(auditory ability), 언어적 능력(linguistic ability), 기억 능력(memory ability), 세 가지로 언어 적성을 설명하였다.

언어 적성을 구성하는 이 능력들 가운데 Carroll의 음소 부호화 능력과 Skehan(1989)의 청각 능력을 발음과 관련성이 높은 요소로 볼 수 있다. 음소 부호화 능력은 변별적인 소리를 인식하고 이러한 소리와 상징 간의 조합을 형성해 내고 유지하는 능력, 청각을 통해 입력된 것(heard input)을 수용되는 것(intake)으로 전환시키는 데 좀 더 효과적이고 빠르게 내재화시키는 능력을 가리킨다.

아직까지 발음 습득에 적성이 미치는 영향을 실증적으로 접근한 연구는 드문 편이다. 음악적 적성이나 음성적 민감성이 발음 능력에 미치는 영향을 조사한 연구가 있었을 뿐이다. Milovanov et al.(2008)와 Milovanov et al.(2010)에서는 음악에 대한 적성과 외국어인 영어 발음 능력의 상관관계가 있음을 밝힌 바 있다. 핀란드인 영어 학습자를 대상으로 음악에 대한 적성과 외국어인 영어 발음 능력의 상관관계를 조사한 결과, 음악에 대한 적성이 높은 사람일수록 음소를 변별하는 데 더 높은 정확률을 보이는 것으로 나타났다.

Skehan(1989)의 청각적 능력과 관계가 있는 음성적 민감성이 제2 언어 발음 습득에 미치는 영향을 조사한 연구로는 권성미(2013)이 있다. 권성미(2013)에서는 한국어를 학습하기 이전의 예비 학습자들을 대상으로 한국어 분절음에 대한 변별 능력을 조사하여 음성적 민감도를 측정하였다. 그리고 한국어 수업을 받은 후 음성 인식 측면의 정확도를 조사한 결과, 음성적 민감도가 높은 학습자일수록 정확도가 높기는 하나 통계적으로 유의미한 수치의 상관관계를 보이지는 않았다.

(5) 제2 언어 음성 습득과 비언어적 변인

[그림 2.1]은 지금까지 기술한 것을 바탕으로 제2 언어 음성을 습득하는 데 영향을 미치는 언어 외적인 요소들, 즉 비언어적인 변인들과 제2 음성

습득의 관계를 모형으로 나타낸 것이다. L2 경험 기간이 길수록, L2 환경에서 거주한 기간이 길수록, 언어 적성이 뛰어날수록 제2 언어 음성을 성공적으로 습득할 가능성이 높아진다. 반면에 L1 사용량이 적을수록, L1 집단에 대한 애착도가 낮을수록, L2를 학습하기 시작한 연령이 낮을수록, 또, L2 환경에 거주하기 시작한 연령이 낮을수록 제2 언어 음성을 성공적으로 습득할 가능성이 높아진다.

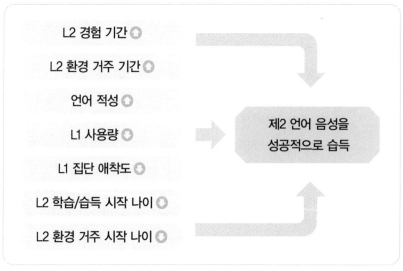

[그림 2.1] 제2 언어 음성 습득에 미치는 비언어적 변인들의 영향

② 외국어 교수 이론의 사조와 발음 교육

외국어 교육에서 발음 교육의 위상은 교수법의 사조에 따라 급진적인 변화를 겪어 온 경향이 있다. 대표적인 교수법들을 중심으로 사조별로 발음 교육의 위상, 특징, 내용 등에 어떠한 변화가 있었는지 알아보자.

1. 문법번역식 교수법

문법번역식 교수법(Grammar Translation Method)은 학습자에게 목표어의 어휘를 암기시키고, 목표어의 언어 구조, 즉 문법 규칙을 숙지하는 활동을 통해 문장이나 텍스트의 의미를 모국어로 해독할 수 있는 능력을 키우는 데에 중점을 두는 교수법이다.

그렇기 때문에 문법번역식 교수법에서는 문어가 강조되고 음성 언어 측면이 등한시되었고, 음성 언어 측면이 강조되는 듣기, 말하기 활동이 약화되면서 발음은 주요한 교수 내용이 될 수 없었다.

2. 직접 교수법

직접 교수법(Direct Method)은 유아가 모국어를 습득하는 과정을 외국어 교육에 응용하여 구어 기능의 양성을 중시하는 교수법이다. 이 교수법은 모국어를 가르치는 방법으로 외국어를 가르치는 것을 대전제로 한다. 따라서 모국어를 전혀 사용하지 않고 목표어만을 사용하여 가르치며 구어에 비중을 두어 외국어를 교수한다.

직접 교수법 시기에는 목표어로 생각하고 표현하고 이해하는 능력을 기르는 것을 중시하였으며 언어 기능은 의사소통과 말하기를 주가 되는 것으로 간주하였다. 그로 인해 발음 교육이 상당히 중시되었다. 모국어 화자에 가까운 구사력을 갖춘 교사가 시범을 보이면 학습자가 모방을 통해 발음을 배우도록 유도하는 방법이 주로 활용되었다. 교사의 발음을 듣고 반복해서 따라하면 자연스러운 발음을 습득하게 된다고 보는 모방적인 관점을 취한 교수법이라고 할 수 있다.

3. 청각구두식 교수법

청각구두식 교수법(Audiolingual Method)은 행동주의 심리학과 구조주의 언어학의 원리에 바탕을 둔 교수법으로 구문의 반복을 통해 무조건 반사식으로 구문에 익숙해져서 능숙하게 표현할 수 있게 하는 데에 초점을 맞춘 교수법이다. 청각구두식 교수법은 구어에 대한 집중적 훈련과 단계적이고 체계적인 내용을 교수하며, 모방과 반복이 활발하게 일어날 수 있는 문형 연습을 활용하는 것이 특징적이다.

이러한 청각구두식 교수법에서 발음은 외국어 교육의 출발점으로 간주될 정도로 중요시되었다. 이 시기에는 학습을 습관의 형성으로 보는 시기로 구조주의 언어학에 기반해 대조분석의 결과를 활용한 발음을 교수하였다. 최소대립어를 활용한 음소 변별 연습이 수업의 큰 비중을 차지했다.

직접 교수법 시기와 비교하자면, 직접 교수법 시기에도 발음이 중시되었지만, 청각구두식 교수법 시기와는 발음 교육에 대한 접근 방식에 있어서 차이가 있었다. 직접 교수법은 무조건적인 모방과 반복을 통해 발음을 가르친 데 반해, 청각구두식 교수법은 발음을 구조주의 언어학을 바탕으로 한 분석적인 정보로 다루면서 정확성 획득을 목표로 모방과 반복을 통해 교수하였다는 점에서 차이가 있다.

4. 인지주의적 접근법

인지주의적 접근법(Cognitive Approach)은 언어 습득을 습관의 형성이 아닌 규칙 기반의 행위로 보고 언어를 습관의 형성으로 본 행동주의 이론에 이의를 제기한 접근법이다. 인지주의적 접근법은 학습자가 유추에 의해 목표어의 규칙을 학습해 나갈 수 있게 하는 데에 교수의 초점을 맞추었다.

인지주의적 접근법은 어휘나 구조와 같은 학습 가능성이 높은 문법 요소들에 비중을 두어 교수하는 것을 지향하였고, 모국어 화자와 같은 발음 능력을 습득하는 것을 목표로 삼는 것은 비현실적이며 도달할 수 없는 것으로 간주하였다. 그리고 그 결과, 교수의 초점을 문법, 어휘에 두었으며 발음은 등한시하였다.

5. 의사소통식 접근법

의사소통식 접근법(Communicative Approach, CA)은 언어의 구조, 의미, 기능에 대한 학습을 강조하는 것과 함께 실제 언어 사용(use) 측면에서 의사소통 능력(communicative competence)을 습득하는 것을 목표로 삼는 교수법이다.

의사소통식 접근법의 맥락에서 발음의 위치를 논하는 것은 간단하지 않다. 의사소통식 접근법의 초창기에는 대체로 발음을 무시하는 추세였다고 할 수 있다(Celce-Murcia, Brinton, and Goodwin 2010, Breikreutz, Derwing, and Rossiter 2001). 이후에는 초기와는 다른 양상을 보였다. 여전히 발음을 외국어 교육의 중심적인 요소로 간주하고 있지는 않지만 다루지 않아도 될 정도로 가벼이 여기지는 않았다.

의사소통식 접근법에서는 학습자가 의사소통 능력과 더불어 유창성을 가지는 것을 추구한다. 그런데 의사소통 능력과 유창성을 갖기 위해서는 발화의 내용을 구성하는 능력은 물론, 강세, 억양 등의 초분절적 요소들과 더불어 발화 속도, 휴지 등의 비언어적 요소들까지 적절하게 사용할 수 있는 능력을 가져야 한다. 그에 따라 의사소통식 접근법의 맥락에서는 분절음 교육을 강조하는 것을 마치 정확성을 강조하는 것과 동일시하여 분절음을 발음 교육의 대상에서 상대적으로 소외시하는 경향이 있다. 그리고 발음 수업에서 분절음 차원에서의 정확성을 높이는 부분은 상대적으로 비중이 작아지는 반면, 초분절음 차원에서의 발음 교육을 강조하는 성향을 보인다.

[그림 2.2] 교수 사조에 따른 발음 교육의 위상 변화

제 3 장

발음 교수의

기본 원리

☐ 다른 영역과 구분이 되는 발음 교육 영역의 특징이 무엇인지 안다.

☐ 발음 지도 원리를 이해한다.

☐ 발음 교육 방안에 대해 알아본다.

 본 강의

1 발음 영역의 특징과 교수 학습 원리

　　1. 발음 교육 영역의 특징

　　2. 발음 지도 원리

　　3. 발음 수업의 구성

2 수업 단계별로 할 수 있는 활동의 예시

　　1. 도입 방안 예시

　　2. 제시 방안 예시

　　3. 연습 단계에 활용할 수 있는 활동의 예시

　　4. 활용 단계에 활용할 수 있는 활동의 예시

① 발음 영역의 특징과 교수 학습 원리

본 절에서는 다른 영역에 비해 발음 영역이 갖는 특징과 교수·학습 원리에 대해 살펴보자.

1. 발음 교육 영역의 특징

(1) 발음은 미시 기능의 하나

발음은 언어의 내적 구조와 관련이 있는 미시 기능(micro-skills)의 하나이다. 듣기, 말하기, 읽기, 쓰기가 거시 기능(macro-skills)에 해당하는 반면, 발음은 어휘, 문법 등과 함께 미시 기능에 해당한다. 거시 기능은 언어의 외적 기능인 언어 사용 기술을 가리킨다. 거시 기능 중 듣기, 읽기는 이해 기능에 해당하며 말하기, 쓰기는 표현 기능에 해당한다.

미시 기능은 언어의 내적 구조를 이루는 기능으로 언어의 기저를 이루는 지식, 즉 언어에 대한 구체적인 지식적 내용을 가리킨다. 미시 기능에는 발음, 어휘, 문법 등이 있다. 미시 기능에 해당하는 발음은 다소 이론적 성격이 강하며, '발음 교육'은 이러한 이론적인 측면이 강한 발음을 어떻게 교수할지 교육학적인 측면을 더한 영역이라고 할 수 있다.

[그림 3.1] **언어의 거시 기능과 미시 기능**

(2) 발음 교수·학습 항목의 유한성

발음은 문법, 어휘 등의 다른 미시적 기능과 비교할 때, 교수-항목이 유한하다는 특징이 있다. 표준 교육과정의 교수요목에서 제안한 교수-학습 항목의 목록에도 그러한 특징이 잘 나타난다. 어휘의 경우 교수-학습 항목의 목록으로 전체 등급에 걸쳐 1만 1124개를 학습하게 되고, 문법은

629개, 문화는 230개를 학습하게 되어 있는 데 비해 발음은 95개 항목이 제시되어 있을 뿐이다. 다른 영역에 비해 그 수가 상당히 적다는 특징이 있을 뿐 아니라 억양 관련 항목을 제외하고는 교수 학습 항목이 추가될 여지가 적다는 점을 발음의 특징으로 들 수 있다.

영역	항목 수
어휘	11,124
문법	629
문화	230
발음	95

[표 3.1] 표준 교육과정의 영역별 교수 · 학습 항목의 수

(3) L1 전이 가능성이 높은 영역

발음은 학습자 L1의 전이가 활발히 일어날 수 있는 영역이다. 발음을 하는 것은 운동적 기능과 관계가 있어, 조음 습관이 운동적으로 형성되고 모국어 발음을 하면서 형성된 조음 습관은 제2 언어를 발음할 때 전이가 활발히 일어난다(2장 참고).[22] 그렇기 때문에 대조분석을 통해 예측할 수 있는 부분이 크며, 다른 영역에 비해 인지적인 학습 이외에 운동성을 요하는 연습을 반복적으로 행하는 것의 효과가 크게 나타날 수 있는 영역이라는 특징이 있다.

2. 발음 지도 원리

(1) 하향식 처리

하향식 처리(top-down processing)는 큰 단위를 시작점으로 해서 발음 교수가 이루어지게 하는 방식이다. 하향식 처리의 발음 수업에서는 의사소통 상황에서의 말하기를 먼저 한 후 거기에 포함된 발음 항목에 대한 통제적인 연습을 하게 된다.

---

22) 분절음의 경우에는 조음 측면에서 전이가 활발히 일어나고, 음운 현상의 경우는 음운 규칙의 전이가 활발히 일어날 것이다.

하향식 처리의 발음 수업에서는 의사소통 상황에서의 말하기를 먼저 하고 구조화된 발음 연습을 하기 때문에, 진정한 의미의 발음 수업이라기보다는 교정이 주가 되는 수업이 될 수 있다는 한계점이 있다.

(2) 상향식 처리

상향식 처리(bottom-up processing)는 작은 단위를 시작점으로 해서 발음 교수가 이루어지게 하는 방식이다. 상향식 처리의 발음 수업에서는 '음절 → 단어 → 덩어리 표현(chunk)' 순으로 교수·학습이 이루어진다.

이러한 상향식 접근의 발음 수업은 작은 단위를 시작점으로 해서 단계적으로 더 큰 단위에 대한 발음 교수가 이루어지므로, 학습자가 앞에서 배운 것을 실제 발화에 어떻게 적용해야 할지 몰라 자연스러운 발음을 습득하는 데에 문제가 있을 수 있다. 또, 학습자가 의사소통 상황의 발화에서 학습 중인 그 항목에 지나치게 의식을 하여 전체 의사소통을 자연스러운 발음으로 처리하지 못할 가능성이 있다.

(3) 양 방향 처리

① 양 방향 처리

양 방향 처리는 하향식 처리와 상향식 처리 과정을 모두 활용하는 방식이다. 양 방향 처리 방식은 하향식 접근과 상향식 접근 방식이 가지는 한계점을 보완할 수 있도록 '하향식 → 상향식 → 하향식' 처리 과정을 바탕으로 한다. [그림 3.1]은 권성미(2015)에서 제안한 발음 교수를 위한 양 방향 처리 모형이다. 권성미(2015)의 양방향 처리 모형은 Burgees and Spencer(2000)의 통합 모형을 바탕으로 하고 있는데, Burgees and Spencer(2000)의 통합 모형에서 단계별로 거치게 되는 정보 처리 과정을 단순화시켜 나타낸 것이다.[23]

먼저 해당 단원의 주제를 공유하는 맥락의 대화를 통해 발음 항목을 학습자에게 노출시켜 학습자가 문제를 발견하게 하는 하향식 처리가 일어나게 한다. 그리고 형태에 초점을 두는 상향식 처리 과정을 거치게 하고 다시

---

23) Burgees and Spencer(2000)는 발음을 다른 기술에 통합시킬 수 있는 교육 모형이다.

의사소통 상황에서 해당 발음 항목을 활용해 통제되지 않은 말하기를 하는 하향식 처리 과정이 일어나게 한다.

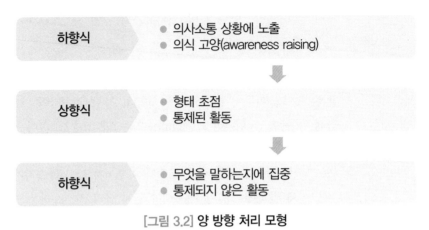

[그림 3.2] 양 방향 처리 모형

② 양 방향 처리 기반 발음 교수 모형 양 방향 처리

[그림 3.3]은 말하기에 발음을 통합시킨 교수·학습 과정에 하향식 처리와 상향식 처리가 모두 일어날 수 있게 고안된 교수 모형이다.

[그림 3.3] 양 방향 처리 기반 발음 교수 모형

(4) 인지 → 산출

인간이 음성을 습득하는 단계를 고려하여 '변별적 인지 → 변별적 산출'을 기본으로 다음의 단계를 거칠 수 있도록 수업을 설계한다.

인지	청각적인 구분	• 청각적으로 차이 인식
	⬇	
	인지와 이해	• 음성 변별 • 조음법 이해
	⬇	
	발음(산출)	• 발음
산출	⬇	
	오류 확인	• 자신의 발음을 듣고 확인
	⬇	
	교정 후 발음(재산출)	• 문제 찾은 후 다시 발음

[그림 3.4] 학습의 단계

3. 발음 수업의 구성

발음 수업 역시, 다른 영역의 수업과 마찬가지로 도입, 제시, 연습, 활용, 마무리의 5단계로 구성된다.

(1) 도입

도입 단계에서는 학습자에게 수업에 대한 관심을 집중시키고, 학습할 주제를 노출하여 학습 동기를 부여한다. 또, 의사소통 상황에서 발음 오류로 인해 의사소통 실패가 발생하는 현장을 제시하는 등의 방식으로 학습자들로 하여금 동기 부여를 하는 동시에 학습 목표에 대한 의식을 고양시킬 필요가 있다. 도입 단계의 마지막에는 학습 목표가 명시적으로 제시되어야 한다.

(2) 제시

제시 단계는 설명 단계로, 학습자들에게 어떤 특정한 소리 및 그 소리의 특징과 관련된 사항을 설명함으로써 학습자들로 하여금 그 소리를 인지하도록 하는 단계이다. 교수·학습 항목이 분절음이나 음절인 경우 조음 방법을 설명하고, 교수·학습 항목이 음운 현상인 경우에는 발음 규칙을 설명한다. 제시 단계에서는 다양한 시청각 보조 자료를 이용하여 학습자의 이해를 돕는다.

(3) 연습

연습 단계는 새로이 학습하는 발음 항목을 자신의 발음으로 내재화시키는 단계이다. 통제된 연습(controlled practice)과 덜 통제된 연습, 즉 유도된 연습(guided practice)을 순차적으로 이루어지게 한다. 통제된 연습은 기계적이고 반복적인 활동을 통해 발음을 변별해서 인식하고 산출하는 데 익숙해지게 하는 활동으로 이루어진다. 음절 단위나 단어 단위의 최소대립쌍을 듣고 변별하기나 따라 읽기 등, 단어나 문장 단위의 예문을 발음하는 활동을 주로 한다. 유도된 연습은 유의미한 맥락에서 하는 연습이다. 자연스러운 창의적인 발화가 일어나지는 않지만, 맥락이 있는 대화나 텍스트를 통해 짧은 문답식 연습이나 대화문 읽기 등을 연습한다.

(4) 활용

자연스러운 의사소통 상황에서 발음을 연습하게 하여, 실제 의사소통 상황의 즉흥적인 자유 발화에서도 습득한 발음을 적용할 수 있게 하는 것을 돕는 단계이다. 활용 단계에서는 학습자가 즉흥적이고 창의적인 발화 상황에 놓일 수 있는 활동을 준비한다. 역할극, 인터뷰, 즉흥적인 연설, 토론, 더빙 등의 활동을 통해 발음을 연습한다.

(5) 마무리

마무리 단계에는 학습자들에게 공통적으로 나타나는 발음 오류를 수정해 주고 과제를 부과한다.

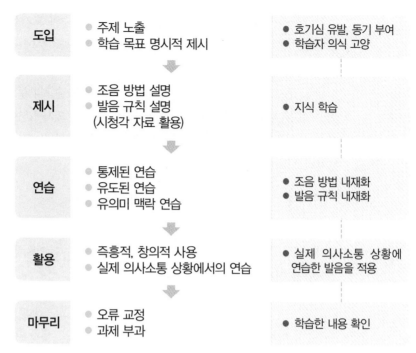

도입	● 주제 노출 ● 학습 목표 명시적 제시	● 호기심 유발, 동기 부여 ● 학습자 의식 고양
제시	● 조음 방법 설명 ● 발음 규칙 설명 (시청각 자료 활용)	● 지식 학습
연습	● 통제된 연습 ● 유도된 연습 ● 유의미 맥락 연습	● 조음 방법 내재화 ● 발음 규칙 내재화
활용	● 즉흥적, 창의적 사용 ● 실제 의사소통 상황에서의 연습	● 실제 의사소통 상황에 연습한 발음을 적용
마무리	● 오류 교정 ● 과제 부과	● 학습한 내용 확인

[그림 3.5] **발음 수업의 구성**

② 수업 단계별로 할 수 있는 활동의 예시

1. 도입 방안 예시

(1) 동영상을 활용한 도입의 예시: 평경격음

● 교수·학습 항목
평경격음

● 학습 대상
초급 학습자

동영상 내용

A 아, 냉면이 너무 차서 맛이 없어요.

B 냉면은 차갑게 먹는 음식이에요. 너무 차가우면 얼음은 건지세요.

A 아니요. 냉면이 차요. 소금이 많아요.

B 아, 냉면이 짜요?

학습자에게 오류 상황이 포함된 동영상을 보여 주어 호기심과 동기를 유발하는 방안이다. 평경격음 발음 오류로 인해 의사소통에 문제가 생기는 장면을 보여 주는 동영상으로 보여 주고, 시청을 통해 학습자의 관심을 끌어내고 문제의식을 고취시킨다. 동영상을 본 후 동영상의 두 화자 간에 어떤 대화를 나누고 있는지 확인하고, 무엇 때문에 의사소통이 실패했는지 물어보면서 동기를 유발하고 학습할 주제에 접근한다. 그리고 학습 목표를 명시적으로 제시한다.

(2) 사진, 그림을 활용한 도입 예시: 구개음화

학습 목표인 음운 현상이 일어나는 단어를 나타내는 사진이나 그림(혹은 글자)으로 제시하고 학습자에게 단어를 말해 보게 함으로써 음운 현상이 일어남을 인지하게 하는 방식이다.

[그림 3.6] 사진을 활용한 도입 예시: 구개음화

교사는 해돋이 사진을 준비하고 학생들에게 무엇인지 물어본다. 해돋이라고 답하는 사람이 있으면 [해도지]의 철자가 무엇인지 나와서 칠판에 써보라고 한다. 해돋이를 아는 사람이 없을 때는 사진의 아래에 포스트잇으로 가렸던 '해돋이'를 보여 주고 학생들이 소리 내 읽어 보도록 유도한다. 이런 일련의 상호작용을 통해 철자와 소리에 차이가 있음을 발견하게 하고 호기심을 갖도록 유도한다. 해돋이가 왜 [해도지]가 되는지 공부해 보자고 하며 학습 목표를 제시한다.

주의할 점은 도입 단계에서 교사가 직접 단어를 읽어서 시범을 보인다거나 [해도지]라는 정확한 발음을 하도록 강요하지 않아야 한다는 점이다.

최대한 자연스러운 상황에서 구개음화가 일어나는 단어에 노출시키고, 오늘 배우게 될 음운 규칙인 구개음화에 대해 호기심을 가져 동기 부여가 될 수 있도록 한다.

2. 제시 방안 예시

(1) 조음 기관의 그림을 활용한 조음 방법 설명 예시: 유음 /ㄹ/(탄설음 [ɾ])

조음 기관의 그림 자료를 활용하여 학습자에게 조음 방법을 시각화하여 제시한다. 조음 기관이 움직이는 모습을 동작으로 보여 주는 동영상 자료를 사용하는 것도 효과적이다.

다음은 조음 기관의 그림을 활용하여 유음 /ㄹ/(탄설음 [ɾ])의 조음 방법을 제시하는 방안의 예시이다(7장 참고).

● 교수─학습 항목 : ㄹ

/ㄹ/는 혀를 편 상태로 입천장을 때리고 내려오게 발음함을 시각적으로 인지할 수 있게 제시한다. 영어, 중국어 화자의 경우 혀를 뒤로 말 수 있으므로 혀를 펴도록 주의시킨다. 교사가 빨간색 장갑을 끼고 손으로 혀를 형상화해서 조음 방법을 보여 주는 것도 학습자의 의식을 고양시키는 데 도움이 될 것이다.

○

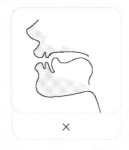
×

[그림 3.7] 탄설음의 조음 방법 설명에 사용되는 그림 예시

(2) 조음 모습 그림을 활용해 조음 방법을 설명: /ㅡ/와 /ㅜ/
학습자들이 혼동하기 쉬운 두 모음의 조음 방법의 결정적 차이를 그림으

로 제시하여 학습자들이 변별할 수 있도록 도울 수 있다. 다음은 일본인 초급 학습자를 대상으로 그림을 활용해 /ㅡ/와 /ㅜ/를 변별할 수 있게 조음 방법을 설명하는 방안의 예시이다(6장 참고).

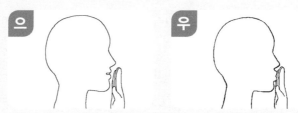

● 교수–학습 항목 : /으/와 /우/ 변별

[그림 3.8] /으/와 /우/의 조음 방법의 차이를 설명하는 그림

/ㅡ/와 /ㅜ/를 다른 음가로 만드는 결정적인 특징은 원순성의 유무이다. /ㅡ/는 원순성이 없는 소리이고, /ㅜ/는 원순성이 있는 소리이다. 학습자들에게 원순성이 있는 모음을 발음할 때 입술이 앞으로 돌출하게 된다는 점을 활용해서 가르치면 효과적이다. /ㅡ/를 발음할 때는 입술을 동그랗게 하지 않으므로 입술이 평평하게 유지되지만, /ㅜ/를 발음할 때는 입술 모양을 동그랗게 하기 때문에 입술이 앞으로 돌출하게 된다.

학습자에게 손을 입에서 1~2cm 떨어진 위치에 가져가게 한다. 그리고 /ㅡ/와 /ㅜ/를 발음해 보게 한다. /ㅡ/를 발음할 때는 입술이 손에 닿지 않게 발음하게 하고, /ㅜ/를 발음할 때는 입술이 손에 닿을 정도로 내밀어야 함을 강조한다.

(3) 음운 현상은 유형화해서 제시: 필수적인 경음화의 경우

● 교수–학습 항목 : 필수적 경음화

• 학교[학꾜]   • 듣기[듣끼]   • 태극기[태극끼]
• 걷다[걷따]   • 식당[식땅]   • 없다[업따]
• 국밥[국빱]   • 백반[백빤]   • 꽃밭[꼰빧]
• 학생[학쌩]   • 밥상[밥쌍]   • 숲속[숩쏙]
• 극장[극짱]   • 옷장[옫짱]   • 기숙사[기숙싸]

3. 연습 단계에 활용할 수 있는 활동의 예시

(1) 듣고 따라하기

원어민의 발음에 노출시키는 의도의 연습이다. 한국인 교사의 발음을 듣고 따라하거나 멀티미디어를 활용해 표준 발음을 듣고 따라하게 한다.

- **〈단어 읽기: 이중모음〉** 이중모음의 조음 방법에 유의하면서 단어들을 따라 읽게 한다.

  ① 과일, 봐요, 좌석, 화장품, 나
  ② 뭐, 줘요, 뒀어요, 꿔요, 춰요
  ③ 교회, 효소, 성묘
  ④ 휴게소, 듀엣, 규칙
  ⑤ 야구, 가냐고, 샤워,
  ⑥ 여자, 겨우, 가벼운, 며칠, 내년, 햇볕

(2) 최소대립어 연습

음절이나 단어 수준의 연습에서 문장 단위의 연습까지 다양한 범위의 연습이 가능하다.

- **〈단어 수준 인식 연습: 평경경음〉** 최소대립쌍을 이루는 단어를 들려주고 들은 것을 찾게 한다. 교사가 읽어 주고 학생이 찾는 연습을 하고, 익숙해지면 학생 두 사람이 짝이 되어 한 사람은 단어 하나를 골라 발음을 하고 한 사람은 듣고 찾게 한다.

① [탈]	a. 달	b. 탈	c. 딸
② [뿔]	a. 불	b. 풀	c. 뿔
③ [쳤어요]	a. 졌어요	b. 쳤어요	c. 쩠어요
④ [짜요]	a. 자요	b. 차요	c. 짜요

● **〈문장 단위 산출 연습: 평경격음〉** 평경격음의 조음 방법에 유의해서 문장을 읽게 한다.

    ① 우리 **딸**은 달을 좋아한다.

    ② 방에 들어가서 **빵**을 먹자.

    ③ 공원에 **풀**이 났어요.

    ④ 공원에 **불**이 났어요.

    ⑤ 어제 **꿀**을 먹었어요.

    ⑥ 어제 굴을 먹었어요.

(3) 소리 나는 대로 써 보기

● **〈소리 나는 대로 쓰기: 장애음의 비음화〉** 장애음의 비음화가 일어나는 부분을 소리 나는 대로 쓴 후, 문장 전체를 소리 내 읽어 보게 한다.

① 작년부터 한국말을 배웠어요.

    [장년]

② 감기에 걸려서 콧물이 흐릅니다.

③ 수업이 끝나고 꽃나무를 보러 갔습니다.

④ 외숙모는 바닥에 눕는 것을 좋아하세요.

⑤ 주말에 용산에 있는 박물관에 가 보려고요.

(4) 소리 내 읽기(낭독)

교수·학습 항목인 발음 항목이 포함된 대화문이나 텍스트를 유창하게 읽는 연습을 하게 한다.

● **구개음화**: 구개음화가 일어나는 표현이 포함된 텍스트를 나누어 주고, 학생들에게 구개음화 현상이 일어나는 곳을 찾아서 표시하게 한다. 구개음화 적용 대상이 되는 표현을 다 같이 확인한 후, 학생들에게 각자 소리 나는 대로 써 보게 한다. 교사는 이때 돌아다니며 학생들의 발음을 교정해 준다. 학생들의 활동이 끝나면 교사는 함께 답을 확인하고,

다 같이 소리 내 읽는 연습을 한다.

어느 <u>햇볕이</u>따뜻한 어느 날 나는 마루에 앉아 할머니께 옛날이야
　　[핸배쳐치]
기를 들었었다.

턱을 손에 <u>받히고</u> 듣기도 하고 할머니의 무릎에 누워 듣기도 하였
다. 할머니는 우리 동네 뒷산에 <u>묻혀</u> 있는 보물에 대한 이야기를
해 주셨다. 보물 이야기가 어찌 재미있던지 나는 그날 오후 늦게
동생들을 데리고 뒷산에 올라가서 보물을 찾기로 마음을 먹었다.
나는 <u>맏이</u>여서 내 밑으로 동생이 둘 있었는데 막내는 겨우 네 살
이었다. 양쪽에 동생들의 손을 잡고 바깥으로 나가려는데 대문이
열리지가 않았다. (하략)

(5) 빙고 게임

● 평경격음: 빙고 게임을 활용해 평경격음 산출 인식 연습을 하게 한다.
평경격음의 최소대립쌍을 이루는 단어 목록을 학생들에게 나눠 주고,
학생들에게 목록에서 단어를 골라 빈칸에 써 넣게 한다. 교사가 단어
를 읽어 주면, 학생들이 듣고 체크를 하여 5개가 한 선상에서 체크되
면 빙고를 외치게 한다.

바르다	깨다	차다	싸다	부르다
짜다	사다	새다	캐다	지다
쌔다	푸르다	꼬다	가다	자다
타다	빠르다	개다	따다	고다
까다	찌다	주다	추다	치다

(6) 인터뷰 연습

● 음절말 ㄹ: /ㄹ/이 포함된 단어를 제시하고, 그 단어들을 사용해 짝과 짧은 대화를 만들게 한다. 유의미 맥락에서의 연습이다.

> **보기**
>
> A : 유코 씨, 월요일에 뭐 했어요?
> B : 빨래를 했어요.

월: 빨래, 하다	화: 라디오, 듣다
수: 갈비, 먹다	목: 라면, 먹다
금: 텔레비전, 보다	토: 놀이동산, 가다
일: 불고기, 만들다	

(7) 섀도잉(shadowing)

● 억양 연습: 억양에 유의하며 따라 읽게 한다. 〈보기〉처럼 교사의 발화가 끝나기 전에 학습자가 교사의 발화를 따라하도록 한다.

> **보기**
>
> 교사 : 토요일에도 출근해요?
> 학생 :　　토요일에도 출근해요?
> 교사 : 아뇨, 토요일에는 출근 안 해요.
> 학생 :　아뇨,　토요일에는 출근 안 해요.

① A: 주말에 영화 보러 가요.

　B: 네, 좋아요. 뭐 볼까요?

② A: 휴가에 어디에 갈지 모르겠어요.

　B: 제주도 가세요. 볼 거도 많고 먹을 거도 많아요.

③ A: 한국 사람들은 휴가에 보통 어디에 가요?

　B: 요즘 휴가에 해외에 가는 사람들도 많아요.

4. 활용 단계에 활용할 수 있는 활동의 예시

(1) 드라마 더빙하기

드라마 대본 읽기 연습 후, 동영상에 소리를 없애고 학습자가 연기하여 더빙하게 한다. 대본을 읽는 활동과 달리 종합적인 의사소통 능력이 필요한 활동이다. 감정 표현이나 비언어적인 특징도 연습할 수 있다.

- 연습 단계: 대본 읽기 연습, 섀도잉
- 활용 단계: 무음 화면 보며 더빙하기

(2) 동화 구연

우산 장수와 부채 장수 이야기 구연하기: 동화의 서사를 묘사하는 삽화를 주고 동화를 구연하게 한다.

[그림 3.9] 자유 발화를 유도하는 데 활용할 수 있는 그림의 예시

※ 섀도잉이란?

섀도잉은 외부로부터 주어지는 청각적 자극을 즉각적으로 수용하고, 그것을 산출하는 것을 말한다. 섀도잉을 할 때는 음성 지각과 동시에 산출이 이루어진다. 다시 말해, 학습자가 섀도잉을 할 때 듣는 것과 거의 동시에 발음을 하게 된다. 그야말로 그대로 따라하는 이러한 섀도잉의 특징을 Lambert(1988)는 '앵무새 스타일'이라고 한 바 있다.

● 섀도잉과 낭독, 일반적인 듣고 따라하기와의 차이

Kadota(2007)에서는 섀도잉이 다음과 같은 점에서 낭독이나 듣고 따라하기와 차이가 있다고 설명한 바 있다.

> 섀도잉: on-line process로 의미에 접근할 시간이 없다. 주어지는 입력(input)을 저장할 시간이 없이 그대로 다시 산출한다.
>
> 낭독, 듣고 따라하기: off-line process로 의미에 접근할 시간이 있다. 주어지는 입력을 잠시 저장했다가 산출한다.

섀도잉 예시

Model   : Boston is in America, in the north east part of America.

Learner :   Boston is in America in the north east part of America.

듣고 따라하기 예시

Model   : Boston is in America,   in the north east.

Learner :   Boston is in America   in the north east.

● 섀도잉의 세 가지 유형

섀도잉에는 전체적 섀도잉, 선택적 섀도잉, 상호적 섀도잉, 세 가지가 있다(Hamada 2016). 예시는 Murphey(2001)에서 가져온 것이다.

① 전체적 섀도잉(complete shadowing): 대화에서 화자가 말하는 전체를 그림자처럼 따라 말하는 것을 말한다.

Terri : Boston is in America, in the north east part of America.

Aki   :   Boston is in America in the north east part of America.

② 선택적 섀도잉(selective shadowing): 청자가 화자가 말한 것 가운데 특정 단어나 구를 그림자처럼 따라 말하는 것을 말한다.

Terri : I'd like to tell you about two places. The first is Boston.

Eriko :   Two places.   Boston

Terri : Do you know where the Boston is? Boston is in the north east.

Eriko :   north east

③ 상호적 섀도잉(interactive shadowing): 선택적 섀도잉에 청자가 질문이나 코멘트를 덧붙여 대화가 좀 더 자연스럽고 청자 참여도가 높은 섀도잉 유형이다.

Eriko   : They um? they ah he is a member of basket club, yes.

Wanda : ah really basketball club

Eriko   : baketball club So he is tired in home yes so in home at home

Wanda : aha okay oh, really at home aha

Eriko   : ah, yeah there is no sound yes it's quiet, so

Wanda : oh, really! it's very quiet?

제 4 장

발음 평가와 교정

학습 목표

☐ 발음 평가의 기준과 유형에 대해 알아본다.

☐ 발음 교정의 원리를 이해한다.

☐ 학습자 발음에 수정적 피드백을 제공하는 방안에 대해 생각해 본다.

 본 강의

1 발음 평가

   1. 발음 평가의 특징

   2. 발음 평가의 기준

   3. 발음 평가의 유형

2 발음의 수정적 피드백

   1. 발음 교정의 원리

   2. 수정적 피드백의 유형

   3. 컴퓨터를 활용한 자가 교정

① 발음 평가

1. 발음 평가의 특징

발음 평가는 별도로 이루어지는 일이 드물고, 주로 말하기 평가의 구인 중 하나로 다루어지고 있다. [표 4.1]은 TOEFL IBT, IELTS, OPI의 말하기 평가 구인을 제시한 것이다. 구인 목록에서 발음이 어떻게 다루어지고 있는 지를 살펴보자. 목록에서 진하게 표시된 항목이 발음과 관련된 구인이다.

시험	구인
TOEFL IBT	전체적인 서술 능력(general description), **전달력(delivery)**, 언어 사용(language use), 주제 전개(topic development)
IELTS	유창성과 응집성(fluency and coherence), 어휘(lexical resources), 문법과 정확성(grammatical range and accuracy), **발음(pronunciation)**
OPI	기능(function), 맥락/내용(context/content), **정확성(accuracy)**, 텍스트 유형(text type)

[표 4.1] TOEFL, IELTS, OPI의 말하기 평가 구인(권성미 2015)

TOEFL IBT 말하기 평가의 평가 범주는 '전체적인 서술 능력(general description), 전달력(delivery), 언어 사용(language use), 주제 전개(topic development)', 네 부분으로 구성돼 있다. 발음에 관한 것은 전달력 범주에 포함시키고 있다.[24] IELTS의 말하기 평가 범주는 '유창성과 응집성(fluency and coherence), 어휘(lexical resources), 문법과 정확성(grammatical range and accuracy), 발음(pronunciation)', 네 가지이다. IELTS는 발음을 정확성보다는 이해도에 초점을 맞춰 기술하고 있다.[25] OPI는 총괄 평가로 구인별 분석적 평가가 이루어지지는 않지만, OPI 한국어 평가의 구인을 '기능(function), 맥락/내용(context/content), 정확성

---

24) 전달력에 대한 최고점인 4점의 기준은 다음과 같이 제시되어 있다. "Generally well-paced flow(fluid expression). Speech is clear. It may include minor lapses, or minor difficulties with pronunciation or intonation patterns, which do not affect overall intelligibility."

25) 0에서 9까지 9개 등급으로 평가를 하고 있는데, 4의 기준을 예시로 들면 다음과 같다. "uses a limited range of pronunciation features", "attempts to control features but lapses are frequent", "mispronunciations are frequent and cause some difficulty for the listener"

(Accuracy), 텍스트 유형(text type)'으로 목록화할 수 있다(강사희 2005). OPI의 구인 중 정확성은 일반적인 말하기 시험의 언어적인 요소를 의미하므로, 어휘, 문법과 함께 발음은 정확성의 하위 요소에 포함이 된다.

말하기 평가 구인에 나타난 발음은 평가 도구에 따라 그 위치에 차이를 보이는 것으로 판단된다. TOEFL IBT는 말하기의 발음을 음성 표현 층위에 있는 것으로 간주하고 이해도 차원에서 발음의 기능을 부각시키고 있으며, IELTS는 발음을 말하기를 구성하는 미시 기능의 하나로 어휘나 문법과 대등하게 처리하고 있는 것으로 해석된다. 그리고 OPI는 언어 구조 차원에서 발음을 바라보고 있음을 알 수 있다.

2. 발음 평가의 기준

(1) 정확성에 대한 판정 기준과 판정 방법

발음을 평가하기 위해서는 정확성(accuracy)에 대한 판정 기준이 우선적으로 설정되어야 하는데, 발음의 정확성에 대한 판정 기준을 설정하는 일은 발음 교육의 목적을 어디에 두느냐와 따로 떼어내 생각할 수 없다. 어떤 발음을 좋게 평가하고 어떤 발음을 정확하지 않다고 혹은 좋지 않다고 평가할 것이냐는 학습자가 궁극적으로 어떤 발음을 습득할 것으로 기대하느냐에 따라 결정되기 때문이다. 이 책에서는 앞서 1장에서 발음 교육의 목적을 논하면서 발음 교육과정에서 교수·학습에서 지향해야 할 발음으로 세 가지를 기술한 바 있는데, 발음 평가 역시 어떤 발음을 '정확한' 발음으로 보느냐에 따라 세 측면에서 이루어질 수 있다.[26]

(2) 외국인 말투(foreign accent)와 모국어 발음의 흔적(accentedness)

모국어 화자와 같은 발음을 정확한 발음으로 간주할 때 활용하는 평가 기준이다. 학습자의 L1의 흔적이 남아 있는 만큼 목표어의 모국어 화자의 발음과 거리가 멀고, L1 발음의 흔적이 없을수록 모국어 화자와 같은 발

---

26) 발음의 판정에 영향을 미치는 요소들로는 음운론적 오류, 음성적 오류, 억양, 문법 오류, 발화 속도, 발화 길이, 발화 크기 등이 있지만, Derwing and Munro(1997), Munro and Derwing(2000) 등의 연구에 따르면, 이 요소들과 발음 판정 결과가 일관된 상관관계를 가지지는 않는 것으로 보인다.

음을 구사하는 것으로 본다. 다시 말해 외국어 투가 느껴질수록 모국어 화자에 가깝지 않다고 보고, 외국어 투가 느껴지지 않을수록 모국어 화자에 가깝다고 본다. 외국어 투는 학습자의 발화를 목표어 화자에게 들려주고 외국인 말투가 얼마나 느껴지는지 척도 판단 과제를 활용해 측정할 수 있다. 예를 들어 다음과 같이 학습의 발음에서 L1의 발음이 어느 정도 느껴지는지를 1부터 5까지 점수를 매길 수 있다. 분절음 평가는 물론, 억양과 같은 초분절음의 평가에도 활용할 수 있다.

[그림 4.1] 외국인 말투 측정 도구의 예시

(3) 이해 가능성(intelligibility)

이해 가능한 발음을 정확한 발음으로 간주할 때 활용하는 평가 기준이다. 학습자가 발음한 L2음을 모국어 화자가 그 음으로 들었으면 학습자의 발음이 정확한 것으로 본다. 이해 가능성은 듣고 받아쓰는 전사 과제나 듣고 들은 것에 해당하는 것을 찾는 이해 확인 과제를 활용해 측정할 수 있다. 전사 과제의 경우, 목표어 화자에게 학습자의 발음을 들려주고 전사를 하게 한 후 맞게 전사한 것의 백분율을 구한다.[27]

이해 가능성(%) = 맞게 전사한 횟수 / 총 발생 횟수 × 100

[그림 4.2] 이해 가능성 산출법

(4) 이해 난이도(comprehensibility)

이해하기 쉬운 발음을 정확한 발음으로 간주할 때 활용하는 평가 기준이다. 이해 난이도는 학습자의 발음이 얼마나 이해하기 쉬운가, 즉 어느 정도

---

27) 의사소통식 접근법에서 발음 교육이 지향하는 목표인 '이해 가능한 발음'은 최소한의 이해가 가능한 발음이라기보다는 편하게 이해가 되는 발음(comfortably intelligible)을 말하는 것이라고 보아야 할 것이다.

쉽게 학습자의 발음을 알아들을 수 있는지를 '아주 이해하기 쉬움'부터 '아주 이해하기 어려움'까지 어려움의 정도성을 척도 판단 과제로 측정할 수 있다.

아주 이해하기 쉬움 -------------------- 아주 이해하기 어려움

1   2   3   4   5

[그림 4.3] 이해 난이도 판정 도구의 예시

3. 발음 평가의 유형

(1) 통합 평가와 분리 평가

통합 평가(integrative test)는 말하기 전반에 나타나는 발음이 얼마나 정확하고 자연스러운지를 평가하는 것을 말하고, 분리 평가(discrete-point test) 는 발음의 세부 구성 요소인 분절음(자음, 모음), 음절, 음운 규칙, 억양 등이 얼마나 정확하고 자연스러운지 평가하는 것을 말한다.

① 통합 평가 예시

발화 전반에 대한 전체적인 발음을 평가하는 경우라면, [표 4.2]와 같이 일반적인 평가 기준인 '정확성'과 '유창성' 항목을 두어 평가할 수 있다. 정확성 판단 대상은 분절음, 음운 규칙, 초분절음 등이 될 수 있다.

항목		점수	비고
정확성	분절음	1 2 3 4 5	
	음운 규칙	1 2 3 4 5	
	초분절음	1 2 3 4 5	
유창성	발화 속도	1 2 3 4 5	
기타	발음 명료도(enunciation)	1 2 3 4 5	
계			/ 25

[표 4.2] 전반적인 발음에 대한 평가표의 예시 1 [28]

----

28) 발음 명료도는 발화 전반에 걸쳐 웅얼거리지 않고 얼마나 분명하게 발음을 하는지를 평가하는 항목이다.

또, 앞서 기술한 발음의 정확성의 판정 기준인 '외국인 말투(모국어 화자처럼 정확한 정도)'나 '이해 난이도'를 판정 기준 항목에 두고, 분절음과 초분절음을 평가 대상으로 삼아 평가하는 방식도 가능하다(표 4.3). 의사소통식 접근법이 성행하고 있는 지금은 이해 난이도만을 평가 기준으로 삼아 평가하는 것도 가능하다.[29]

항목	점수	초분절음 점수	비고
이해 난이도	1 2 3 4 5	1 2 3 4 5	
외국인 말투	1 2 3 4 5	1 2 3 4 5	
유창성	1 2 3 4 5		
계	/ 25		

[표 4.3] 전반적인 발음에 대한 평가표의 예시 2

② 분리 평가 예시

발음 항목의 목록 가운데 현재 평가하려는 항목이 단수 항목일 때 [표 4.4]와 같은 평가표를 활용할 수 있다. 평가하려는 항목이 복수일 때는 평가표에서 항목의 목록을 늘려 구성할 수 있겠다.

항목		점수	비고
장애음의 비음화	/ㄱ/ → [ㅇ]	1 2 3 4 5	
	/ㄷ/ → [ㄴ]	1 2 3 4 5	
	/ㅂ/ → [ㅁ]	1 2 3 4 5	
유음의 비음화	/ㄹ/ → [ㄴ]	1 2 3 4 5	
계		/ 25	

[표 4.4] 비음화에 대한 평가표의 예시

---

29) 이해 가능한 발음을 기준으로 평가한다면 척도 평가는 힘들고, 학습자 발음을 받아쓴 후 OX(맞고 틀림)으로 판정하는 식으로 평가가 이루어져야 할 것이다.

(2) 분석적 평가와 총괄적 평가

① 분석적 평가

분석적 평가(analytic evaluation)는 발음을 세부 영역으로 나누고, 그 영역별로 점수를 매기는 방식의 평가를 말한다. 분석적 평가는 채점자 간에 평가 영역에 대한 타당한 기준을 제공하기 때문에 채점의 일관성과 신뢰성을 확보할 수 있다. 다만 채점자들이 세부 기준 요소에 대한 이해도가 높아야 하며, 평가하는 데에 시간이 많이 걸릴 수 있다. 정확성에 대한 판단이 필요한 성취도 시험(achievement test)이나 진단 시험에는 분석적 평가가 용이하다.

② 총괄적 평가

총괄적 평가(holistic evaluation)는 세부 영역으로 나누어 채점하지 않고 전체적인 인상에 따라 점수를 매기는 방식의 평가를 말한다. 총괄적 평가는 채점을 하기 용이하고 채점하는 데에 시간이 많이 걸리지 않는다는 장점이 있는 반면에 평가자의 직관에 따라 평가가 이루어지기 때문에 신뢰도와 타당도를 보장받기가 힘들다는 한계점이 있다. 정확성보다는 유창성에 비중을 두어 평가하는 숙달도 시험(proficiency test)에는 총괄적 평가를 활용하는 것이 효과적이다.

(3) 동료 평가

말하기 평가(oral proficiency test)의 경우는 동료 평가(peer evaluation)의 장점이 많이 거론되고 있지만, 아직까지 발음 평가에 있어서 동료 평가의 효용성에 대해서는 깊이 있게 다뤄진 선행 연구를 찾아보기 어렵다. 말하기 평가의 경우, 동료가 제공하는 총괄적 평가가 교사나 전문가의 평가와 유사하다는 연구 결과가 보고되고 있다(Rolfe 1990, Hughes and Large 1993, Miller and Ng 1994, Freeman 1995). 그에 비해 발음의 경우는 평가에 전문 지식이 필요하여 아무래도 동료 평가 방안을 모색하지 않는 경향이 있다.

(4) 자기 평가

자기 평가(self-assessment)는 교사나 동료가 아닌 학습자 자신이 스스로 자신의 발음을 평가하는 것이다. 자기 평가는 학습자 중심의 교육을 지향하고 있는 최근의 교수 사조에도 부합하고, 발음 교육에 컴퓨터를 활용하는 'Computer Aided Pronunciation Training(CAPT)'의 소프트웨어와 방법론이 발달하면서 자기 평가의 실효성에 대한 관심이 높아지고 있다. 멀티미디어를 활용해 자신의 발음과 기준이 되는 규준 발음(norm)을 비교할 수 있는데, 최근에는 규준 발음과 자신의 발음을 비교한 것을 시각적으로 보여 주는 도구들이 개발되고 있다(Cucchiarini et al. 2000, Menzel 2000).[30]

이러한 자기 평가는 학습자가 스스로 취약점을 발견하고 그 부분에 노력을 집중할 수 있으며, 장소에 구애받지 않을 수 있고, 교사의 수고를 덜 수 있다는 장점과 더불어 무엇보다도 언어 불안을 낮출 수 있다는 큰 장점이 있다. 시험, 즉 평가는 언어 불안의 하나로 제2 언어 습득을 촉진시키는 데 장애가 되는 요소이기 때문이다.[31]

반면에 자기 평가는 학습자가 스스로 평가할 수 있도록 특별한 훈련을 받지 않은 경우라면 자신의 발음에 어떤 문제가 있는지 정확히 찾아내지 못한다는 문제가 있다(Derwing 2003, Derwing and Rossiter 2002). Dieling(1992)에 따르면 멀티미디어를 활용하는 경우 역시 교사의 도움이 필요한 경우가 많아 멀티미디어가 교사를 완전히 대체하기는 어렵다는 한계점이 있다(Dlaska and Krekeler 2008).

---

30) 음성 자동 인식(Automatic Speech Recognition, ASR)을 활용하는 것으로, 모국어 화자의 음성 말뭉치, 학습자 음성 말뭉치, 인간 채점 말뭉치, 기계 채점 말뭉치 등을 데이터로 활용해 개발된 알고리듬을 바탕으로 하는 평가 방식이다. 자동화된 평가에 대해서 더 알고 싶은 독자는 Peabody, M.(2002)의 박사학위 논문인 "Methods for pronunciation assessment in computer aided language learning"의 Appendix A를 참고하는 것이 좋겠다.
31) Young(1991)에서는 '개인적인 불안, 대인 관계 불안, 언어 학습에 대한 학습자의 믿음, 언어 교수에 대한 교사의 믿음, 교사와 학습자의 상호 작용, 수업 과정'과 더불어 '시험'을 언어 불안의 주요한 요인으로 꼽고 있다.

② 발음의 수정적 피드백

1. 발음 교정의 원리

(1) 수정적 피드백

수정적 피드백(corrective feedback)은 피드백의 한 유형으로 학습자 발화에 나타나는 특정한 오류를 교정하기 위해 부가적인 실연이나 설명을 제공하는 것을 말한다. Lightbown and Spada(1999)에서는 수정적 피드백을 '학습자에게 목표어 사용에 틀린 것이 있다는 것을 알려 주는 모든 것'이라고 한 것에서 알 수 있듯이, 학습자의 오류를 교정해 주는 것과 관련된 모든 피드백을 수정적 피드백이라고 볼 수 있다.

(2) 발음을 위한 수정적 피드백

학습자에게 수업 후 집에 가서 혼자 여러 번 큰 소리로 읽어 오라는 것과 같은 일반적인 조언이 제공될 때 학습자는 그러한 조언을 받아들여 수행하는 과정에서 반복을 통한 자동성을 습득하는 효과를 볼 수는 있겠지만, 그 이상의 교정 효과를 기대하기는 힘들다. 그러한 일반적인 조언과 달리 피드백은 오류가 효율적으로 교정될 수 있도록 몇 가지 조건을 충족시킬 필요가 있다. [표 4.5]는 El Tatawi(2002)에서 제시한 발음 교정을 위한 좋은 피드백의 조건이다.

- 피드백은 체계적이고 일관되게 제공되어야 한다.
- 피드백은 피드백으로 받아들여질 수 있을 정도로 분명하게 제공돼야 한다.
- 학습자가 스스로 발음을 수정할 수 있도록 시간과 기회가 제공돼야 한다.
- 피드백은 교사의 의도나 교정 대상인 오류 유형은 물론 피드백을 학습자가 어떻게 받아들이는지에 따라 적절하게 제공돼야 한다.
- 피드백은 일관되면서 집중적이어야 하는데, 그렇게 되기 위해서는 특정 기간 동안 한 번에 하나의 오류에 초점을 맞추어야 한다.
- 학습자가 피드백을 처리할 준비가 되었는지를 고려해야 한다.

[표 4.5] 좋은 피드백의 조건

(3) 오류 수정 대상

① 모든 오류를 고쳐 줄 필요는 없다 vs. 모든 오류를 고쳐 주지 않으면 안 된다

모든 오류를 수정해 주어야 한다는 입장과 모든 오류를 다 수정해 주는 것은 오히려 발음 학습에 장애가 될 수 있다고 보는 입장이 있다.

먼저 모든 오류를 수정해 주어야 한다는 입장은 오류를 고쳐 주지 않는 것은 틀린 형태를 가르치는 것이나 마찬가지라고 보고, 다음과 같은 이유를 들어 그 어떤 오류도 놓치지 않고 고쳐 줄 것을 주장한다.

학습 측면	학습자가 뭐가 맞고 뭐가 틀렸는지 헷갈릴 수 있다.
화석화 측면	그 오류를 반복하게 될 것이다.
직업적 측면	학생들은 교사가 모든 오류를 수정해 줄 것으로 기대한다.

[표 4.6] 모든 오류를 수정해야 하는 이유

모든 오류를 수정해 줄 필요는 없다는 입장은 다음과 같은 이유를 들어 모든 오류를 수정하는 것에는 문제가 있을 수 있다고 주장하였다.

정서적 이유	모든 오류를 교정해 줄 경우, 학습자의 자신감이 떨어질 수 있다.
수업 운영 측면	시간을 너무 많이 할애해야 해서 수업 운영에 차질이 생길 수 있다.
교육학적 측면	학습자를 혼동시킬 수 있다. 따라서 모든 오류를 고쳐 줄 것이 아니라 지금 학습 중인 것에 초점 맞추도록 유도해야 한다.

[표 4.7] 모든 오류를 수정하는 것의 단점

② 수정해야 할 오류

만일 모든 오류를 수정하지 않고 선별해서 수정을 해 줄 것이라면 어떤 오류를 그냥 넘기고 어떤 오류를 수정해 주는 것이 좋을까? 다음에 해당하는 오류를 중심으로 수정을 하는 것이 좋을 것이다.

- 발음이 어떤 발음인지 이해가 안 되는 오류
- 알아듣기 힘든(애를 써야 알아들을 수 있는) 오류
- 사회언어학적인 측면에서 문제를 일으킬 수 있는 오류
- 집단적으로 공통된 양상을 보이는 오류

- 현재 학습 중인 항목에 대한 오류
- 학습자의 숙달도 단계에서 잘할 것으로 기대되는 발음 항목에 대한 오류
- 학습자가 반복적으로 하는 오류라도 그냥 잘못 나온 말이나 실수를 고쳐줄 필요 없음

(4) 동기, 자신감을 잃지 않게 발음 피드백을 제공하는 방법

Engwall and Bälter(2007)에서는 학습자가 자신감을 잃지 않게 발음을 교정하기 위해서는 다음 사항을 고려할 필요가 있다고 보았다.

- 수정적 피드백의 양을 제한해서 학습자가 필요를 느껴 피드백을 더 요구하게 하는 것이 좋다.
- 수정적 피드백과 더불어 긍정적 피드백이나 격려를 적절하게 제공해야 한다.
- 학습자가 향상되고 있다는 것을 인식시켜 줘서 성취감을 느낄 수 있게 해 줘야 한다.
- 학습자의 자의식에 부정적인 영향을 미치는 피드백은 피해야 한다.

[표 4.8] 발음 교정 시 학습자가 자신감을 잃지 않게 하기 위해 유의할 점

Engwall and Bälter(2007)에서 언급한 것 이외에 고려해야 할 또 한 가지 중요한 점이 있다. 피드백의 명시성을 점진적으로 높여 가는 것 역시 학습자의 자신감을 지켜 줄 수 있는 좋은 방법이다. 학습자의 오류에 대한 피드백을 제공할 때 '비명시적인 피드백 → 명시적인 피드백'으로 명시성을 점차 높여 가는 것이 좋다.

2. 수정적 피드백의 유형

(1) 명시적 피드백과 암시적 피드백

수정적 피드백은 직접성의 정도에 따라 명시적 피드백과 암시적 피드백으로 분류할 수 있다. 명시적 피드백은 직접적으로 피드백을 제공하는 방식이고 암시적 피드백은 간접적으로 피드백을 제공하는 방식이다. 명시적 수정, 메타언어 피드백, 유도하기는 명시적 피드백에 해당하고, 고쳐 말하

기, 명료화 요구, 반복하기는 암시적 피드백에 해당한다.

- 명시적 피드백: 명시적 수정, 메타언어 피드백, 유도하기
- 암시적 피드백: 고쳐 말하기, 반복, 명료화 요구

(2) 발음 교정을 위한 7가지 수정적 피드백의 유형별 특징과 예시

수정적 피드백에는 여러 유형이 있는데, Lyster and Ranta(1997)에서는 수정적 피드백의 유형으로 7가지를 제시한 바 있다. 이 책에서는 Lyster and Ranta(1997)의 7가지 수정적 피드백의 유형을 중심으로 한국어 발음 교육을 위한 수정적 피드백의 유형별 특징을 살펴보기로 하자. S는 학습자, T는 교사를 나타낸다. 발음 오류가 나타난 부분은 밑줄로 표시하였다.

① **명시적 수정(explicit correction)** : 교사가 학습자의 틀린 발음을 직접적으로 지적하고 수정된 형태를 제공한다.

S : 저는 결혼하면 예쁜 탈을 낳고 싶어요.

T : '탈'이 아니고 '딸'이에요.

② **고쳐 말하기(recasts)** : 교사가 학습자 발화에서 발음 오류 부분을 제거하고 수정된 발음을 넣어서 다시 발화해 준다.

S : 저는 결혼하면 예쁜 탈을 낳고 싶어요.

T : 제인 씨는 결혼하면 딸을 낳고 싶군요.

③ **반복(repetition)** : 교사가 학습자 발화를 오류가 포함된 채 그대로 반복한다. 반복할 때 오류 부분의 억양에 변조를 주어 학습자가 어느 부분의 발음에 문제가 있는지를 알아차리게 한다.

S : 요즘 너무 많이 먹어서 살이 쳤어요.

T : 많이 먹어서 살이 쳤어요?

④ **명료화 요구(clarification requests)** : 발음 오류 때문에 학습자의 발화가 어색할 때 교사가 학습자에게 다시 발음을 할 수 있게 한다.

S : 요즘 살이 쳤어요.

T : 네? 뭐라고요? 다시 말해 주세요.

⑤ **메타언어 피드백(metalinguistic feedback)** : 교사는 학습자의 발화에

발음 오류가 있을 때 메타언어를 사용해 코멘트나 질문을 함으로써 학습자가 스스로 오류를 찾을 수 있도록 유도한다.

S : [한라산]에 아직 못 가 봤어요.

T : 유음화시켜야지요? / ㄹ 앞에 ㄴ이 올 때는 어떻게 발음해야 하지요?

S : 저는 탈이 두 명 있어요.

T : 경음과 격음을 구분해야 돼요.

⑥ 유도(elicitation) : 교사가 완성되지 않은 발화나 공백을 활용해 학습자가 스스로 오류를 수정해서 발음할 수 있도록 유도한다.

S : 요즘 너무 많이 먹어서 살이 <u>쳤어요</u>.

T : 많이 먹어서 살이 …?

⑦ 복합적 수정 : 한 차례에 수정적 피드백의 여러 유형이 사용된다.

S : 저는 탈이 두 명 있어요.

T : 아, 딸이 두 명 있어요?

S : 네, 아들은 없고 탈만 둘이에요.

T : '탈'이 아니고 '딸'이에요.

(3) 발음 교수를 위한 부가적인 교정 유형

발음이라는 영역의 특징을 반영하여 일반적인 수정적 피드백 유형에 변형을 가하는 일이 불가피하다. 발음 교수에 적용되는 수정적 피드백 유형으로 다음과 같은 유형을 부가할 수 있다.

① 익숙한 발음으로 고쳐 말하기(comparisons to familiar phonemes with the recast) : 조음 방법 등에 대한 설명이 없이 학습자가 알고 있는 익숙한 발음과 비교해 설명한다. 교사도 학습자도 부담을 덜 느끼며 활용할 수 있는 방법이다.

S(영어권 학습자) : 저는 탈 하나, 아들 하나 있어요.

T : 탈이 아니라 딸이에요. 또는 영어 'strike'를 발음할 때 't'하고 비슷하게 발음하면 돼요.

② 조음 교수 피드백(articulatory instructions) : 학습자의 오류 발음이 목표어 발음과 조음에 있어서 어떻게 차이가 나는지를 설명해 준다. 그

림을 활용하거나 행동으로 보여 준다.

S(일본인 학습자) : <u>그드</u>를 신고 오래 걸으면 발이 아파요.

T : 한국어 '우'는 입술을 더 내밀고 발음해야 돼요. 지금 ○○씨는 입술
　　을 내밀지 않고 발음했어요. 이렇게 입술을 내밀고 발음해 보세요.

S(중국인 학습자) : 북경의 <u>가을[kaiɹ]</u> 날씨는 한국하고 비슷해요.

T : 한국어 받침 ㄹ은 중국어 r과 발음이 달라요. 혀끝을 뒤로 말
　　면 안 돼요. 이 그림을 보세요. (그림 제시) 이것처럼 혀끝을 앞으
　　로 펴서 입천장에 붙인 채로 발음해요. [가을]이에요.

③ 감각 피드백(sensory feedback) : L2-L1 간 음성적 특성의 차이를
　　감각적으로 상기시키는 방식이다. 영어 자음이라면 무성음과 유성음
　　을 변별시키기 위해 손을 목에 대서 목의 떨림이 있으면 유성음, 떨림
　　이 없으면 무성음이라고 설명한다. 한국어 자음의 경우는 손을 입에
　　가져가 기식성이 느껴지면 격음, 기식성이 느껴지지 않으면 경음이라
　　고 설명한다.

S : 저는 탈 하나, 아들 하나 있어요.

T : '탈'이 아니라 '딸'이에요. '탈'은 공기가 많이 나가고, '딸'은 공기가
　　안 나가요. 손으로 이렇게 해 보세요. '딸'을 발음해 보세요. '딸'
　　은 공기가 안 나가요. '탈' 해 보세요. '탈'은 공기가 많이 나가요.

④ 메타언어 설명(metalinguistic explanation) : 단어의 뜻이 바뀔 수 있는
　　중요한 오류의 경우, 왜 그 발음이 틀리면 안 되는지, 어떤 점이 문제
　　가 될 수 있는지를 메타언어를 사용해 설명해 준다.

S : 서울은 겨울에 너무 <u>주워</u>요.

T : ㅈ와 ㅊ를 잘못 발음하면, 다른 의미가 돼요.

3. 컴퓨터를 활용한 자가 교정

피드백은 제공하는 주체에 따라 교사 피드백, 동료 피드백, 자가 피드
백으로 분류할 수 있다. 교사 피드백, 동료 피드백, 자가 피드백은 피드백
을 제공하는 주체가 각각 교사, 동료, 학습자 자신이다. 앞서 소개한 수정
적 피드백은 교사 피드백의 경우를 중심으로 소개하였다. 본 절에서는 컴
퓨터를 활용한 발음 교육(Computer Assisted Pronunciation Training,

CAPT)의 한 유형으로 컴퓨터를 활용한 자가 피드백 제공 방안에 대해 살펴보자.

(1) 컴퓨터를 활용한 자가 교정의 장점

기계로 피드백을 제공받는 것의 가장 큰 장점은 교사나 동료에게 피드백을 제공받을 때에 비해 학습자가 자신감을 잃을 가능성이 낮다는 점이다. 또, 피드백 제공자의 편의를 고려할 필요 없어 시간과 공간의 제약이 없이 피드백을 반복적으로 받을 수 있다는 점 역시 상당히 매력적이다.

아직까지는 기계가 발음을 가르치거나 발음 오류를 수정해 주기에는 기술이 부족한 것이 아니냐는 의구심을 갖고 있는 사람들이 많지만, 컴퓨터를 활용한 발음 교육(CAPT) 연구자들은 CAPT에서 더 문제가 되는 것은 실상은 소프트웨어의 기술 부족보다는 활용할 수 있는 교수법 개발이 미진한 점이라고 주장하고 있다.

(2) 가상 교사

CAPT를 활용해 피드백을 제공하는 하나의 방안은 '가상 교사(virtual teacher)'를 통해 피드백을 제공하는 것이다. 발음 가상 교사는 일명 '말하는 머리(talking head)'로도 불리는 소프트웨어로, 최근 이 말하는 머리 개발에 대한 연구가 활발하다.

널리 알려진 세 모형으로는 Artur, Baldi, Massy가 있다. 이 세 모형, 즉 세 모형의 교사 혹은 말하는 머리는 입 안 내부 구조를 시각화한 3D 그래픽이다. 이 말하는 머리는 [그림 4.4], [그림 4.5]에서 보듯이 얼굴의 일부가 제거돼 있어서 혀, 턱, 구개와 같은 입 안 내부 구조를 훤히 들여다볼 수 있게 돼 있다. 이 책에서는 세 모형 중 Artur를 예시로 가상 교사를 설명하고자 한다.

Artur는 얼굴, 혀, 턱 동작을 통해 조음 방법을 직접 구현하는 '조음 교사(articulation tutor)'로, 발음을 가르치거나 오류에 대한 피드백을 제공

---

32) Artur는 스웨덴어, Baldi는 영어, Massy는 독일어 교사로 개발되었다. 이들은 언어 장애가 있는 어린이 모국어 화자를 위한 학습 도구로 주로 활용이 되지만, 외국어 학습자를 위한 학습 도구로 활용하는 방안을 모색 중이다. Artur에 대해 더 알고 싶은 독자는 Engwall and Bälter(2007)와 Engwall et al.,(2006)을 찾아보는 것이 좋다. 독일어 학습자를 위한 가상 교사인 Massy에 대해서는 Fagel and Madany(2008)를 찾아보면 된다.

하는 데 활용이 된다.[32] Artur는 [그림 4.4]와 같이 왼쪽에 학습할 단어 목록이 제시되고, 오른쪽에 메뉴 목록이 있어 원하는 유형의 연습을 하거나 피드백을 제공받을 수 있다. 오른쪽 메뉴에는 'Repeat word, Repeat word slowly, Listen to previous attempt, Show difference'가 있다.

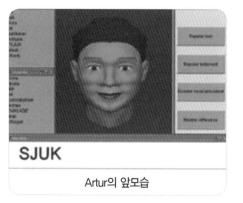

Artur의 앞모습

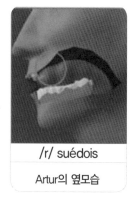

/r/ suédois

Artur의 옆모습

[그림 4.4] 가상 교사 Arthur(Engwall2012)

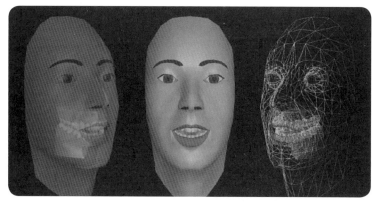

[그림 4.5] 안을 들여다볼 수 있게 구현된 말하는 머리 Baldi(Ouni et al. 2005)

(3) 한국어 발음 가상 교사 개발

Ouni et al.(2005)에서는 Baldi에 아랍어 분절음 정보를 입력하여 영어 교사로 개발된 Baldi가 아랍어 교사 Badr로 기능할 수 있다는 것에 대한 검증이 이루어진 바 있다. 이로 미루어 이전에 개발된 이들 말하는 머리 모형에 한국어 정보를 입력할 경우, 한국어 발음 가상 교사로 기능하는 것도 가능할 것으로 예측해 볼 수 있다. 물론 한국어 관점에서 타 언어 대비

알고리듬이 활용되는 한국어 전용 가상 교사가 개발되는 것이 가장 바람직하겠지만, 이를 위해서는 한국어 교육 시장이 커져 한국어 발음 교육에 대한 수요가 늘어야 가능할 것으로 보인다.

제 5 장

음성 · 음운론의
이해

☐ 말소리를 만들어 내는 데 관여하는 기관의 기능을 이해한다.

☐ 말소리가 만들어지는 원리에 대해 이해할 수 있다.

☐ 한국어의 음운론적인 특징에 대해 이해한다.

본 강의

1 음성학의 이해

　　1. 말소리의 생성 과정: 발음의 과정

　　2. 조음 기관

2 음운론의 이해

　　1. 음운과 변이음

　　2. 음절

　　3. 음운론적 제약

　　4. 음운 규칙과 변이음 규칙

① 음성학의 이해

발음 교육의 대상이 되는 것은 인간이 만들어 내는 소리 가운데 언어학적으로 의미가 있는 소리인 말소리, 즉 음성이다. 이러한 말소리를 연구하는 학문을 음성학이라고 하는데, 한국어 발음 교육을 위해서는 한국어 음성학에 대한 기본적인 지식을 쌓을 필요가 있다. 음성학이 사람의 말소리 그 자체를 물리적으로 연구하는 분야라면, 음운론은 사람의 말소리가 특정 언어에서 어떻게 음운 체계를 형성하는지를 연구하는 분야이다. 본 절에서는 음성학의 기초라고 할 수 있는 발성 기관 및 조음 기관, 말소리의 생성 과정과 한국어 음운 체계를 이해하는 데 필요한 용어들에 대해서도 살펴볼 것이다.

1. 말소리의 생성 과정: 발음의 과정

'발음을 한다'는 것은 바로 인간이 말소리를 생성하는 것을 가리킨다. 말소리는 말소리의 근원지인 폐에서 만들어 내는 기류가 성대를 지나 성도를 거치면서 다양한 소리로 조음이 되는 과정을 거쳐 생성된다. 이러한 말소리 생성의 과정을 좀 더 자세히 살펴보면, '시동, 발성, 조음'의 세 단계에 걸쳐 일어나는 일임을 알 수 있다. 말소리의 생성 과정, 즉 발음의 과정에 단계별로 일어나는 일에 대해 살펴보자.

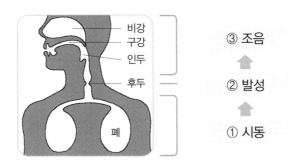

[그림 5.1] 시동, 발성, 조음 기관[33]

---

33) 구강은 성문에서 나온 기류가 통과하는 입 쪽으로의 통로로, 후두(larynx)에서 입술 사이에 형성되는 공간을 가리킨다. 비강은 성문에서 나온 기류가 통과하는 코 쪽으로의 통로로, 목젖(uvula)부터 코끝 사이에 형성되는 공간을 가리킨다.

(1) 시동

시동(initiation)은 발음을 하기 위해 폐에서 기류를 밖으로 내보내거나 들이마시는 활동을 말한다.[34] 이때 폐는 일종의 에너지인 말소리의 원동력 역할을 하는 시동자(initiator)로 볼 수 있고, 공기는 말소리의 재료라고 볼 수 있다. 시동 단계에서 공기를 밖으로 내보내 말소리의 에너지를 발생시킬 수 있다.

(2) 발성

발성(phonation)은 시동 과정을 통해 폐에서 내보낸 기류가 성대를 거치면서 조절되는 과정을 말한다. 성대는 얇은 두 개의 근육이 짝을 이루고 있는데 두 성대 사이의 공간을 소리가 지나가는 문이라는 뜻에서 성문이라고 한다(그림 5.2). 두 성대 사이의 간격과 성대의 진동 유무에 따라 다양한 발성의 유형을 만들어 낸다. 이렇게 발성의 유형으로 만들어지는 소리의 유형으로는 유성음(voiced), 무성음(voiceless), 숨 새는 소리(breathy voice), 쥐어짜 내는 소리(creaky voice), 유기음(aspirated), 무기음(unaspirated) 등이 있다.[35]

우리가 평상시 말을 하지 않고 호흡을 할 때 우리의 성문은 두 성대 사이의 간격이 충분히 벌어져 있어 기류가 쉽게 빠져나갈 수 있는 모양이 된다. 무성음을 생성할 때도 성대 사이의 간격이 기류가 쉽게 빠져 나올 정도로 벌어져 있고, 성대의 진동은 일어나지 않는다. 유성음을 발음할 때는 성대 사이의 간격이 매우 좁고, 두 성대가 빠른 속도로 붙었다 떨어졌다가를 반복하여 성대에 진동이 일어난다. 무기음의 경우는 두 성대가 거의 밀착되어 있어 유성음보다도 성대 간 거리가 더 가까워 기류가 거의 빠져나가지 못한다. 유기음은 무성음에 비해 성대 간 간격이 커 기류가 빠져나가는 양이 무성음보다 더 많다.

---

34) 시동 단계에서는 기류의 방향에 따라 두 부류의 다른 소리를 만들어 낼 수 있다. 공기를 내보내면서 소리를 만들 수 있고, 공기를 들이마시면서 소리를 만들 수 있는데, 폐에서 공기를 밖으로 내보내면서 만드는 소리를 배출음(egressive), 들이마시면서 만드는 소리를 흡기음(ingressive)이라고 한다. 전 세계 언어 중 흡기음이 있는 언어는 아주 드물다. 한국어 역시 모든 음은 배출음이다.

35) 숨 새는 소리는 두 성대의 거리가 멀리 떨어진 상태에서 기류를 많이 내보내면서 성대를 진동시킬 때 만들어지는 소리이다. 우리가 수업 중 옆 사람에게 작은 소리로 속삭일 때의 발성이 숨 새는 소리를 발성할 때와 유사하다. 쥐어짜 내는 소리는 두 모뿔 연골은 붙고 성대의 윗부분만이 붙었다 떨어졌다 진동하며 나는 소리이다. 우리가 극도의 저음을 낼 때 문이 삐걱거리는 것 같은 소리가 나는데, 그때의 발성을 생각하면 된다.

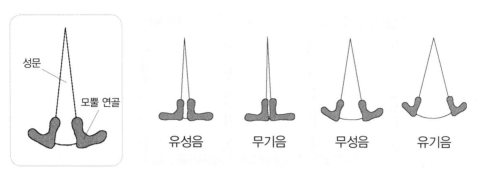

성문

모뿔 연골

유성음　　무기음　　무성음　　유기음

[그림 5.2] 발성의 유형별 성문의 모양: 기식성에 따른 성문의 개폐 정도

(3) 조음

　　성대에서 만들어진 소리가 성도(vocal tract)를 거쳐 여러 소리로 변형되는 과정을 조음(articulation)이라고 한다. 성도는 후두(larynx) 위쪽의 기류가 지나가는 인두, 구강, 비강을 가리킨다.[36] 성도의 모양을 변형시키는 데 여러 조음 기관이 관여하는데, 한국어 음들의 조음 방법을 이해하기 위해서는 이 기관들의 명칭과 기능을 알아둘 필요가 있다. 여러 조음 기관에 대해서는 다음에서 설명할 것이다.

　　우리에게 친숙한 많은 소리가 사실은 이 조음 단계에서 결정이 된다. 조음 시 성도의 일부가 막히는지 여부에 따라 자음과 모음이 결정된다. 그리고 이때의 기류가 비강으로 가는 길이 차단되면 구강음이 형성되고, 구강으로 가는 길이 차단되면 비강음이 조음된다.[37] 그뿐 아니라 저모음, 고모음, 전설모음, 후설모음 등과 같은 모음의 유형이나 폐쇄음, 탄설음, 마찰음 등의 자음의 부류들이 사실은 성도의 모양이 어떻게 변형되느냐에 따라 성격이 달라지면서 만들어지는 소리라고 할 수 있다.

---

36) 후두의 위쪽에는 후두 덮개인 후두개(epiglottis)가 위치해 있다. 후두개는 조음 기관은 아니지만 발음을 할 수 있게 해 주는 고마운 기관이다. 입에서부터 몸 안으로 연결된 주요 통로는 두 개가 있다. 하나는 기류가 다니는 기도로, 폐까지 연결되어 있고, 다른 하나는 음식물이 다니는 통로인 식도로, 위장까지 연결되어 있다. 우리가 기류를 내보낼 때는 후두개가 열리고, 음식물을 위장으로 보낼 때는 후두개가 닫힌다. 후두개가 후두와 식도가 동시에 열리는 것을 막아 주는 것이다. 간혹 후두개가 제대로 작동하지 않을 때 음식물이 성문으로 들어가는 일이 생기는데, 이때는 기침을 하면서 뱉어 내게 된다. 그것이 바로 사레가 들렸을 때 일어나는 일이다.

37) 목젖이 뒤로 밀려 인두벽에 가 닿게 되면 기류가 구강으로 통과하는데 이때 구강음이 생성된다. 반대로 목젖이 내려와 기류가 비강으로 가는 길을 열어 주면 기류가 비강으로 통과하게 되고 이때 비강음이 생성된다.

2. 조음 기관

조음에 관여하는 기관들 중 입 안 아래쪽에 있는 움직일 수 있는 기관들을 조음체(articulator)라고 한다. 움직일 수 있는 부분이라서 능동조음체라고도 한다. 조음체에는 아랫입술, 혀가 있다. 조음체들이 가 닿는 기관들을 조음점(point of articulation)이라고 한다. 조음점은 움직일 수 없어 수동조음체라고도 한다. 조음점에는 윗입술, 윗니, 입천장이 있다.[38]

(1) 조음체: 아랫입술, 혀

조음체에는 아랫입술과 혀가 있다. 혀는 조음을 하는 데 가장 큰 역할을 하는데 혀의 어느 부분이 조음점의 어느 부분에 다가가 어떻게 움직이느냐에 따라 다양한 소리가 조음된다.

설첨(tip)은 혀의 끝부분을 가리킨다. 우리는 손가락으로 설탕을 찍어 맛을 볼 때 혀를 입 밖으로 죽 내밀어서 손가락에 가 닿게 하는 동작을 하게 되는데, 이때 손가락에 닿는 부분을 설첨이라고 할 수 있다. 설단(blade)은 혀의 앞부분을 가리킨다. 우리가 말을 하지 않고 입을 가만히 다물고 있을 때, 치조(윗잇몸) 부분에 자연스럽게 닿는 혀의 부분이다. 설면(front)은 입을 다물고 있을 때, 경구개에 닿는 부분을 가리킨다. 전설이라고도 한다. 설배(back)는 연구개와 마주보는 혀의 부분을 가리키며, 후설이라고도 한다. 설근(root)은 설배 뒤쪽에 있는 혀뿌리를 가리키는데, 혀의 다른 부분과 달리 고정되어 있어 움직일 수 없어 발음에 직접 관여하지 않는다.

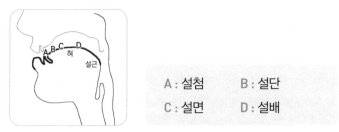

[그림 5.3] 조음체: 설첨, 설단, 설면, 설배

---

38) 음성학을 이해하기 위해서는 발음을 하는 데 어떤 신체 기관이 관여하고, 그 신체 기관들의 명칭이 무엇인지를 익혀 둘 필요가 있다. 특히 앞서 설명한 발음 과정의 세 번째 단계인 조음 과정에 관여하는 조음 기관의 이름을 기억해 두는 것이 좋다. 발음을 할 때 관여하는 조음 기관도 언어에 따라 차이가 있을 수 있는데, 이 책에서는 한국어를 발음할 때 관여하는 조음 기관을 중심으로 조음 기관에 대해 설명하고 있다.

조음점은 입 안의 위쪽에 있는 기관들로, 윗입술, 윗니, 치조(alveolar ridge), 경구개(palate), 연구개(velum, soft palate)가 있다. 치조는 윗니 바로 뒤쪽부터 우둘투둘한 부분 바로 앞까지를 말한다.[39] 경구개는 입천장의 높고 둥근 부분을 가리킨다. 혀로 만져 보면 미끈미끈하고 평평한 부분이다. 연구개는 경구개보다 뒤쪽에 있는 물렁한 부분을 가리킨다. 혀를 경구개에서 더 뒤쪽으로 옮겨가면 물렁물렁한 부분이 시작되는데, 그 부분이 연구개이다.

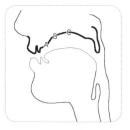

A : 치조
B : 경구개
C : 연구개

[그림 5.4] 조음점: 윗니, 치조, 경구개, 연구개

 음운론의 이해

1. 음운과 변이음

(1) 음운

음운은 의미를 구분하는 소리의 최소 단위를 말한다. 한국어의 /발/과 /팔/에서 /ㅏㄹ/은 공통적이며, /ㅂ/와 /ㅍ/에 의해 의미가 구분이 된다. 그리고 /ㅂ/와 /ㅍ/는 각각 더 작게 나눌 수 없는 최소의 단위이다. 따라서 /ㅂ/와 /ㅍ/를 한국어의 음운이라고 할 수 있다.

이때 /발/과 /팔/은 하나의 음운만이 다르고 모두 같은 음운으로 구성된 단어이므로 최소대립쌍을 이룬다고 한다. 최소대립쌍은 음운 하나의 차

---

39) 치조(이틀뼈)를 둘러싼 근육이 잇몸이므로 치조음을 잇몸소리라고도 한다

이로 의미가 구분이 되는 단어의 쌍이다. 최소대립쌍은 단어의 의미를 변별하는 일과 관계가 있으므로 어떤 음이 한 언어에서 음운인지 아닌지를 판별하는 기준이 될 수 있다. /허리/:/머리/, /달/:/탈/, /거리/:/고리/, /사슴/:/사슬/ 등은 모두 한국어의 최소대립쌍의 예이다.

한편, 음운은 음소와 운소를 포함하는 용어이다. 음소는 분절음 (segments)이라고도 하는데 모음, 자음과 같이 분리가 되는 소리를 가리킨다. 운소는 고저, 장단, 억양 등과 같이 분절음이 없이는 실현이 될 수 없고 분절음에 얹혀서 실현되는 요소를 가리키는 것으로, 초분절음 (suprasegments)이라고도 한다.

(2) 변별적

음성적으로 다른 두 소리가 어떤 특정 언어에서 언중에게 다른 소리로 인식되고, 또 의미를 분화시키는 기능을 하면 그 두 음은 그 언어에서 변별적(distinctive) 또는 대립적(contrastive)이라고 한다. 예를 들면, 한국어에서 [t], [tʰ], [t']는 변별적이고, [r]과 [l]은 변별적이지 않다. 영어에서 [r]과 [l]은 변별적이지만, [t]와 [tʰ]는 변별적이지 않다.

(3) 상보적 분포와 변이음

한 음운에 속하는 두 음(혹은 그 이상의 음)이 서로 다른 환경에서 나타나며, 환경이 서로 뒤바뀌어서 나타나는 일은 일어나지 않는 것을 '상보적 분포'를 이룬다고 한다. 그리고 한 음운을 이루면서 서로 상보적인 분포를 이루는 음들을 그 음운의 변이음(allophone)이라고 한다. 예를 들어, 한국어에서 음운 /ㄹ/은 언제나 모음 사이에서 [r]로 실현되고(예: 사람 [saram]), 음절말에서 [l]로 실현되며(예: 쌀[s'al], 그 역으로 실현되는 일은 일어나지 않는다. 이때 음운 /r/에 속하는 두 음인 [r]과 [l]은 서로 상보적 분포를 이룬다고 할 수 있으며, [r]과 [l]은 음운 /r/의 변이음이라고 한다(7장 참고).[40]

---

40) 소리를 음성 부호로 전사할 때는 음운 층위에서 표기하거나 음성 층위에서 표기할 수 있다. 음운 층위에서 표기할 때는 주로 / / 표시를 사용하고, 음성 층위에서 표기할 때는 [ ] 표시를 사용한다. 예를 들어 한국어의 '시간'을 음운 표기로 나타내면 /sikɑn/이 되고, 음성 표기로 나타내면 [ʃigan]가 된다.

이 책에서는 음운을 설명하면서 한국어를 예시로 들어 설명을 하고 있지만, 음운은 언어에 따라 그 목록에 차이가 있음에 유의해야 한다. 한 언어에서 어떤 두 소리가 음성학적 차이가 있더라도 두 음이 음운론적으로 구분이 되지 않는 소리일 수 있다. 또, 한 언어에서 변별적이지 않은 음성적 차이가 다른 언어에서는 음운론적으로 구분이 되는 소리일 수 있다.

예를 들어, 음성적 차이가 있는 치조 마찰음 [s]와 구개 마찰음 [ʃ]는 한국어에서는 하나의 음소를 이루는 변이음이지만, 영어에서는 음운론적으로 변별이 되는 소리, 즉 각기 다른 두 음소이다.

한국어	영어
• / s / 〈 [s] : 사과 [sa] [ʃ] : 시계 [ʃi]	• / s / : see [si:] • / ʃ / : she [ʃi:]

한국어에서 /ㅅ(s)/는 ㅣ, ㅑ, ㅏ, ㅕ, ㅛ, ㅠ 앞에서 구개음화가 일어나 [ʃ]로 발음이 된다. 사의 'ㅅ'와 시의 'ㅅ'는 음성학적으로 다른 소리로 실현이 되는 것이다. 하지만 한국어에서는 두 소리가 의미 변별을 가져오지 않기에 하나의 음소 /ㅅ/가 된다. 하지만 영어의 경우, [s]와 [ʃ]는 의미 변별을 가져오는 두 개의 음소이다.

2. 음절

(1) 음절

음절은 하나 이상의 분절음으로 구성된 소리 단위로, 독립적으로 안정된 소리를 낼 수 있는 최소 단위이다. 대부분의 모음은 스스로 한 음절을 이루나 자음은 스스로 음절을 이루지 못해 모음과 결합해서 한 음절을 이룬다.

음절의 구성 요소를 살펴보면, 음절은 두음(onset), 핵(nucleus), 말음(coda)으로 이루어진다.[41] 핵은 음절을 구성하는 필수적인 요소이다. 한국어를 포함한 많은 언어의 경우 핵에는 모음만이 올 수 있으나, 비음이나

---

41) 한국어 음절론에서는 일반적으로 두음, 핵, 말음을 각각 초성, 중성, 종성이라고 한다(8장 참고).

유음이 핵을 이루는 언어도 있다. 자음은 대체로 두음이나 말음에 온다. 핵과 말음을 각운(rhyme)이라고 한다. 다음 예시에서는 /æd/가 각운에 해당한다.

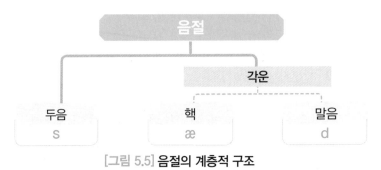

[그림 5.5] 음절의 계층적 구조

(2) 가능한 음절 구조

가능한 음절 구조는 언어에 따라 다르다. 음절초나 음절말에 자음군을 허용하는지 허용하지 않는지에 차이가 있다. 한국어는 음절초나 음절말에 자음군을 허용하지 않으며, 자음이 하나만 올 수 있다. 영어는 음절초나 음절말에 자음군을 허용한다. 일본어는 한국어와 마찬가지로 음절초에 자음이 하나만 오지만, 음절말에 자음이 오는 것이 허용되지 않는다. 중국어처럼 특정 자음에 한해 음절말에 자음이 오는 것을 허용하는 언어도 있다. 중국어는 음절말에 비음 /n/, /ŋ/만을 허용한다.

언어	가능한 음절 구조
한국어	(C)V(C)
영어	(CCC)V(CCCC)
중국어	(C)V(N)
일본어	(C)V

[표 5.1] 언어별 음절 구조

(3) 성절음

홀로도 음절을 이룰 수 있는 음을 성절음(syllabic)이라고 한다. 한국어를 포함한 많은 언어의 경우 모음만이 성절음이 될 수 있지만, 모든 언어가 모음만이 성절음이 될 수 있는 것은 아니다. 예를 들어 영어의 경우는 자음도 성절음이 될 수 있다. 영어의 유음 /l/, /r/과 비음 /m/,/n/,/ŋ/은 어말에서 바로 앞에 자신보다 공명도가 낮은 자음이 올 때 음절의 핵을 이룬다. 예를 들어 'button/bʌ.tn./'의 경우 두 번째 음절인 /tn/은 모음이 없이도 음절을 이룬다. 이때 비음 /n/이 음절의 핵으로 기능하였다고 볼 수 있다.[42]

3. 음운론적 제약

한국어의 음운론적 제약은 '음소 구조 제약, 음소 배열 제약, 음절 구조 제약, 음절 배열 제약, 단어 구조 제약, 단어 배열 제약'의 여섯 가지로 분류할 수 있다(이진호 2005). 여기서는 그 가운데 한국어 발음 교육 항목의 목록에 포함된 한국어 음운 현상을 일어나게 만드는 것과 보다 밀접한 관계가 있는 네 가지 제약인 음소 배열 제약, 음절 구조 제약, 음절 배열 제약, 단어 구조 제약에 대해 살펴보기로 하자.

(1) 음소 배열 제약

음소 배열 제약은 특정 음소와 음소의 연쇄를 제한하는 제약을 말하는데, 한국어에는 다음과 같은 음소 배열 제약이 있다.

① 평파열음 뒤에 평장애음이 올 수 없다.
  예 먹+고 → 먹꼬, 듣+게 → 듣께, 덥+지 → 덥찌
② 'ㄹ+ㄴ'의 연쇄는 올 수 없다.
  예 설+날 → 설랄, 칼+날 → 칼랄
③ 'ㅎ'과 평장애음은 어떤 순서든지 직접 결합할 수 없다.
  예 착+한 → 차칸, 놓+고 → 노코
④ 'ㄷ+ㅆ'의 연쇄는 허용되지 않는다.
  예 듣+소 → 드쏘, 믿+습니다 → 미씁니다

---

42) 다음의 예시들도 영어에서 유음(l)과 비음(n, m)이 성절음이 되는 경우를 보여 준다.
  • /l/: little/li.tl/, circle/sər.kl/
  • /n/: suddon/sʌ.dn], person[pər.sn]
  • /m/: sarcasm/sar.kæ.sm/, rhythm/ri.ðm/

⑤ 'ㅈ, ㅊ, ㅉ' 다음에 'y'가 올 수 없다.

　예 져 → 저, 쳐 → 처

⑥ 자음 뒤에 '의'가 올 수 없다.

　예 희+망 → 히망, 무+늬 → 무니

⑦ 'ㄷ, ㅌ, ㄸ'은 'ㅣ'나 'y' 앞에 올 수 없다.

　예 끝+이 → 끄치, 맏+이 → 마지

(2) 음절 구조 제약

한국어에는 초성, 중성, 종성에 올 수 있는 음소의 수나 종류를 제한하는 다음과 같은 음절 구조 제약이 있다.

① 초성 제약

초성에 올 수 있는 자음의 수는 한 개다. 초성에 자음군이 올 수 없다. 자음 'ㅇ[ŋ]'은 초성에 올 수 없다.

② 종성 제약

종성에 올 수 있는 자음의 수는 한 개다. 종성에 자음군이 올 수 없다. 종성에 올 수 있는 자음은 'ㄱ, ㄴ, ㄷ, ㄹ, ㅁ, ㅂ, ㅇ'의 7개뿐이다. 종성에 오는 자음은 불파음으로 실현된다.

(3) 음절 배열 제약

두 음절의 경계에 오는 음소들 간의 배열에 대한 제약, 즉 선행 음절의 종성과 후행 음절의 초성의 배열에 대한 제약이다.[43]

---

43) 음절 배열 제약은 후행 음절초성의 공명도가 선행 음절 종성의 공명도보다 클 수 없기 때문에 나타나는 제약이다(한국어 자음의 공명도에 대해서는 7장과 10장 참고).

① 비음 앞에 장애음이 올 수 없다.

　　예 국+물 → 궁물, 닫+는 → 단는, 입+는 → 임는

② 'ㄹ' 앞에는 'ㄹ' 이외의 어떠한 음절말 자음도 허용하지 않는다.

　　예 신+라 → 실라, 한+라산 → 할라산

　　　　종+로 → 종노, 독+립 → 동닙, 십+리 → 심니

(4) 단어 구조 제약

① ㄹ은 어두에 올 수 없다. 단, 신조어, 외래어는 제외된다.

　　예 로동 → 노동, 락원 → 낙원

② 어두에서 'ㅣ'나 'y' 앞에 'ㄴ'이 올 수 없다.

　　예 님금 〉임금, 녀름 〉여름

4. 음운 규칙과 변이음 규칙

(1) 음운 현상

음소는 환경에 따라 다른 음소로 바뀌거나 없어지기도 하는데, 이러한 음소의 변동을 음운 현상(phonological rule)이라고 한다. 그리고 음운 현상을 규칙으로 형식화 한 것을 '음운 규칙'이라고 한다. 앞서 언급하였듯 음운 현상은 음운론적 제약에서 기인한 것들이 많다. 음운론적 제약을 위반할 때 문제를 해결하기 위해 음운 현상이 일어나게 된다. 그렇기 때문에 한국어의 음운 규칙을 이해하는 데에는 한국어의 음운론적 제약에 대해 살펴보는 것이 도움이 될 수 있으니 앞부분의 음운론적 제약과 함께 이 부분을 공부하는 것이 좋겠다.

(2) 음운 현상의 유형화

음운 현상을 규칙화해서 다음과 같이 나타낼 수 있다.

$$A \rightarrow B \ / \ C\_D$$

C _ D 환경에서 A는 B가 된다.

A : 입력부　　　　　　B : 출력부　　　　C _ D : 환경

현상의 양상에 따라 음운 현상의 유형은 다음과 같이 분류될 수 있다.

대치	A→B / C_D	한 음소가 다른 음소로 바뀜
탈락	A→∅ / C_D	한 음소가 없어짐
첨가	∅→B / C_D	없던 음소가 새로이 첨가됨
축약	A+B → C / D_E	두 음소가 합쳐져 제3의 음소로 바뀜
도치	AB → BA / C_D	두 음소가 서로 자리를 바꿈

(3) 한국어 음운 현상의 유형

다음은 한국어 음운 현상의 유형을 목록화한 것이다. 이들에 대해서 여기서는 목록만 소개하고, 8~11장에서 자세히 다룰 것이다.

- 대치: 음절말 평파열음화, 장애음의 비음화, 유음의 비음화, 유음화, 구개음화, 경음화, ㅣ모음 역행동화, 조음 위치 동화
- 탈락: 자음군 단순화, ㅎ탈락, ㄹ탈락, ㄷ탈락
- 첨가: ㄴ첨가
- 축약: 격음화

(4) 변이음 변동 현상

음소가 환경에 따라 '다른 음소로 바뀌거나 없어지는 현상을 음운 현상 (혹은 음운 변동 현상)이라고 하는 데 비해, 하나의 음소가 음운 환경에 따라 여러 변이음으로 실현되는 현상을 변이음 변동 현상 혹은 변이음 규칙 이라고 한다. 한국어 변이음 변동 현상에는 다음과 같은 현상들이 있다.[44]

---

44) 7장 평파열음의 변이음을 참고

① 파열음의 유성음화

무성음인 한국어 파열음 /ㄱ, ㄷ, ㅂ/와 파찰음 /ㅈ/는 유성음과 유성음 사이에서 유성음화가 일어난다.

- [k] → [g]: 가구 /kaku/ → [kagu], 아기 /aki/ → [agi]
- [t] → [d]: 구두 /kutu/ → [kudu], 기다리다 /kitalita/ → [kidaɾida]
- [p] → [b]: 가방 /kapaŋ/ → [kabaŋ], 양복 /yangpok/ → [yangbok˺]

② 파열음의 불파음화[45]

파열음 /ㄱ, ㄷ, ㅂ/는 어말 종성에서 불파음으로 실현된다.

- [p] → [p˺]: 지갑 /ʧikap/ → [ʧigap˺], 일곱 /ilkop/ → [ilgop˺]
- [t] → [t˺]: 솥 /sot/ → [sot˺], 옷 /ot/ → [ot˺]
- [k] → [k˺]: 한국 /hankuk/ → [hanguk˺], 지각 /ʧikak/ → [ʧigak˺]

③ 경구개음화

양순음, 치조음, 연구개음은 전설 고모음 /ㅣ/나 반모음 /y/ 앞에서 경구개음화 된다.

- [p] → [pʲ]: 병원 /pyʌŋwon/ → [pʲyʌŋwon], 비용 /piyoŋ/→ [pʲiyoŋ]
- [k] → [kʲ]: 겨울 /kyʌul/ → [kʲyʌul], 귀 /kwi/ → [kʲwi]
- [s] → [ʃ]: 시계 /sikye/ → [ʃigye], 쉬는 /swinɨn/ → [ʃwinɨn]

---

45) 7장 평파열음의 변이음을 참고

※ 국제음성기호(International Phonetic Alphabet, IPA)

국제음성기호, 즉 IPA는 전 세계 언어의 음성을 표준적인 방법으로 표기하기 위해 고안된 기호이다. IPA는 로마자를 중심으로 그리스 문자 등을 활용하여, 모음, 자음, 초분절 요소, 구별 기호(diacritics)를 위한 기호로 구성돼 있다.[46] 발음을 공부하기 위해서는 IPA에 친숙해질 필요가 있다.[47]

● 모음

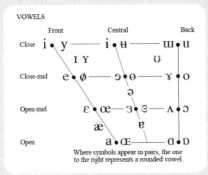

● 자음[48]

THE INTERNATIONAL PHONETIC ALPHABET (revised to 2005)

CONSONANTS (PULMONIC)   © 2005 IPA

	Bilabial	Labiodental	Dental	Alveolar	Postalveolar	Retroflex	Palatal	Velar	Uvular	Pharyngeal	Glottal
Plosive	p b			t d		ʈ ɖ	c ɟ	k ɡ	q ɢ		ʔ
Nasal	m	ɱ		n		ɳ	ɲ	ŋ	N		
Trill	B			r					R		
Tap or Flap		ⱱ		ɾ		ɽ					
Fricative	ɸ β	f v	θ ð	s z	ʃ ʒ	ʂ ʐ	ç ʝ	x ɣ	χ ʁ	ħ ʕ	h ɦ
Lateral fricative				ɬ ɮ							
Approximant		ʋ		ɹ		ɻ	j	ɰ			
Lateral approximant				l		ɭ	ʎ	L			

Where symbols appear in pairs, the one to the right represents a voiced consonant. Shaded areas denote articulations judged impossible.

---

46) IPA는 국제음성협회(International Phonetic Association)에서 표준화된 체계를 관리하고 있다. 국제음성협회의 홈페이지(https://www.internationalphoneticassociation.org/)에서 표기 체계를 제공하고 있다. 이 책에서 소개하는 기호는 2015년판이다.

47) 발음 교수에 발음 기호를 사용하는 것이 교수·학습에 효과적인지에 대한 것은 3장의 '발음 교육과 관련해 생각해 볼 점들'을 참고.

48) 이 책에서는 폐의 발동에 의해 만들어진 'pulmonic consonants' 표기만을 소개한다. 그 외 표기에 대해서는 홈페이지 참고.

● 초분절적 요소

SUPRASEGMENTALS

ˈ	Primary stress
ˌ	Secondary stress
	ˌfoʊnəˈtɪʃən
ː	Long eː
ˈ	Half-long eˈ
˘	Extra-short ĕ
|	Minor (foot) group
‖	Major (intonation) group
.	Syllable break ɹi.ækt
‿	Linking (absence of a break)

TONES AND WORD ACCENTS

LEVEL			CONTOUR		
e̋ or	˥	Extra high	ě or	˄	Rising
é	˦	High	ê	˅	Falling
ē	˧	Mid	e᷄	˧˥	High rising
è	˨	Low	e᷅	˩˧	Low rising
ȅ	˩	Extra low	e᷈	˧˦˧	Rising-falling
↓		Downstep	↗		Global rise
↑		Upstep	↘		Global fall

● 구별 기호(diacritics)

DIACRITICS   Diacritics may be placed above a symbol with a descender, e.g. ŋ̊

̥	Voiceless	n̥ d̥	̤	Breathy voiced	b̤ a̤	̪	Dental	t̪ d̪
̬	Voiced	s̬ t̬	̰	Creaky voiced	b̰ a̰	̺	Apical	t̺ d̺
ʰ	Aspirated	tʰ dʰ	̼	Linguolabial	t̼ d̼	̻	Laminal	t̻ d̻
̹	More rounded	ɔ̹	ʷ	Labialized	tʷ dʷ	̃	Nasalized	ẽ
̜	Less rounded	ɔ̜	ʲ	Palatalized	tʲ dʲ	ⁿ	Nasal release	dⁿ
̟	Advanced	u̟	ˠ	Velarized	tˠ dˠ	ˡ	Lateral release	dˡ
̠	Retracted	e̠	ˤ	Pharyngealized	tˤ dˤ	̚	No audible release	d̚
̈	Centralized	ë	̴	Velarized or pharyngealized	ɫ			
̽	Mid-centralized	e̽	̝	Raised	e̝ (ɹ̝ = voiced alveolar fricative)			
̩	Syllabic	n̩	̞	Lowered	e̞ (β̞ = voiced bilabial approximant)			
̯	Non-syllabic	e̯	̘	Advanced Tongue Root	e̘			
˞	Rhoticity	ɚ a˞	̙	Retracted Tongue Root	e̙			

제 6 장

모음

학습 목표

☐ 한국어 단모음과 이중모음의 목록과 특징에 대해 이해할 수 있다.

☐ 한국어 학습자들이 어떤 단모음과 이중모음을 어려워하는지 생각해 본다.

☐ 단모음과 이중모음 교수 시 유의해야 할 점들에 대해 이해한다.

 본 강의

1 단모음의 발음의 특징

　　1. 표준 발음의 한국어 단모음 목록

　　2. 현실 발음의 한국어 단모음 목록

　　3. 단모음별 발음의 특징

2 이중모음의 발음의 특징

　　1. 표준 발음의 이중모음 목록

　　2. 현실 발음의 이중모음

　　3. 한국어 반모음

　　4. 이중모음별 발음의 특징

3 교수 방법

　　1. 제시 방안 및 제시 시 유의 사항

　　2. 학습자 언어권별 교수 시 유의 사항

　　3. 학습 활동 예시

① 단모음의 발음의 특징

모음은 성문을 빠져나온 기류가 성도를 거치는 과정에서 성도의 일부가 막히는 일이 없이 조음되는 소리이다. 다시 말해 모음은 조음할 때 기류가 빠져나가는 데 방해를 거의 받지 않는다. 그와 반대로 자음은 성문을 빠져나온 기류가 성도를 거치는 과정에서 성도의 일부가 막히는 일이 일어난다.

1. 표준 발음의 한국어 단모음 목록

단모음(monothong)은 하나의 소리로 구성되어 발음할 때 혀의 위치나 입 모양에 변화가 일어나지 않는 모음을 말한다. 단순모음이라고도 한다. 이중모음(diphthong)은 하나 이상의 소리로 구성되어, 발음할 때 혀의 위치나 입 모양에 변화가 일어나는 모음을 가리킨다.

국어 어문규정의 표준발음법에 따르면,+ 단모음은 /ㅏ, ㅐ, ㅓ, ㅔ, ㅗ, ㅚ, ㅜ, ㅟ, ㅡ, ㅣ/의 총 10개이며, 이 가운데 /ㅚ, ㅟ/는 단모음으로도 발음되고 이중모음으로도 발음된다.[49] 표준발음법에서 제시하는 10모음 체계의 한국어 단모음의 음가는 [표 6.1]과 같다.[50]

	전설모음		후설모음	
	평순	원순	평순	원순
고모음	ㅣ[i]	ㅟ[y]	ㅡ[ɨ]	ㅜ[u]
중모음	ㅔ[e]	ㅚ[ø]		ㅗ[o]
저모음	ㅐ[ɛ]		ㅏ[a]	ㅓ[ʌ]

[표 6.1] 한국어 단모음

---

49) /ㅚ/는 어두나 어말에 올 때 주로 이중모음으로 실현된다. 외국, 외갓집의 '외'와 열쇠, 금괴의 'ㅚ'는 [we]로 발음된다. /ㅚ/가 어중에 올 때는 단모음 [ø]로 실현된다. 쇠고기, 참외밭의 'ㅚ'는 [ø]로 발음된다.

50) 〈국어 어문규정〉의 표준발음법에서는 한국어 표준어의 단모음에 대해 〈제4항〉에서 다음과 같이 규정하고 있다.
표준발음법 제4항 'ㅏ, ㅐ, ㅓ, ㅔ, ㅗ, ㅚ, ㅜ, ㅟ, ㅡ, ㅣ'는 단모음으로 발음한다.
[붙임] 'ㅚ, ㅟ'는 이중모음으로 발음할 수 있다.

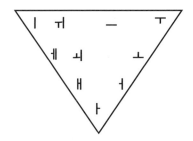

[그림 6.1] 10모음 체계의 단모음 삼각도

2. 현실 발음의 한국어 단모음 목록

현실 발음에서 표준어 사용자의 발음을 관찰해 보면, 단모음으로만 발음하는 한국어 모음은 /a, e, ʌ, o, u, ɨ, i/ 7개에 불과하다. 성별, 연령에 관계없이 대부분의 표준어 사용자가 /ㅔ/와 /ㅐ/를 음성적 차이가 나지 않게 [e]로 발음한다. 다시 말해, /ㅔ/, /ㅐ/를 하나의 음소로 통합시켜 [e]처럼 발음한다. 또, /ㅟ/를 /wi/와 같은 이중모음으로, /ㅚ/를 /we/와 같은 이중모음으로 발음한다. 따라서 표준어의 현실 발음상 한국어 단모음은 /a, e, ʌ, o, u, ɨ, i/의 7모음 체계를 이룬다.

외국인을 위한 한국어 발음 교육은 학습자가 한국인처럼 혹은 한국인과 의사소통하는 데 문제가 없도록 발음할 수 있게 하는 것을 목적으로 두는 경우가 많아서, 현실 발음을 중심으로 교수하는 것에 문제가 없다. 이러한 견지에서 이 책에서는 현실 발음에서 주로 나타나는 다음의 7개 모음을 단모음으로 간주하고, 이 7개 모음을 중심으로 한국어 단모음의 음성적 특징과 교수 방안을 기술할 것이다.

	전설모음	후설모음	
	평순	평순	원순
고모음	ㅣ[i]	ㅡ [ɨ]	ㅜ [u]
중모음	ㅔ/ㅐ[e]		ㅗ [o]
저모음		ㅏ [a]	ㅓ [ʌ]

[표 6.2] 7모음 체계의 한국어 단모음

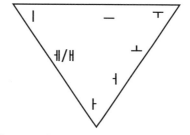

[그림 6.2] 7모음 체계의 단모음 삼각도

3. 단모음별 발음의 특징

(1) /ㅣ/

/ㅣ/는 전설 고모음으로, 닫혀 있던 입 모양에서 윗니와 아랫니가 거의 닿을 정도로 입술을 조금만 열고 발음하는 소리를 말한다. /ㅣ/를 발음할 때 혀끝이 상승하게 된다.

(2) /ㅔ/, /ㅐ/

/ㅔ/는 전설 중모음으로, /ㅣ/를 발음하는 입 모양에서 입을 조금 더 벌려서 발음하는 소리를 말한다. /ㅐ/는 전설 저모음으로, /ㅏ/를 발음하는 입 모양에서 혀를 앞쪽으로 내밀어서 발음하는 소리를 말한다.

/ㅔ/와 /ㅐ/는 둘 다 전설 저모음으로 유사성이 많으나, 다음과 같은 점에서 차이가 있다. 먼저 /ㅔ/와 /ㅐ/는 입이 벌어지는 정도에 있어서 차이가 난다. /ㅐ/는 /ㅔ/보다 입을 더 벌린 상태에서 조음되는 소리이다. 두 모음은 전설성에 있어서도 약간의 차이를 보인다. /ㅔ/가 /ㅐ/보다 전설성이 더 크다. 즉, /ㅐ/에 비해 /ㅔ/를 발음할 때 상대적으로 혀의 더 앞쪽 부분이 상승하게 된다.

앞서 언급하였듯 표준어 화자의 대부분은 /ㅔ/와 /ㅐ/를 구별하지 못한다. 사람에 따라 /ㅔ/와 /ㅐ/를 기본 모음 [e]에 가깝게 발음하거나 [e]와 [ɛ]의 중간 음가로 발음하기도 한다. 그렇기 때문에 /ㅔ/와 /ㅐ/를 발음 기호로 나타낼 때 [e]와 [ɛ]의 중간 음가로 발음된다고 하여 통합된 소리 표기로 [E]를 사용하기도 한다.

(3) /ㅡ/

/ㅡ/는 후설 고모음으로 입술을 펴고 후설을 연구개에 가깝게 가져가 조

음하는 소리로, 숨을 쉴 때의 입 모양에서 입술과 혀에 특별한 힘을 싣지 않고 입을 조금 벌리면서 발음하는 소리이다. /ㅡ/를 발음할 때의 입술은 특별한 모양을 만들지 않고, 입술에 힘을 빼고 자연스럽게 어느 정도 입술이 벌어지게 해서 발음을 한다.

/ㅡ/는 /ㅏ, ㅣ, ㅜ/ 어느 쪽에도 특별히 더 가깝지 않기 때문에 입술 모양으로 /ㅡ/를 조음하는 방법을 설명하기는 힘들다.[51] 그리고 /ㅡ/는 조음 위치가 조금만 벗어나도 인접한 다른 음가로 실현되기가 쉽다. /ㅡ/는 한국어 모음 가운데 입을 가장 작게 벌려 발음하는 소리이다.

(4) /ㅏ/

/ㅏ/는 후설 저모음으로, 숨을 쉴 때의 입 모양에서 입술과 혀에 특별한 힘을 싣지 않고 입을 크게 벌리면서 발음하는 소리이다. /ㅏ/를 발음할 때 입은 크게 벌려지고, 혀는 숨 쉴 때의 위치에 그대로 있으며, 입술은 둥글게 되지 않고 펴진 모양이 된다.

(5) /ㅜ/

/ㅜ/는 후설 고모음으로, 숨을 쉴 때의 입 모양에서 입술을 둥글게 오므려 앞으로 내밀면서 발음하는 소리이다. /ㅜ/를 발음할 때 입술과 혀에 힘이 들어가며, 혀끝은 아래로 내리고 후설은 연구개 쪽으로 상승한다.

(6) /ㅗ/

/ㅗ/는 후설 중모음으로 엄지손가락이 들어갈 정도의 크기로 입술을 둥글게 오므리고 발음하는 소리를 말한다. /ㅓ/에 비해 후설을 연구개에 좀 더 가깝게 가져가 발음하는 소리를 말한다.

(7) /ㅓ/

/ㅓ/는 후설 저모음으로 손가락이 두 개 들어갈 정도 크기로 입술을 자연스럽게 벌리고 후설을 연구개로부터 많이 떨어뜨려 조음하는 소리를 말한다.

/ㅓ/는 단음으로 발음될 때와 장음으로 발음될 때 음가 차이가 있다. '어

---

51) /ㅡ/는 3개의 기본 모음, /ㅏ, ㅣ, ㅜ/ 모두와 거리가 있는 모음으로 음성학적으로 무표적인 것으로 본다.

머니[어머니]'와 같이 단모음(short vowel)으로 발음될 때의 /ㅓ/는 후설 저모음 [ʌ]로 실현되고, '어른[어ː른]'에서와 같이 /ㅓ/가 장모음(long vowel)으로 발음될 때는 후설 중모음 [əː]로 실현된다.[52] 다수의 표준어 화자들은 단음 [ʌ]와 장음 [əː]를 구별하지 않고 두 음을 모두 후설 저모음 [ʌ]로 발음하는 경향이 있다.

[그림 6.3] **8개 단모음의 입 모양**

(8) 단모음 /ㅚ/[ø], /ㅟ/[y][53]

/ㅚ/[ø]는 단모음 /ㅔ/와 조음 위치가 비슷한 전설 중모음이다. /ㅚ/는 /ㅔ/와 마찬가지로 혀의 최고점을 전설에 가깝게 하지만, /ㅔ/와 달리 입술을 옆으로 길게 하지 않고 둥글게 유지한 채 조음한다. /ㅟ/[y]는 단모음 /ㅣ/와 조음 위치가 유사한 전설 고모음이지만, /ㅣ/와 달리 입술을 둥글게 하는 원순모음이다.

단모음으로 발음되는 /ㅚ/[ø], /ㅟ/[y]는 이중모음으로 발음되는 [we], [wi]를 발음할 때와 달리 발음 중에 입술의 모양 변화가 없다. 양손의 검지

---

52) 후설 중모음 [əː]는 /ㅡ/에 가깝게 발음되는 경우도 있다. 예) 어른[으ː른], 거지[그ː지]

53) /ㅚ/, /ㅟ/는 각각 단모음 [ø], [y]로 발음이 되기도 하고, 이중모음 [we], [wi]로도 발음이 된다(6장 참고). /ㅚ/는 '외국, 뇌, 무죄, 괴물'에서와 같이 주로 이중모음 [wE]로 실현이 되지만, '뵙다. 참외, 쉽다'에서와 같이 단모음 [ø]로 실현이 될 때도 있다. /ㅚ/와 마찬가지로 /ㅟ/의 경우도 '위로, 귀여운, 가위, 다람쥐'에서와 같이 주로 이중모음 [wi]로 실현이 되지만, '사귀는, 앞뒤'에서는 단모음 [ü]로 실현이 되기도 한다.

로 입술 끝 부분을 고정시켜 입술이 움직이지 않는지를 확인하면서 발음해 보면 /ㅚ/, /ㅟ/가 단모음으로 발음되고 있는지를 확인할 수 있다.

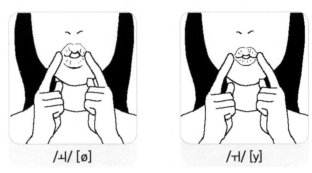

/ㅚ/ [ø]　　　　　/ㅟ/ [y]

[그림 6.4] 단모음 /ㅚ/[ø], /ㅟ/[y]의 조음 모습

② 이중모음의 발음의 특징

1. 표준 발음의 이중모음 목록

이중모음은 하나 이상의 소리로 구성되어, 발음할 때 혀의 위치나 입 모양에 변화가 일어나는 모음을 말한다. 단모음이 하나의 소리로 구성되어 발음을 시작할 때부터 끝낼 때까지 혀의 위치나 입 모양에 변화가 일어나지 않는 것과 대조적이다.

한국어의 이중모음은 몇 개나 될까? 단모음과 마찬가지로 이중모음 역시 표준발음법에서 규정하고 있는 것과 현실 발음에서 발음되고 있는 이중모음의 수가 다르다. 먼저 표준발음법에서 규정하고 있는 이중모음을 살펴보면 이중모음의 목록은 /ㅑ, ㅒ, ㅕ, ㅖ, ㅘ, ㅙ, ㅛ, ㅝ, ㅞ, ㅠ, ㅢ/ 총 11개이다.[54]

2. 현실 발음의 이중모음

현실 발음을 고려하면 이중모음의 수는 달라진다. 앞서 단모음을 설명할

---

54) 표준발음법 제4항과 5항 참고.
　　제4항　'ㅏ, ㅐ, ㅓ, ㅔ, ㅗ, ㅚ, ㅜ, ㅟ, ㅡ, ㅣ'는 단모음으로 발음한다.
　　　　　[붙임] 'ㅚ ㅟ'는 이중모음으로 발음할 수 있다.
　　제5항　'ㅑ, ㅒ, ㅕ, ㅖ, ㅘ, ㅙ, ㅛ, ㅝ, ㅞ, ㅠ, ㅢ'는 이중모음으로 발음한다.

때 논하였듯이 현실 발음에서 단모음 /ㅐ/와 /ㅔ/는 변별적이지 않다. /ㅐ/와 /ㅔ/가 변별적이지 않을 때 이중모음 /ㅒ/와 /ㅖ/, 그리고 /ㅙ/와 /ㅞ/ 역시 변별적이지 않게 된다. 그리고 /ㅚ/와 /ㅟ/는 현실 발음에서 이중모음으로 발음되고 있으며, /ㅙ/, /ㅞ/는 이중모음으로 발음되는 /ㅚ/와 변별적이지 않다. 따라서 한국어 모음 가운데 현실 발음에서 이중모음으로 발음되는 모음은 'ㅑ[ya], ㅕ[yʌ], ㅛ[yo], ㅠ[yu], ㅒ·ㅖ[ye], ㅘ[wa], ㅝ[wʌ], ㅙ·ㅞ·ㅚ[we], ㅟ[wi], ㅢ[ɨi]', 10개라고 볼 수 있다.

표준 발음	ㅑ/ya/, ㅕ/yʌ/, ㅛ/yo/, ㅠ/yu/, ㅒ/yɛ]/, ㅖ/ye/, ㅘ/wa/, ㅝ/wʌ/, ㅙ/wɛ/, ㅞ/we/, ㅢ/ɨi/
현실 발음	ㅑ/ya/, ㅕ/yʌ/, ㅛ/yo/, ㅠ/yu/, ㅒ·ㅖ/ye/, ㅘ/wa/, ㅝ/wʌ/, ㅙ·ㅞ·ㅚ/we/, ㅟ/wi/, ㅢ/ɨi/

[표 6.3] 표준 발음과 현실 발음의 이중모음의 목록

3. 한국어 반모음: y(j), w, ɨ(ɯ)

한국어에 반모음은 y(j), w, ɨ(ɯ), 세 개가 있다. y(j)는 경구개 부근에서 조음되는 소리로, /ㅑ, ㅕ, ㅛ, ㅠ, ㅒ, ㅖ/의 앞부분에서 공통적으로 나타난다. 단모음 /ㅣ/와 유사한 위치에서 조음되는데, /ㅣ/를 조음할 때보다 혀의 전설 부분이 경구개에 더 가까워진다.

w는 연구개 부근에서 조음되는 소리로, /ㅘ, ㅝ, ㅙ, ㅞ, ㅚ, ㅟ/의 앞부분에서 공통적으로 나타난다. ɨ(ɯ)는 y(j)와 마찬가지로 경구개 부근에서 조음된다.

한국어 이중모음은 이 세 반모음 중 어떤 것으로 구성되어 있느냐에 따라 세 계열로 나뉜다. 계열별로 음운 현상이 나타나는 양상이 달라지는 경우가 많아 각 이중모음이 어떤 계열에 해당하는지를 기억해 두는 것이 좋다.

- y(j)계 이중모음: ya(ㅑ), yʌ(ㅕ), yo(ㅛ), yu(ㅠ), ye(ㅒ, ㅖ)
- w계 이중모음: wa(ㅘ), wʌ(ㅝ), we(ㅙ, ㅞ, ㅚ), wi(ㅟ)
- ɨ(ɯ)계 이중모음: ɨi(ㅢ)

반모음 계열별로 다음과 같이 이중모음의 혀의 이동이 나타난다.

[그림 6.5] 한국어 이중모음의 혀의 이동 방향

※ 반모음(반자음 · 활음 · 전이음)

앞서 이중모음의 정의를 내리면서 '하나 이상의 소리'로 구성된 모음이라고 기술하였는데, 바로 이 이중모음을 구성하는 소리에 대해 알아보자. 이중모음을 구성하는 것은 두 개 이상의 모음이라고 생각하기 쉬운데, 한국어 이중모음의 구성 요소는 '모음+모음'이 아니라 '모음+반모음'이다. 예를 들어, 이중모음 /ㅘ/는 두 모음 'ㅗ+ㅏ'의 구성이 아니라 '반모음 w+ 모음 ㅏ'의 구성으로 보아야 한다.

반모음은 '반자음(semi-consonant), 전이음·활음(glide)'으로도 불리는, 음성학적 성격을 규정하기 까다로운 소리이다. 이 책에서는 '반모음'이라고 부르기로 하고, 이 반모음의 특징에 대해 더 알아보자. 먼저 반모음은 모음과 달리 혼자 독립적으로 발음되지 않고, 언제나 다른 모음과 함께 발음된다. 다시 말해 오로지 이중모음의 구성 요소로 존재한다. 이와 같이 모음과 달리 혼자 음절을 이루지 못하는 점 때문에 '반자음'으로도 불린다. 또, 반모음은 지속성이 없이 곧바로 다른 모음 자리로 옮겨간다. 한 소리에서 다른 소리로 옮겨가는 소리라는 점에서 '전이음, 활음'으로도 불린다.

4. 이중모음별 발음의 특징

(1) ㅑ, ㅕ, ㅛ, ㅠ

/ㅑ, ㅕ, ㅛ, ㅠ/는 반모음 y에서 /ㅏ, ㅓ, ㅗ, ㅜ/로 옮겨가는 소리이다. 단모음 /ㅣ/의 입 모양에서 재빨리 /ㅏ, ㅓ, ㅗ, ㅜ/를 이어서 발음하는 소리라고 할 수 있다.

앞서 한국어 음소 배열 제약 부분에서 언급하였듯 경구개 파찰음 /ㅈ, ㅊ, ㅉ/ 다음에는 반모음 y가 올 수 없다(음소 배열 제약 참고). 따라서 y계 이중모음인 /ㅑ, ㅕ, ㅛ, ㅠ/는 경구개 파찰음 다음에서 단모음으로 발음이 된다(표준발음법 제5항 참고).

예) 추워져요 → [추워저요], 가르쳐 주세요 → [가르처], 살이 쪄서 → [쩌서]

(2) ㅒ, ㅖ

/ㅒ, ㅖ/는 반모음 y에서 /ㅐ, ㅔ/로 옮겨가는 소리이다. 단모음 /ㅣ/의 입 모양에서 재빨리 /ㅐ, ㅔ/를 연이어 발음하는 소리라고 할 수 있다. 단모음 /ㅐ/와 /ㅔ/가 변별적이지 않다고 볼 때, /ㅒ/와 /ㅖ/도 변별적이지 않다. 즉, /ㅐ/와 /ㅔ/를 구분해서 발음하지 않는 사람들은 /ㅒ/와 /ㅖ/도 구분해서 발음하지 않는다.

/ㅒ, ㅖ/는 자음 다음에 올 때는 단모음으로도 발음한다(표준발음법 제5항 참고). 예) 계절[계:절/게:절], 실례[실례/실레], 폐회[폐회/페회]

(3) ㅙ, ㅞ, ㅚ /wE/

/ㅙ/는 /ㅗ/나 /ㅜ/를 발음할 때처럼 입술이 작게 오므려져 있다가 입술이 벌어지면서 /ㅐ/ 발음으로 끝나는 소리를 말한다. /ㅞ/는 /ㅗ/나 /ㅜ/를 발음할 때처럼 입술이 작게 오므려져 있다가 입술이 벌어지면서 /ㅔ/ 발음으로 끝나는 소리를 말한다. 현실 발음에서 /ㅐ/와 /ㅔ/가 변별적이지 않다고 볼 때 /ㅙ/와 /ㅞ/도 변별성이 없다. 그리고 /ㅚ/는 현실 발음에서 단모음이 아닌 이중모음으로 실현될 때가 빈번한데 /ㅚ/가 이중모음으로 실현될 때 /ㅙ/, /ㅞ/와 변별적이지 않다(6장 참고).

(4) ㅟ /wi/

이중모음 /ㅟ/는 반모음 w에서 단모음 /ㅣ/로 옮겨가는 소리이다. /ㅜ/를 발음할 때처럼 입술이 작게 오므려져 있다가 /ㅣ/로 끝내는 소리이다.

(5) ㅢ

/ㅢ/는 반모음 ɨ에서 단모음 /ㅣ/로 옮겨가는 소리이다. /ㅡ/의 입 모양에서 시작해서 재빨리 /ㅣ/로 옮겨가며 발음하는 소리이다.[55]

---

55) '반모음+단모음' 구성의 이중모음을 상향 이중모음이라 하고, '단모음+반모음' 구성의 이중모음을 하향 이중모음이라고 한다. 이 책에서는 /ㅢ/를 첫소리가 반모음(ɨ)이고 뒤에 오는 소리가 단모음(i)인 상향 이중모음으로 보고 있다. /ㅢ/가 '반모음+단모음(ɨ+i)'인지 '단모음+반모음(i+y)' 순의 구성으로 이루어진 것인지에 대해서는 이견이 있다. 김영선(2007), 배주채(2003), 이진호(2005) 등에서는 /ㅢ/를 y계 하향 이중모음으로 기술하고 있고, 신지영·차재은(2003), 허용·김선정(2006) 등에서는 /ㅢ/를 ɨ계 상향 이중모음으로 기술하고 있다.

/ㅢ/는 음운론적 환경이나 문법적 환경에 따라 달리 발음이 된다. 단어 첫음절에 오는 /ㅢ/는 [ㅢ]로 발음한다. 그리고 첫음절 이외 자리에 오는 /ㅢ/는 [ㅢ]로 발음하는 것을 원칙으로 하되, [ㅣ]로 발음하는 것을 허용한다. 자음 뒤에 오는 /ㅢ/는 [ㅣ]로 발음한다. 그리고 관형격 조사 '의'는 [ㅔ]로 발음함을 허용한다(표준발음법 제5항 참고).

환경		발음 및 예시	
어두		[ㅢ]	의사[의사], 의자[의자], 의미[의미], 의견[의견]
비어두	모음	[ㅢ]/[ㅣ]	회의[회의/회이], 강의[강의/강이], 여의도[여의도/여이도]
	자음 뒤	[ㅣ]	희망[히망], 무늬[무니], 편의점[펴니점]
	조사	[ㅢ]/[ㅔ]	친구의[친구의/친구에] 가방, 한국의[한구긔/한구게] 음식

[표 6.4] 환경에 따라 달리 발음되는 /ㅢ/

※ 표준발음법 5항 'ㅑ, ㅐ, ㅕ, ㅖ, ㅘ, ㅙ, ㅛ, ㅝ, ㅞ, ㅠ, ㅢ'는 이중모음으로 발음한다.

다만 1 용언의 활용형에 나타나는 '져, 쪄, 쳐'는 [저, 쩌, 처]로 발음한다.

가지어→ 가져[가저]	찌어→ 쪄[쩌]	다치어→ 다쳐[다처]

다만 2 '예, 례' 이외의 'ㅖ'는 [ㅔ]로도 발음한다.

계집[계:집/게:집]	계시다[계:시다/게:시다]	시계[시계/시게]
연계[연계/연게]	메별[메별/메별]	개폐[개폐/개페]
혜택[혜:택/헤:택]	지혜[지혜/지혜]	

다만 3 자음을 첫소리로 가지고 있는 음절의 'ㅢ'는 [ㅣ]로 발음한다.

늴리리	닁큼	무늬	띄어쓰기	씌어
틔어	희어	희떱다희망	유희	

다만 4 단어의 첫음절 이외의 '의'는 [ㅣ]로, 조사 '의'는 [ㅔ]로 발음함도 허용한다.

주의[주의/주이]	협의[혀븨/혀비]
우리의[우리의/우리에]	강의의[강:의의/강:이에]

③ 교수 방법

1. 제시 방안 및 제시 시 유의 사항

단모음과 이중모음을 교수할 때 어떤 점에 유의해야 할까? 학습자들이 쉽게 오류를 범하는 부분에 대해 교수 시 주의해야 할 점을 살펴보자.

(1) 단모음을 이중모음으로 발음하지 않게 주의하도록 해야 한다.

학습자에게 단모음의 조음 방법을 가르칠 때 조음을 시작하는 시점의 혀의 위치와 입술 모양이 끝나는 시점까지 변하지 않게 발음하도록 주의시켜야 한다. 학습자들 가운데 단모음을 발음할 때 단모음을 조음한 후 입술을 너무 빨리 닫는 사람들이 있는데, 입술을 너무 빨리 닫으면 조음 위치 이동이 생겨 이중모음으로 실현될 수 있다. 따라서 동일한 모양을 어느 정도 길게 유지해야 함을 강조한다.

(2) /에/, /애/는 구별해야 할 것인가?

현실 발음에서 /ㅐ/와 /ㅔ/를 구분하지 않는 사람이 많으므로 학습자에게 둘을 구분할 것을 강조할 필요는 없지만, 때에 따라서는 둘의 차이를 설명하는 것이 좋을 때도 있다. 예를 들어, 학습자의 모어의 모음 체계에서 [ɛ]와 [e]가 변별적인 경우에는 학습자가 쉽게 /ㅔ/와 /ㅐ/를 구분해 발음할 것이므로 /ㅔ/와 /ㅐ/의 조음상 차이를 알려 주는 것도 좋다. 만일 /ㅐ/와 /ㅔ/를 구분해서 발음하게 하기 위해서는 다음과 같이 조음하는 연습을 시킨다. /ㅐ/는 /ㅏ/를 발음하게 하고 /ㅏ/의 입 모양을 고정시킨 상태에서 발음하게 한다. /ㅔ/는 /ㅣ/를 발음하게 하고 /ㅣ/의 입 모양을 고정시킨 상태에서 발음하게 한다.

(3) 학습자가 혼동하기 쉬운 발음들을 변별시키는 설명을 해야 한다.

학습자들이 혼동하기 쉬운 다음의 단모음들은 두 소리를 비교해서 두 음 간의 조음 방법의 차이를 자세하게 설명해 줄 필요가 있다. 학습자들이 혼동하는 모음들을 다음과 같이 설명하는 것이 좋겠다.

① /ㅗ/와 /ㅓ/

/ㅓ/와 /ㅗ/는 조음 위치가 가깝기 때문에 둘을 구분해서 발음하는 것을

어려워한다. /ㅓ/는 /ㅗ/에 비해 입이 벌어지는 정도가 더 크다. 그리고 /ㅗ/를 발음할 때 입술이 둥근 모양이 되어 앞으로 돌출하는 것과 달리 /ㅓ/를 발음할 때 입술이 양 옆으로 퍼져서 앞으로 돌출하지 않는다.

학습자들에게 /ㅗ/와 /ㅓ/의 결정적인 차이는 개구도의 정도임을 인지시키는 것이 중요하다. 교사의 입 모양을 보여 줄 경우, 시각적으로 차이를 인식시키기 쉽지 않으므로, 학습자 자신의 입 모양을 통해 크기 차이를 확인하게 하는 것이 좋다. 학습자에게 먼저 /ㅗ/를 발음하게 하고, 그 상태에서 턱을 아래로 약간 내려 발음하게 한다. /ㅓ/를 발음할 때 자신의 입이 좀 더 크게 벌어지는 것을 거울로 확인하게 하면 두 발음의 차이를 더 효과적으로 인지시킬 수 있다.

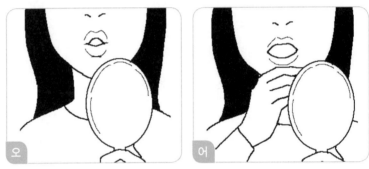

[그림 6.6] **/오/와 /어/ 변별하기**

② /ㅡ/와 /ㅜ/

/ㅡ/와 /ㅜ/를 다른 음가로 만드는 결정적인 특징은 원순성의 유무이다. /ㅡ/는 원순성이 없는 소리이고, /ㅜ/는 원순성이 있는 소리이다. 학습자들에게 원순성이 있는 모음을 발음할 때 입술이 앞으로 돌출하게 된다는 점을 활용해서 가르치면 효과적이다. /ㅡ/를 발음할 때는 입술을 동그랗게 하지 않으므로 입술이 평평하게 유지되지만, /ㅜ/를 발음할 때는 입술 모양을 동그랗게 하기 때문에 입술이 앞으로 돌출하게 된다.

학습자에게 손을 입에서 1~2cm 떨어진 위치에 가져가게 한다. 그리고 /ㅡ/와 /ㅜ/를 발음해 보게 한다. /ㅡ/를 발음할 때는 입술이 손에 닿지 않게 발음하게 하고, /ㅜ/를 발음할 때는 입술이 손에 닿을 정도로 내밀어야 함을 강조한다.

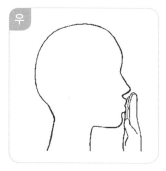

[그림 6.7] **/으/와 /우/ 변별하기**

③ /ㅡ/와 /ㅓ/

/ㅡ/와 /ㅓ/는 개구도에 있어서 차이가 크다. /ㅡ/를 발음한 상태에서 손으로 턱을 아래로 당겨 입이 커진 상태에서 /ㅓ/를 발음해 보게 한다. /ㅡ/를 발음할 때 입을 조금만 크게 벌리면 /ㅓ/로 실현될 수 있으므로 주의해서 발음하게 해야 한다.

(4) 한국어 이중모음의 현실 발음을 고려해서 교수한다

/ㅐ/, /ㅔ/, /ㅚ/를 교수할 때 /ㅚ/가 현실적으로 이중모음으로 발음되는 경우가 더 빈번하므로 /ㅚ/가 단모음임을 강조하면서 교수할 필요는 없고, /ㅐ, ㅔ/와 유사하게 발음하도록 지도하면 된다. 또, /ㅐ/와 /ㅔ/ 역시, 구분해서 발음하도록 강조할 필요는 없다.

/ㅚ/를 단모음으로 발음하도록 교수할 때는 양손의 검지로 입술 양쪽 끝을 고정시키고 발음을 하게 하면 된다(6장 참고).

(5) 이중모음을 두 음절로 발음하지 않게 해야 한다

학습자들이 이중모음을 발음할 때 두 음절로 발음하지 않게 유의해서 지도해야 한다. 특히 /ㅢ/의 경우, 학습자들이 두 음절 /으이/처럼 발음할 수 있다. 많은 언어권의 학습자에게 /ㅢ/는 상당히 생소한 소리에 해당하므로 조음 방법을 세심하게 지도할 필요가 있다. 학습자에게 /ㅡ/에서 출발해서 /ㅣ/로 단계적으로 조음 위치를 옮겨 발음하는 연습을 시킨다. 그리고 조음 위치 옮기는 것을 점차 빠르게 하도록 한다. 천천히 발음하게 하면 /으이/와 같이 두 음절로 발음될 수 있으므로 /으이/는 두 박자에 맞춰, /ㅢ/는 한 박자에 발음하는 연습을 하는 것도 효과가 있다.

2. 학습자 언어권별 교수 시 유의 사항

(1) 영어권 학습자 교수 시 유의 사항

① 영어의 단모음

영어의 단모음에는 /i, ɪ, e, ɛ, æ, ʌ, u, ʊ, o, ɔ, ɑ/가 있다.

		전설모음	중설모음	후설모음
고모음	긴장모음	i		u
	이완모음	ɪ		ʊ
중모음	긴장모음	e		o
	이완모음	ɛ	ʌ	
저모음	긴장모음			ɔ
	이완모음	æ		ɑ

② 영어의 이중모음에는 /aɪ, aʊ, ɔɪ/가 있다

③ 영어권 학습자는 /ㅗ/와 /ㅓ/를 쉽게 변별한다

영어에는 한국어 /ㅓ/와 유사한 모음으로 /ʌ(ə)/가 있어, 많은 언어권의 학습자들이 /ㅗ/와 /ㅓ/를 구분하는 것을 어려워하는 것과 달리, 영어권 학습자들의 경우는 /ㅗ/와 /ㅓ/를 쉽게 변별하는 편이다.[56]

④ 단모음 /ㅗ/를 이중모음 [oʊ]로 발음하는 오류를 범할 때가 있다

영어의 여러 방언에서는 중모음 /e/와 /o/가 각각 이중모음인 [eɪ], [oʊ]로 발음되는 경우가 많다(박창원 외 2004). 그러한 영향으로 영어권 학습자들은 한국어 /ㅗ/를 [o]로 발음하지 않고 [oʊ]로 발음하는 경향이 있으므로, /ㅗ/를 [oʊ]로 발음하지 않도록 주의시켜야 한다.

/ㅗ/를 너무 짧게 발음할 경우, /ㅗ/의 입 모양에서 입술을 닫는 과정에

---

56) 영어의 /ʌ/는 /ə/보다 조금 더 뒤, 낮은 위치에서 발음이 된다는 차이가 있다. /ʌ/는 강세를 받은 음절에서 /ə/는 강세 받지 않은 음절에서 나타난다.
- /ə/: about[əbáut], handsome[hǽnsəm]
- /ʌ/: must[mʌstərd], disgust[disgʌst]

서 입 모양에 변화가 일어나서 한국인에게 /오우/처럼 들리도록 발음하기 쉽다. 길게 발음하게 하면서 동그란 입 모양을 유지하게 한다. 교사는 학습자의 입 모양이 바뀌지 않는 것을 확인하도록 한다.

⑤ /ㅢ/를 두 음절 [으이]로 발음하는 오류가 관찰된다

영어에는 단모음 [ɨ]도 없을 뿐더러 반모음 [ɨ]도 없으며 ɨ계 이중모음이 존재하지 않는다. 그렇기 때문에 영어권 학습자들은 /ㅢ/를 발음하는 것을 힘들어한다. '의사'를 [으이사]로 발음하는 경우가 있다. 앞에서 설명한 것처럼 /ㅢ/를 두 음절로 발음하지 않도록 해야 한다.

(2) 중국인 학습자 교수 시 유의 사항

① 중국어의 단모음에는 /i, e, o, y, u, a/가 있다

	설면						설첨		권설
	전설		중설		후설		전설	후설	중설
	평순	원순	평순	원순	평순	원순	평순	원순	원순
고모음	i[i]	ü[y]				u[u]	i[ɿ]	i[ʅ]	
반고모음					(e[ɤ])	(o[o])			
중모음									(er[ɚ])
반저모음	ê[e]								
저모음			a[a]						

중국어 화자들은 중국어 음절 구조 특성상 운미 없는 운모(rhyme)인 단모음 운모, 즉 단운모를 단모음처럼 인식한다. 중국어의 단운모 목록은 i[i], ü[y], u[u], ê[E], o[o], e[ɤ], er[ɚ], i[ɿ], i[ʅ], a[a] 10개이다.[57]

그런데 이들 가운데 음성학적인 측면에서 단모음으로 볼 수 있는 것은 i[i], ü[y], u[u], ê[e], o[o], a[a] 6개이다.[58] e[ɤ]는 조음 과정에서 입 모양이 변하는 이중모음이며, er[ɚ]는 자음성이 있는 모음으로 단모음으로 보기

---

57) 단운모가 10개여서 중국어 단모음을 10모음 체계로 보는 연구자들도 있다(吳宗濟 1991).
58) Gendrot and Adda-Decker(2007), Gottfried and Suiter(1997)에서도 중국어 단모음 목록을 6개로 설정하고 있다.

힘들다. 그리고 i[ɿ]는 z, c, s 뒤에, i[ʅ]는 zh, ch, sh, r 뒤에만 실현되는 상
보적 분포를 가지는 변이음이다.

- 단운모: i[i], ü[y], u[u], ê[e], a[a], o[o], e[ɤ], er[ɚ], i[ɿ], i[ʅ]
- 단모음: i[i], ü[y], u[u], ê[e], a[a], o[o]

② 중국어의 이중모음에는 이중복모음과 삼중복모음이 총 12개가 있다

- i계 : ia[ia], ie[ie], iao[iau], iou[iou]
- u계 : ua[ua], uo[uo], uai[uai], uei[uei]
- y계 : üe[ye]

③ 중국인 학습자는 /ㅡ/와 /ㅓ/의 구분에 어려움이 있다

- 가을[*가얼], 사흘[*사헐], 마을[*마얼], 마음[*마엄], 그림[*거림]

중국어에는 /ɨ/가 없어, 중국인 학습자들은 한국어 /ㅡ/를 발음할 때
/ㅓ/처럼 들리게 발음하는 오류를 범한다. 이러한 오류가 나타날 때에는 학
습자가 /ㅡ/를 발음할 때보다 입을 덜 벌리고 발음하도록 지도한다.

④ /ㅗ/와 /ㅓ/의 구분에 어려움을 느낀다

- 머리[*머리~모리], 건강[[*건강~곤강]

L1에 /ʌ/가 없는 중국인 학습자들은 /ㅓ/를 /ㅗ/로 발음하거나 /ㅗ/와
/ㅓ/의 중간처럼 발음하는 경우가 있다.

그런데 중국어에 /ʌ/에 해당하는 단모음은 없지만, 이중모음이나 비모음
의 구성 요소로는 (한국인에게 /ʌ/와 유사하게 들리는) 중설모음 [ə]가 존
재한다. 한국인에게 [으어]처럼 들리는 e[ɤ]가 있고, 자음성이 있기는 하
지만 중설모음인 권설음 er[ɚ]나 비모음 eng[əŋ] 역시 한국인에게 각각 [얼],
[엉]처럼 들린다. 그렇기 때문에 중국인 학습자들은 학습 초기에는 /ㅓ/를
/ㅗ/와 혼동하지만 이내 /ㅓ/를 중설모음 [ə]로 한국어 /ㅓ/로 들리도록 발
음해 내는 편이다.

⑤ 단모음을 이중모음처럼, 이중모음을 삼중모음처럼 발음하는 오류가 관
   찰된다

- 오리[*오우리],
- 의사[*으어사],
- 요구[*이오우구], 유리[*이오우리]

음절 수를 늘려 단모음을 이중모음처럼, 이중모음을 삼중모음처럼 발음하는 경향이 있다. 단모음은 조음하는 동안 입 모양이 바뀌지 않음을 확인시켜 준다. 그리고 이중모음도 2음절이나 3음절이 아닌 1음절로 발음함을 알려 준다.

(3) 일본인 학습자 교수 시 유의 사항

① 일본어의 단모음은 /i, e, a, w, o/로 상당히 단순한 편이다

	전설		중설		후설	
	평순	원순	평순	원순	평순	원순
고모음	い[i]				う[ɯ]	
중모음	え[e]					お[o]
저모음			あ[a]			

② 일본어의 이중모음에는 /wa, ya, yu, yo/가 있다

- w계: wa
- y계: ya, yu, yo

③ 일본인 학습자는 /ㅓ/와 /ㅗ/의 구분에 어려움이 있다

L1에 /o/가 있고 /ʌ/가 없는 일본인 학습자들은 /ㅓ/의 발음을 /ㅗ/로 잘못 발음하기 쉽다. /ㅓ/와 /ㅗ/를 변별할 수 있도록 교수해야 한다.

- 어머니[*오모니], 언니[*온니], 서울[*소울]

④ /ㅡ/와 /ㅜ/를 구분하기 힘들어한다

일본어의 경우에 /ㅡ/, /ㅜ/와 유사한 모음으로는 /ㅡ/와 /ㅜ/의 중간 정도에 해당하는 음소 /う(ɯ)/가 있다. 한국어 /ㅡ/, /ㅜ/와 일본어 /う(ɯ)/는 모두 후설 고모음으로 조음 위치가 비슷하지만, 원순성의 정도에 있어서 차이가 난다. 한국어 /ㅜ/는 원순성이 크고, 일본어의 /う(ɯ)/는 원순성이 거의 없는 평순 모음으로 한국어 /ㅡ/에 가깝지만 한국어 /으/에 비해서는 입술이 조금 더 앞으로 전진해서 발음된다. 그렇기 때문에 일본인이 한국어 /ㅜ/를 발음하면 한국인에게 /ㅡ/처럼 들리고, /ㅡ/를 발음하면 /ㅜ/처럼 들리는 경향이 있다.

- 가구 [*가그], 자주[*자즈], 사무실[*사므실], 무슨[*므슨]
- 그림 [*구림], 꽃을[*꼬춀], 무슨[*무순], 요즘[*요줌]

일본인 학습자들에게 /ㅡ/를 발음할 때 입술을 조금만 내밀어도 /ㅜ/로 실현되기 때문에 입술을 평평하게 해야 함을 강조할 필요가 있다. 그리고 /ㅜ/를 발음할 때 입술을 많이 내밀지 않으면 /ㅡ/로 실현되므로 입술을 과장해서 내밀도록 지도한다(6장 참고).

⑤ /ㅢ/를 /ㅟ/처럼 발음하는 오류가 관찰된다

/ㅡ/와 /ㅜ/를 변별적으로 발음하는 것이 불가능한 일본인 학습자가 /ㅢ/를 발음하면, 한국인에게 /ㅟ/처럼 들릴 수 있다. 이때, 학습자에게 /ㅢ/는 입술을 돌출시켜 발음하면 /ㅟ/로 발음이 될 수 있으므로, 소리의 시작부터 끝까지 입술을 평평하게 할 것을 강조해야 한다.

- 의사[*위사], 의자[*위자]

3. 학습 활동 예시

● 〈**식별해서 듣기(변별 인식 연습)**〉 교사가 모음을 들려주고 학습자에게 들은 것을 찾게 한다.

① [오] ⓞ /어
② [으] 우/으
③ [오] 우/오/어
④ [우이] 으이/우이
⑤ [으어] 어어/으으/으어/어으

● 〈**구별해서 발음하기(변별 산출 연습)**〉 대립쌍으로 구성된 읽기 목록을 나눠 주고 변별해서 읽는 연습을 하게 한다.

① 오어/어오/오오/어어 [어오/어오/오오/어어]
② 우으/으우/으으/우우 [우으/으우/으으/우우]
③ 오오어오/어어오어 [오오어오/어어오어]

④ 우우으우/으으우으 [우우으우/으으우으]

● **〈최소대립쌍 변별하기: 단모음 듣고 찾기〉** 최소대립쌍을 이루는
단어들 중 하나를 들려주고 들은 것을 찾게 한다.

　① [소리] 서리/소리

　② [고리] 거리/고리

　③ [거기] 고기/거기

　④ [조금] 조금/저금

　⑤ [일번] 일본/일번

● **〈최소대립쌍 변별하기: 단모음〉** 교사가 읽어 주는 단어를 듣고, 들
은 순서대로 단어를 찾아서 연결하게 한다.

　1. ① 고기　② 일본　③ 서리

거리　　　고기　　구리

　일분　　　오이　　　오리

　그리　　　일번　　어이

고리　　　거기　　소리

　일본　　　수리　　　서리

　2. ① 일분　② 그리　③ 수리　④ 소리　⑤ 일번　⑥ 오리　⑦ 오이

어이　　　고기　　　　구리

　　일분　　일반　　오리

그리　　　　오이　거리　　일번

　　고리　　　거기　소리

일본　　　　수리　　　서리

● **〈따라 읽기: 단모음과 이중모음의 변별 연습〉** 단모음과의 발음 차이에 유의하면서 교사를 따라 읽게 한다.

  ① 가:갸, 사:샤, 마:먀, 라:랴

  ② 머:며, 서:셔, 거:겨

  ③ 가자:과자, 나:놔, 자석:좌석, 가식:과식, 가장:과장

  ④ 머:뭐, 저:줘, 서:숴,

  ⑤ 내:뇌, 새:쇠, 대게:되게, 해:회

  ⑥ 기:귀, 지:쥐, 시:쉬

● **〈따라 읽기: 이중모음〉** 이중모음의 조음 방법에 유의하면서 단어를 따라 읽게 한다.

  ① 과일, 봐요, 좌석, 화장품, 놔

  ② 뭐, 줘요, 뒀어요, 꿔요, 춰요

  ③ 교회, 효소, 성묘

  ④ 휴게소, 듀엣, 규칙

  ⑤ 야구, 가냐고, 샤워,

  ⑥ 여자, 겨우, 가벼운, 며칠, 내년, 햇볕

● **〈소리 나는 대로 쓰기: /ㅢ/〉** 환경에 따라 다르게 발음되는 이중모음 /ㅢ/의 발음을 익히게 한다. 먼저 소리 나는 대로 쓰게 하고 답을 확인한 후, 소리 내어 읽게 한다.

  ① 희망   [히망]

  ② 무늬   [   ]

  ③ 희선 씨 [   ]

  ④ 회의   [   ]

제 7 장

자음

학습 목표

☐ 한국어 자음의 조음 위치와 조음 방법을 이해한다.

☐ 다른 언어와 구분되는 한국어 자음의 특징을 이해한다.

☐ 학습자들이 어떤 자음을 발음하기 어려울지 생각해 본다.

☐ 자음을 어떻게 교수할지 생각해 본다.

 본 강의

1 발음의 특징

    1. 조음 위치에 따른 자음

    2. 조음 방법에 따른 자음

    3. 발성 유형에 따른 자음: 평음, 경음, 격음

    4. 공명성에 따른 분류

    5. 변이음

2 교수 방법

    1. 제시 방안 및 제시 시 유의 사항

    2. 학습자 언어권별 교수 시 유의 사항

    3. 학습 활동 예시

① 발음의 특징

자음은 모음과 어떤 차이가 있을까? 모음은 폐에서 형성된 기류가 입을 통해 몸 밖으로 빠져나가는 과정에서 장애를 받지 않고 만들어지는 소리이다. 그에 반해, 자음은 조음 기관이 막히거나 좁혀지는 과정에서 공기의 흐름이 장애를 받아서 만들어지는 소리라는 차이가 있다.

한국어의 자음은 조음 위치와 방법에 따라 여러 유형으로 분류된다. 한국어 자음 체계는 조음 위치 면에서 5개 위치 계열을 사용하며, 총 19개의 자음이 있다.[59]

조음 방법		조음위치 / 발성유형	양순음	치조음	경구개음	연구개음	성문음
장애음	파열음	평음	ㅂ/p/	ㄷ/t/		ㄱ/k/	
		격음	ㅍ/pʰ/	ㅌ/tʰ/		ㅋ/kʰ/	
		경음	ㅃ/p'/	ㄸ/t'/		ㄲ/k'/	
	마찰음	평음		ㅅ/s/			ㅎ/h/
		격음					
		경음		ㅆ/s'/			
	파찰음	평음			ㅈ/ʧ/		
		격음			ㅊ/ʧʰ/		
		경음			ㅉ/ʧ'/		
공명음	비음		ㅁ/m/	ㄴ/n/		ㅇ/ŋ/	
	유음			ㄹ/l(r)/			

[표 7.1] **자음의 조음 위치와 조음 방법**

1. 조음 위치에 따른 자음

한국어 자음은 조음 위치에 따라 양순음, 치조음, 경구개음, 연구개음, 성문음으로 나뉜다.

양순음은 입술에서 나는 소리로, 한국어 양순음에는 /ㅂ, ㅍ, ㅃ, ㅁ/가 있다. 치조(윗잇몸)는 윗니 바로 뒷부분부터 우둘투둘한 부분까지를 가

---

59) 일본어의 경우 5개, 중국어는 6개, 영어는 8개 위치 계열을 사용한다.

리킨다. 치조음은 혀끝이 치조에 닿아 나는 소리이다. 한국어 치조음에는 /ㄷ, ㅌ, ㄸ, ㅅ, ㅆ, ㄴ, ㄹ/가 있다. 혀를 치조에서 뒤쪽으로 가져가면 딱딱하고 높고 둥근 부분이 나타나는데 이 부분을 경구개라고 한다. 경구개음은 설면과 경구개 사이에서 나는 소리이다. 한국어 경구개음에는 /ㅈ, ㅊ, ㅉ/가 있다.

연구개는 경구개가 끝나는 곳에서 혀를 더 뒤쪽으로 가져가면 나타나는 물렁물렁한 부분을 가리킨다. 연구개음은 후설(혀의 뒷부분)과 연구개 사이에서 나는 소리이다. 한국어 연구개음에는 /ㄱ, ㅋ, ㄲ, ㅇ/이 있다. 성문음은 성문, 즉 성대와 성대 사이에서 나는 소리이다. 목구멍 소리라는 뜻에서 후음이라고도 한다. 한국어 성문음에는 /ㅎ/가 있다.

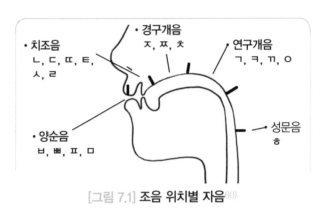

[그림 7.1] 조음 위치별 자음[60]

2. 조음 방법에 따른 자음

한국어 자음은 조음 방법에 따라 파열음, 마찰음, 파찰음, 비음, 유음으로 나뉜다. 마찰음과 파찰음은 치찰음(sibilant)이라고도 한다.

(1) 파열음 /ㅂ, ㅍ, ㅃ, ㄷ, ㄷ, ㄸ, ㄱ, ㅋ, ㄲ/

파열음은 폐에서 나오는 공기를 막았다가 막은 자리를 터뜨리듯 급하게 열어서 내는 소리이다. 한국어 파열음에는 /ㅂ, ㅍ, ㅃ, ㄷ, ㅌ, ㄸ, ㄱ, ㅋ, ㄲ/가 있다.

---

60) [그림 5.3], [그림 5.4]를 참고.

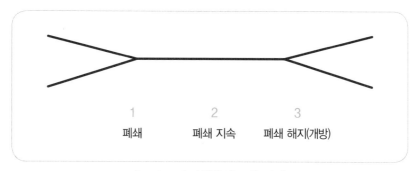

<table>
<tr><td></td><td>1</td><td>2</td><td>3</td></tr>
<tr><td></td><td>폐쇄</td><td>폐쇄 지속</td><td>폐쇄 해지(개방)</td></tr>
</table>

[그림 7.2] **파열음의 조음 과정**

/ㅂ/는 두 입술을 모아 공기를 막았다가 터뜨려 내는 소리이고, /ㄷ/는 혀 끝을 치조에 갖다 대 공기 흐름을 막았다가 터뜨려 내는 소리이다. 그리고 /ㄱ/는 후설을 연구개 가까이 가져가 공기의 흐름을 막았다 터뜨려 내는 소리이다.

발성유형 \\ 조음위치		양순음	치조음	경구개음	연구개음	성문음
파열음	평음	ㅂ/p/	ㄷ/t/		ㄱ/k/	
	경음	ㅃ/p'/	ㄸ/t'/		ㄲ/k'/	
	격음	ㅍ/pʰ/	ㅌ/tʰ/		ㅋ/kʰ/	

[표 7.2] **한국어 파열음**

(2) 마찰음 /ㅅ, ㅆ, ㅎ/

마찰음은 공기가 지나가는 통로를 좁혀 그 좁은 틈으로 내보내 마찰을 일으키면서 내는 소리이다. 한국어 마찰음에는 /ㅅ, ㅆ, ㅎ/가 있다. /ㅅ/는 혀끝을 치조 가까이 가져가 공기의 통로를 좁혀 마찰을 일으켜 내는 소리이고, /ㅎ/는 성대의 사이를 좁혀 마찰을 일으켜 내는 소리이다.[61]

---

61) /ㅎ/는 유성음(모음, 유음, 비음) 뒤에서는 약화되는 경향이 있다. /ㅎ/는 유성음 사이 환경에서 약화되어 거의 들리지 않을 정도로 발음되는 경우가 많다.
   • 모음 뒤: 이해[이애], 저희 집[저이 집],
   • ㄴ, ㄹ, ㅁ, ㅇ 받침 뒤: 전화[저놔], 피곤하게[피고나게], 은행[으냉], 결혼[겨론~결혼], 손해[소내~손해] 나란히[나라니~나란히], 변호사[벼노사~변호사]

마찰음	조음위치 발성유형	양순음	치조음	경구개음	연구개음	성문음
	평음		ㅅ/s/			ㅎ/h/
	경음		ㅆ/s'/			
	격음					

[표 7.3] **한국어 마찰음**

(3) 파찰음 /ㅈ, ㅊ, ㅉ/

파찰음은 파열음처럼 폐쇄되는 과정을 거치지만 파열되는 과정에서 마찰음처럼 마찰을 일으키는 소리이다. 한국어 파찰음에는 /ㅈ, ㅊ, ㅉ/가 있다. /ㅈ/는 혓바닥(설배)을 경구개에 가져가 공기의 흐름을 막았다가 통로를 좁게 열어 마찰을 일으켜 내는 소리이다.

파찰음	조음위치 발성유형	양순음	치조음	경구개음	연구개음	성문음
	평음			ㅈ/ʧ/		
	경음			ㅉ/ʧ'/		
	격음			ㅊ/ʧʰ/		

[표 7.4] **한국어 파찰음**

(4) 비음 /ㄴ, ㅁ, ㅇ/

비음은 연구개와 목젖을 내려 비강으로 통하는 통로가 열리게 해 코로 공기를 내보내면서 내는 소리이다. 한국어 비음에는 /ㄴ, ㅁ, ㅇ/이 있다.

/ㄴ/는 설첨이나 설단을 치조에 갖다 대 구강으로 나가는 통로를 막고 비강으로 공기를 흘려보내는 소리이다.

/ㅁ/는 두 입술로 구강에 막음을 형성하고 비강으로 공기를 흘려보낸다.

/ㅇ/은 후설을 연구개 앞쪽에 대고 연구개 부분을 하강시켜 기류를 비강으로 흘려보내는 소리이다.

비음	양순음	치조음	경구개음	연구개음	성문음
	ㅁ/m/	ㄴ/n/		ㅇ/ŋ/	

[표 7.5] **한국어 비음**

(5) 유음 /ㄹ/

유음은 공기를 물 흐르듯 자연스럽게 흘려보내는 방식으로 조음하는 소리를 말한다. 혀끝을 치조에 가볍게 대었다가 떼어서 공기를 흘려보내거나, 혀끝을 치조에 갖다 댄 채 공기를 양 옆으로 흘려보내서 만들어 내는 소리이다.

발성유형\조음위치		양순음	치조음	경구개음	연구개음	성문음
유음	설측음		ㄹ / l / [l]			
	탄설음		ㄹ / l / [ɾ]			

[표 7.6] 한국어 유음

유음 /ㄹ/는 음운 환경에 따라 상보적 분포를 이루는 두 개의 변이음, 탄설음(flaps)과 설측음(laterals)으로 발음이 된다. 탄설음은 혀끝으로 치조를 가볍게 치고 내려오면서 내는 소리이다. IPA 표기법으로는 [ɾ]로 표기한다. 설측음은 혀끝을 치조에 댄 채 공기를 양 옆으로 흘려보내면서 내는 소리이다. IPA 표기법으로 [l]로 표기한다.

음소	변이음	환경	예
/ㄹ(l)/	[ɾ]	어두 초성 어중 모음 뒤	라디오[ɾadio], 라면[ɾamyʌn] 다리[taɾi], 사람[saɾam]
	[l]	어중 [l] 뒤 어말	달라요[tallayo], 골라요[kollayo] 달[tal], 가을[kail]

[표 7.7] 유음의 변이음: 탄설음 [ɾ]와 설측음[l]

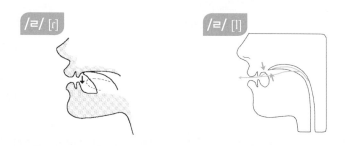

[그림 7.3] 탄설음 [ɾ]과 설측음 [l]의 조음 방법 비교

3. 발성 유형에 따른 자음: 평음, 경음, 격음

앞서 설명한 것처럼 우리는 음성을 산출할 때 '기동 → 발성 → 조음'의
세 단계를 거치는데, 음성 산출의 두 번째 단계인 '발성' 단계에 기식성과
긴장성의 유무에 따라 파열음과 파찰음은 다시 평음, 경음, 격음의 세 유
형으로 나뉜다. 기식성이란 발음할 때 많은 기류를 내보내는 성질을 말하
고, 긴장성이란 발음할 때 성대를 긴장시키는 정도가 큰 것을 가리킨다. 한
국어 장애음은 모두 무성음인데 기식성과 긴장성의 차이에 따라 평음, 경
음, 격음으로 나뉜다.

(1) 평경격음 삼중 대립

한국어의 파열음과 파찰음은 평음, 경음, 격음의 삼중 대립 체계를 이룬
다. 이들은 음운론적인 차원에서 기식성과 긴장성의 유무에 따라 평음, 경
음, 격음의 세가지 음으로 변별된다.

	평음	경음	격음
긴장성	−	+	+
기식성	−	−	+

[표 7.8] 평음, 경음, 격음의 음운 대비

한국어의 파열음과 파찰음이 삼중 대립 체계를 이루는 것은 다른 언어에
비해 상당히 특이한 특징이다. 우리가 알고 있는 수많은 언어들의 장애음은
음운론적 차원에서 유성성이나 기식성 같은 한 가지 속성에 따라 구분이 되
는 이중 대립 체계를 이룬다. 예를 들어, 영어, 일본어, 스페인어, 독일어, 프
랑스어, 러시아어 등은 유성성의 유무에 따라 유성음과 무성음으로 변별되
는 이중 대립 체계를 이룬다. 그리고 중국어는 기식성의 유무에 따라 유기
음과 무기음으로 구분되는 이중 대립 체계를 이룬다. 파열음에 삼중 대립을
이루는 언어로는 태국어, 베트남어, 미얀마어 등이 있는데, 이들은 유성성
과 기식성의 유무에 따라 유성무기, 무성무기, 무성유기(예: d-t-tʰ)의 삼중 대
립을 이룬다.

한국어 평경격음은 음운론적으로는 긴장성의 유무와 기식성의 유무로
대립되지만, 실제 음성적 특징에 있어서는 조금 다른 양상을 보인다. 음운

론적으로 평음이 무기음으로 분류되지만, 실제로 평음은 사람에 따라 약한 기식성을 가지거나 격음만큼의 강한 기식성을 갖기도 한다.[62] 즉, 평음의 경우 사실상 어느 정도의 기식성을 가지므로 무기음이 아니다. 그럼에도 평음을 무기음으로 설정하는 것이 평파열음과 평파찰음이 /ㅎ/과 결합하여 격음이 되는 격음화 등의 음운 현상을 설명하기 용이하기 때문에 음운론적 견지에서는 [표 7.8]과 같이 평음을 무기음으로 분류하고 있다.

음성학적인 견지에서 평경격음을 대비하자면, 기식성과 후행 모음의 음 높이에 따라 다음과 같이 변별할 수 있다(표 7.9). 앞서 언급하였듯 평음과 격음은 모두 기식성이 있다. 그리고 경음과 격음은 평음에 비해 후행하는 모음의 음 높이가 높다. 한국인이 경음과 격음을 변별할 때는 기식성을 중요한 정보로 활용하지만, 격음과 평음을 변별하는 데에는 기식성보다는 후행하는 모음의 음 높이를 중요한 정보로 활용하는 경향이 있다.

	기식성	후행 모음의 음 높이
평음	있다	낮다
경음	없다	높다
격음	있다	높다

[표 7.9] 평음, 경음, 격음의 음성학적 대비

---

62) 그간 평음은 기식성이 있기는 하지만, 격음에 비해 기식성이 크지 않고, 둘 간에 기식성의 정도에 뚜렷한 차이를 보인다고 알려져 왔다. 실제로 지금의 50대 이상인 기성세대들의 경우는 지역, 성별에 관계없이 일반적으로 평음보다 격음의 기식성이 더 크며, 둘 간에 정도 차이가 뚜렷하다. 하지만 최근 Kang(2014), Kang and Guion(2008), Oh(2011), Silva(2006a, 2006b) 등의 많은 연구들에 따르면 서울 화자를 중심으로 평음을 격음과 비슷할 정도로 기식성이 크게 발음하는 새로운 현상이 나타나고 있는데, 이에 대해 인지하고 있을 필요가 있다.
　이러한 현상은 서울 지역의 젊은 세대에게서 쉽게 관찰이 된다. 서울 지역의 화자들은 평음과 격음의 기식성의 차이가 없을 정도로 평음을 격음만큼 기식성이 크게 발음하고, 평음과 격음을 기식성보다는 음 높이로 변별한다.
　그에 반해 경상, 전라 지역의 화자들은 젊은 세대의 경우에도 이전 세대들과 마찬가지로 평음과 격음을 기식성 차이가 뚜렷하게 발음한다(손형숙·안미애 2011, 장혜진 2012, 조민하·신지영 2003). 물론 기식성의 정도에 따라 평음과 격음을 변별적으로 인식하는 것도 가능하다.

※ 평경격음에 대한 음향음성학적 설명

● 성대 진동 시작 시간(Voice Onset Time, VOT)과 기식성의 정도

성대 진동 시작 시간인 VOT는 폐쇄가 해제된 후에 후행하는 모음을 위해 성대가 진동을 시작하는 시점까지의 무성 기간을 가리킨다(그림 7.4). 이러한 VOT는 기식성의 정도와 밀접한 관련이 있는데, 기식성이 클수록 VOT 값이 크고, 기식성이 작을수록 VOT 값이 작게 나타난다. 기식성이 큰 파열음일수록 폐쇄 기간 동안 성대가 멀리 떨어져 있는 상태로 조음되므로(그림 5.2 참고), 폐쇄의 개방 이후 후행하는 모음을 위해 성대가 진동하기 시작할 때까지 더 많은 시간이 걸려 VOT가 길어지는 것이다. [그림 7.4]은 1980년생 서울 출신의 여성 화자가 발음한 /타/의 VOT를 측정한 것이다.

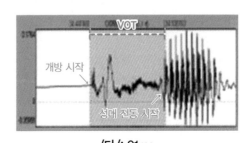

/타/: 91ms

[그림 7.4] /타/의 파형과 VOT

● 음 높이와 기본 주파수(F0)

기식성을 VOT로 측정할 수 있는 것처럼, 각 음의 높이(pitch)는 기본 주파수(F0)를 통해 측정할 수 있다. F0의 단위는 헤르츠(Hz)이다. 음 높이가 높을수록 F0이 높게 나타난다. 일반적으로 남성보다는 여성이, 성인보다는 어린이가 기본 주파수가 높다. 즉 음의 높이가 높다. 참고로, 억양은 바로 이 음 높이의 변화를 일컫는 것으로, 음향학적으로는 F0의 추이를 보여 주는 음조 곡선으로 분석된다.

4. 공명성에 따른 분류

공명성(sonority)이란 기류가 성도를 통과하는 과정에서 장애를 거의 받지 않는 성질을 말한다. 공명성이 있는 소리들은 유성성이 있다.

(1) 장애음과 공명음

성도에서 기류의 장애를 받아 조음되는 소리를 장애음(obstruents)이라
고 하고, 공명성을 가진 소리, 즉 기류가 성도를 지나갈 때 장애를 받지 않
고 조음되는 소리를 공명음(sonorants)이라 한다. 공명음은 기류의 장애
를 받지 않고 성대의 진동이 수반되기 때문에 장애음에 비해 음향 에너지
가 더 크다.

모든 모음은 공명음에 해당한다. 한국어 자음 중에는 파열음, 마찰음,
파찰음이 장애음에 해당하고, 비음과 유음이 공명음에 속한다.

장애음	공명음
파열음	비음
마찰음	유음
파찰음	

[표 7.10] **장애음과 공명음**

공명음들 간에도 공명도를 비교할 수 있다. 앞서 설명한 바와 같이 모음,
유음, 비음이 공명음이지만, 공명도를 비교하면 모음, 유음, 비음 순으로
공명도가 크다.

모음 > 유음 > 비음 > 장애음(파열음, 마찰음, 파찰음)

[그림 7.5] **공명도**

5. 변이음

한국어의 자음은 음운론적 환경에 따라 상보적인 분포로 달리 실현되는
변이음이 있다. 여기서는 평파열음의 변이음과 치조음의 변이음을 중심으
로 살펴보도록 하자.

(1) 평파열음의 변이음

음소	변이음	환경	예
/ㅂ(p)/	[p]	어두 초성	바다[pada], 배[pae]
	[b]	유성음과 유성음 사이	아버지[abʌji], 가방[kabaŋ], 갈비[kalbi]
	[p˥]	어말 종성	지갑[jigap˥], 일곱[ilgo͡p˥]
/ㄷ(t)/	[t]	어두 초성	다리[taɾi], 도장[tojaŋ]
	[d]	유성음과 유성음 사이	구두[kudu], 만두[mandu]
	[t˥]	어말 종성	솥[sot˥], 옷[ot˥]
/ㄱ(k)/	[k]	어두 초성	가수[kasu], 고양이[koyaŋi]
	[g]	유성음과 유성음 사이	아기[agi], 향기[hyaŋgi]
	[k˥]	어말 종성	한국[hanguk˥], 지각[jigak˥]

[표 7.11] /ㄱ, ㄷ, ㅂ/의 변이음

한국어 평파열음은 세 개의 변이음이 있다. 어두 초성에서는 무성음으로
실현이 되고, 모음과 모음 사이에서는 유성음으로 실현이 된다. 예를 들어,
/가구/를 발음할 때 단어 초의 '가'의 /ㄱ/은 무성음 [k]로 실현이 되지만,
'구'의 /ㄱ/은 모음, 유음, 비음과 같은 유성음과 유성음 사이에서 유성음화
가 일어나 유성음 [g]로 실현이 된다. 그리고 /국/을 발음할 때 /가구/의 경
우와 마찬가지로 단어 초의 /ㄱ/은 무성음 [k]로 실현이 되지만 어말 종성
의 /ㄱ/은 불파음 [k˥]로 실현이 된다.
불파음은 파열음의 조음 단계 가운데 마지막 개방 단계가 생략된 소리
를 가리킨다.

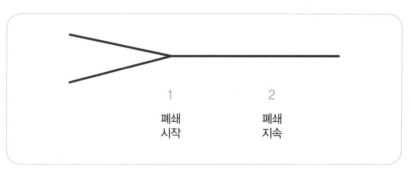

	1	2
	폐쇄 시작	폐쇄 지속

[그림 7.6] 불파음의 조음 과정

(2) 치조음의 변이음

한국어 치조음은 /ㅣ/, j 앞에서 구개음화된 치조음으로 실현된다. 즉, /ㄴ(n)/, /ㄹ(l)/, /ㅅ(s)/ 등의 치조음은 j 앞 환경에서 [ɲ], [ʎ], [ʃ]와 같이 구개음으로 실현된다. 예를 들어 /나무/를 발음할 때 /ㄴ/는 [n]으로 실현이 되지만, /냐/의 /ㄴ/은 [ɲ]로 실현이 된다.[63]

음소	변이음	환경	예
/ㄴ/	[n] [ɲ]	y, i 이외 모음 앞 y, i 앞	나이[nai], 누나[nuna] 가냐고[kaɲyago], 니가[ɲiga]
/ㄹ/	[ɾ], [l] [ʎ]	y, i 이외 모음 앞 y, i 앞	라디오[ɾadio], 구름[kuɾim] 가려고[kaʎyʌgo], 리본[ʎibon]
/ㅅ/	[s] [ʃ]	y, i 이외 모음 앞 y, i 앞	사과[sagwa], 소주[soju] 시계[ʃigye], 가셔도[kaʃyʌdo]

[표 7.12] /ㄴ, ㄹ, ㅅ/의 변이음

② 교수 방법

1. 제시 방안 및 제시 시 유의 사항

(1) 평경격음의 제시 방법

한국어의 장애음은 무성음만 있으며, 파열음과 파찰음의 경우 발성 유형에 따라 평음, 경음, 격음의 세 가지로 나뉘는 점은 대부분의 학습자들이 배우기에 어려움을 느끼는 부분이므로, 교사는 세 음의 차이를 유의해서 설명해야 한다. 특히 앞서 설명하였듯이 평음과 격음 간의 차이를 구분하는 일이 쉽지 않으므로 음 높이를 활용해 두 음을 구분할 수 있도록 설명을 해 주도록 한다.

---

63) /ㄴ/와 /ㄹ/는 y, i 앞에서 [ɲ], [ʎ]로도 실현이 되지만, [n̺], [l̺]로도 실현이 된다. 신중하게 조음할 때는 [n̺], [l̺]로 실현되는 경향이 있다(이호영 1996). [n̺]과 [l̺]은 전설이 경구개에 접근하는 2차 조음을 수반한다.
  • [n̺], [l̺] : 혀끝을 치조에 대고 전설을 경구개에 마주하게 해서 조음하는 소리
  • [ɲ], [ʎ] : 혀끝을 아래 잇몸에 대고 전설을 경구개에 가져가 조음하는 소리

		높다
가, 다, 바	○	×
까, 따, 빠	×	○
카, 타, 파	○	○

평음	평음은 격음과 마찬가지로 발음할 때 공기가 나간다는 것을 설명한다. 하지만 격음과 달리 평음은 성대 부분을 긴장하지 않고 편안히 발음하는 소리임을 알려 준다. /다다다다/, /따따따따/, /타타타타/와 같이 평음, 경음, 격음을 연이어 음절을 반복하게 해 긴장도의 차이를 인지시킨다. 경음과 격음을 발음할 때 성대 부분에 힘이 들어가는 데 비해 평음은 성대 부분을 긴장하지 않고 편안히 발음하는 것을 느끼게 한다.
경음	경음은 격음이나 평음과 달리 발음할 때 공기가 나가지 않는다는 것을 설명한다. 이때, 손바닥을 입에 가져가 공기가 나오는지 확인하게 하거나 [그림 7.7]처럼 휴지를 사용해서 설명하면 효과적이다. 경음은 성대를 긴장시켜 발음하게 한다. 모국어에 긴장음이 없어 경음을 발음하는 것이 힘든 학생은 발음하려는 자음 앞에 /으+자음/이 있다고 상상하고 1초 정도 숨을 멈추고, 속으로 /으+자음/을 발음하고, 해당 자음을 소리 내어 발음하게 함으로써 후두를 긴장시키는 법을 익히게 한다. 예를 들어 /따/, /빠/, /까/를 발음하게 하기 위해서 /은따/, /읍빠/, /윽까/로 발음해 보게 한다. 그리고 선행하는 부분은 속으로만 생각하고, 뒷부분만 소리 내 발음해 보게 한다. 예) /(은)따/, /(읍)빠/, /(윽)까/
격음	격음은 경음과 달리 기식성이 있음을 인지시킨다. 격음을 발음할 때 기식성이 크며, 즉 숨을 많이 내뱉으며, 경음을 발음할 때 기식성이 발생하지 않음을, 즉 공기를 내뱉지 않음을 확인하게 한다. 손바닥을 입 근처에 가져가 숨을 느끼게 하거나 휴지를 활용한다. 경음을 발음할 때 입 근처에 가져간 휴지가 움직이지 않지만 격음을 발음할 때 휴지가 펄럭거리는 것을 보여 준다(그림 7.7).

[표 7.13] **평경격음의 제시 방법**

[그림 7.7] **휴지나 종이를 활용해 평경격음의 기식성의 차이를 확인시키는 방법**

(2) 평경격음이 의미 변별 기능을 함을 설명해야 한다

　평음, 경음, 격음을 설명할 때 잊어서 안 될 중요한 일 하나는 것은 평음, 경음, 격음이 한국어 발음 체계에서 의미 변별을 가져오는 소리, 즉 음소임을 인지시킬 필요가 있다.[64] 의미를 전달할 수 있는 그림과 함께 최소대립어를 제시하도록 한다.

공을 사요　　　　　　　　콩을 사요

자요　　　　　　　　차요

딸이 있어요　　　　　　　탈이 있어요

[그림 7.8] **그림을 활용한 평경격음의 의미 변별 기능 제시**

---

64) 학습자 언어에서는 이 소리들이 변이음으로 존재할 수 있기 때문이다. 변이음으로 존재할 경우 의미 변별 기능을 하지 않아 이 음들을 구분해서 발음해야 한다는 생각을 하지 않을 수도 있기 때문이다.

(3) 유음 /ㄹ/의 변이음 탄설음 [ɾ]와 설측음 [l]의 조음 방법 설명에
유의해야 한다

다른 자음들도 조음 방법을 시각적으로 제시하는 것이 좋지만, 유음의
경우는 특히 조음 시 혀의 모양과 조음 방법을 명시적으로 제시할 필요가
있다. 다른 언어들의 유음과 조음 방법에 차이가 있으므로 조음 방법의 차
이가 부각되도록 설명해야 한다.

● **탄설음 [ɾ]**

/ㄹ/는 혀를 편 상태로 입천장을 때리고 내려오게 발음함을 시각적으로
인지할 수 있게 제시한다. 영어, 중국어 화자의 경우 혀를 뒤로 말 수 있
으므로 혀를 펴도록 주의시킨다. 교사가 빨간색 장갑을 끼고 손으로 혀를
형상화해서 조음 방법을 보여 주는 것도 학습자의 의식을 고양시키는 데
도움이 될 것이다.

○   ×

● **설측음 [l]**

혀를 치조 부분에 붙인 채 발음을 하게 한다.
혀를 치조에서 너무 빨리 떼면 탄설음처럼 들릴
수 있으므로 혀를 붙인 상태를 잠시 유지하게 하
도록 한다. 혀를 붙인 채 기류를 혀의 양쪽 옆으
로 흘려보내서 발음됨을 시각 자료로 제시한다.
화살표 부분을 붙인 채 공기를 내보내게 한다.

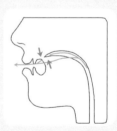

[그림 7.9] 탄설음과 설측음의 조음 방법 제시 방법

(4) 변이음을 활용한 설명

학습자의 모국어의 변이음이 목표어의 음소와 유사할 때, 변이음 정보를
활용해 목표어 음소를 설명할 수 있다. 예를 들어 영어권 한국어 학습자에

게 한국어 평경격음을 교수할 때 영어의 변이음 정보를 활용할 수 있다. 영어는 기식성 유무가 음소를 구분하는 변별적 자질은 아니지만 상보적 분포를 이루는 변이음 자질의 특징이 있다(표 7.1 참조). 영어의 파열음은 단어 초 강세 음절에 있는 경우는 기식성을 가지고 그 외의 환경에서는 기식성이 거의 없다. 이러한 영어의 변이음 정보를 활용해 영어권 학습자에게 단어 초에 오는 파열음의 발음을 한국어의 격음과 유사하다고 설명하고, 그 밖의 경우의 파열음 발음을 한국어의 경음과 유사하다고 설명할 수 있다.

$$/t/ \begin{cases} [t^h] : & \text{target}[t^h\text{argit}], \text{ time}[t^h\text{aim}] \\ & \text{단어 초의 강세 있는 음절초에 오는 경우} \\ [t] : & \text{strike}[\text{straik}], \text{ stay}[\text{stay}] \\ & \text{그 밖의 경우} \end{cases}$$

[표 7.14] 영어의 파열음 /t/의 변이음: [tʰ], [t]

※ 외국어 음소 교수에 변이음 정보를 활용하는 것의 효과

학습자 모국어의 변이음을 활용해 목표어 음소를 교수하는 것의 효용성은 변이음에 따라 차이가 있을 것이다. 어떤 변이음들은 모국어 화자도 집중하거나 약간의 훈련만으로도 차이를 느낄 수 있는 데 반해 어떤 변이음들은 모국어 화자로서는 차이를 느끼기 힘들다. 후자의 경우에는 해당 변이음이 목표어에 존재한다 하여도 변이음 정보를 활용하기 어려울 것이다.

한국어도 [ʃ]나 유성음 [g, d, b]가 음소로는 존재하지 않지만 변이음으로는 존재한다. 그런데 한국인에게 이러한 변이음들은 음소로 존재하는 것이 아니어서 쉽게 차이가 인지되지는 않는다. [ʃ]와 같은 경우는 집중하는 것만으로도 차이를 인지할 수 있겠지만, 유성음과 무성음의 변별은 쉽지 않다. 예를 들어 /가구/의 첫 번째 /ㄱ/는 무성음이고, 두 번째 /ㄱ/는 모음과 모음 사이에서 무성음이 유성음화된 유성음이지만 두 소리의 차이를 느낄 수 있는 사람은 많지 않다. 심지어 앞의 소리와 뒤의 소리가 다른 소리라는 정보가 주어져도 마찬가지로 차이를 느끼기 힘들다. 고도의 훈련을 받아야 느낄 수 있을 것이다. 그런데 미국인 교사가 한국 학생에게 영어 유성 파열음 /g/를 발음할 때 한국어의 무성음 /ㄱ/가 아니라 변이음 /g/와 유사하게 발음하라고 가르친다면 과연 한국 학생에게 영어 유성 파열음을 발음하는 데 도움이 될지 의문스러운 일이다.

결론적으로 말하자면, 모국어 화자가 음성적 차이를 인식하기 힘든 변이음의 경우는 변이음 정보를 외국어 발음 교육에 활용하기가 쉽지 않을 것으로 보인다.

2. 학습자 언어권별 교수 시 유의 사항

(1) 영어권 학습자 교수 시 유의 사항

파열음과 유음을 중심으로 한국어와 영어의 차이를 살펴보고 교수 시 유의 사항을 알아보자.

① 영어의 자음 목록은 다음과 같다

			양순음	순치음	치간음	치조음	경구개 치조음	경구 개음	연구 개음	성문음
장애음	파열음	무성	p			t			k	
		유성	b			d			g	
	마찰음	무성		f	θ	s	ʃ			h
		유성		v	ð	z	ʒ			
	파찰음	무성					ʧ			
		유성					ʤ			
공명음	비음	유성	m			n			ŋ	
	유음	유성				l, ɹ				

② 영어권 학습자는 평경격음을 변별하는 데 어려움이 있다

한국어			영어	
무성			무성	유성
평음	경음	격음		
ㅂ [p]	ㅃ [p']	ㅍ [pʰ]	p	b
ㄷ [t]	ㄸ [t']	ㅌ [tʰ]	t	d
ㄱ [k]	ㄲ [k']	ㅋ [kʰ]	k	g

[표 7.15] 한영 파열음 대비

한국어		영어
/ㅍ, ㅌ, ㅋ/	→	/p, t, k/
/ㅂ, ㄷ, ㄱ/	↗	
/ㅃ, ㄸ, ㄲ/	→	/b, d, g/

[그림 7.10] **한국어 파열음에 대한 영어권 학습자의 동화 양상**[65]

영어의 파열음은 유무성 2중 대립 체계인데 반해, 한국어 파열음은 모두 무성음이며, 평경격음의 3중 대립 체계이다. 영어권 학습자는 한국어 평경격음을 들으면 [그림 7.10]처럼 평음과 격음을 모두 영어 무성음처럼 인식하고, 한국어 경음은 유성음처럼 인식한다. 그렇기 때문에 영어 학습자에게 한국어 파열음의 평경격음을 변별해서 인지하고 산출하는 일은 쉬운 일이 아니다. 다음과 같이 경음과 평음을 격음처럼 발음하는 오류가 나타날 수 있다. 그리고 경음을 발음할 때 기식성 조절에 실패해 격음처럼 들리게 발음하는 오류도 종종 보인다.

- 가을[*카을], 가수[*카수]
- 떨려요[*털려요], 뜨거워요[*트거워요]

③ 탄설음 [ɾ]를 권설음 [ɻ]처럼 발음하는 오류가 관찰된다

	한국어	영어
유음	/ㄹ/ [l]/[ɾ]	/l/ [l] /r/ [ɻ]

[표 7.16] **한국어와 영어의 유음**

한국어는 설측음과 탄설음이 /ㄹ/의 변이음으로 존재하지만 영어의 유음인 설측음과 권설음은 음소로 존재한다. 영어에서 음소로 존재하는 유음 [ɻ]은 혀끝을 경구개를 향해 말아 올려서 조음하는 권설음(retroflex)으로, 한국어 탄설음 [ɾ]과는 조음 방법이 다르다. 영어권 한국어 학습자는 한국어 /ㄹ/를 발음할 때도 영어의 권설음처럼 발음하려는 성향이 있다. 그렇기

---

65) Schmidt(2007)의 영어권 학습자를 대상으로 한 한국어 파열음에 대한 지각 동화 실험 결과, 이와 유사한 양상이 나타났다.

때문에 /ㄹ/를 조음할 때 혀를 뒤로 말지 말고, 앞으로 펼쳐 발음하도록 강조해서 설명할 필요가 있다(7장 참고).

영어 [ɹ]

한국어 [ɾ]

[그림 7.11] 영어의 권설음 [ɹ]와 한국어 탄설음 [ɾ] 조음 시 혀 모양 비교

영어권 학습자에게 한국어 탄설음 [ɾ]은 학습 초기에 권설음 [ɹ]과 혼동이 될 뿐 습득하기 어려운 음은 아니다. 음소로 존재하지는 않지만 영어에도 탄설음이 변이음으로 존재하기 때문이다. 영어 탄설음 [ɾ]는 /t/의 변이음으로 존재한다. city[ciɾi], butter[bʌɾər], water[wɔːɾər]와 같이, /t/가 유성음 사이, 그리고 강세가 실리는 음절과 강세가 실리지 않는 음절 사이에서 나타나는 변이음으로 존재한다.[66]

영어권 학습자에게 설측음 [l]을 교수할 때 유의해야 할 점에 대해서는 8장에서 다룬다.

(2) 중국인 학습자 교수 시 유의 사항

① 중국어의 자음 목록은 다음과 같다

			양순음	순치음	치음	권설음	경구개음	연구개음
장애음	파열음	무기	b[p]		d[t]			g[k]
		유기	p[pʰ]		t[tʰ]			k[kʰ]
	마찰음			f[f]	s[s]	sh[ʂ]	x[ɕ]	h[x]
	파찰음	무기			z[ts]	zh[tʂ]	j[tɕ]	
		유기			c[tsʰ]	ch[tʂʰ]	q[tɕʰ]	
공명음	비음		m[m]		n[n]			ng[ŋ]
	유음				l[l]	r[ɹ]		

---

66) 이러한 음운 현상을 탄설음화(flapping)라고 한다.

② 중국인 학습자는 평경격음을 변별하는 데 어려움을 느낀다

한국어 파열음이 평경격음의 3중 대립 체계인데 반해, 중국어 파열음은
유무기 2중 대립 체계이다(표 7.17).

한국어		중국어	
무기	유기	무기음	유기음
경음	평음, 격음		
ㅃ [p']	ㅂ [p], ㅍ [pʰ]	b [p]	p [pʰ]
ㄸ [t']	ㄷ [t], ㅌ [tʰ]	d [t]	t [tʰ]
ㄲ [k']	ㄱ [k], ㅋ [kʰ]	g [k]	k [kʰ]

[표 7.17] 한중 파열음 대비[67]

중국인 학습자에게 한국어 경음은 무기음으로, 격음은 유기음으로 인식
이 된다. 그리고 평음 역시 기식성 때문에 유기음으로 인식하게 된다. 그렇
기 때문에 영어권 학습자와 마찬가지로 평음과 격음을 변별적으로 인식하
는 데 어려움을 겪는다[그림 7.12].

한국어		중국어
/ㅍ, ㅌ, ㅋ/	→	/p, t, k/
/ㅂ, ㄷ, ㄱ/	↗	
/ㅃ, ㄸ, ㄲ/	→	/p, d, g/

[그림 7.12] 한국어 파열음에 대한 중국인 학습자의 인식 양상[68]

---

67) 중국어 파열음 표기는 좌측은 한어 병음 표기에 따른 것이어서 실제 발음과는 차이가 있다. 각 자음의 발음은
[ ] 안의 IPA식으로 표기한 것에 가깝다.
68) 권성미(2010b)와 Holliday(2014)의 중국인 학습자를 대상으로 한 한국어 파열음에 대한 지각 동화 실험 결과
를 반영한 것이다.

③ 탄설음 [ɾ]를 권설음 [ɹ]처럼 발음하는 오류를 보인다

	한국어	중국어
유음	/ㄹ/ [l]/[ɾ]	/l/ [l] /r/ [ɹ]

[표 7.18] **한국어와 중국어의 유음**

중국어 유음에는 치음 /l/과 권설음 /r/이 있다. 중국어의 권설음 /r/[ɹ]
은 영어와 마찬가지로 유음 혀끝을 뒤로 말아 조음하는 권설음이다. 중국
인 학습자는 한국어 /ㄹ/를 발음할 때 중국어의 권설음처럼 발음하는 오
류를 만들어 낸다. 중국어 학습자에게 한국어 탄설음 [ɾ]을 교수할 때는
혀를 뒤로 말면 안 되고, 앞으로 펼쳐서 천장에 닿았다가 떼야 하는 조음
과정을 강조한다(7장 참고).

④ /ㅅ/를 /ㅆ/처럼, /ㅆ/를 /ㅅ/처럼 발음하는 오류가 나타난다

중국어 /s/는 한국어 /ㅅ/~/ㅆ/의 중간 정도 음에 해당한다. 중국인 학
습자가 한국어 /ㅅ/를 발음하면 /ㅆ/처럼 들리고, /ㅆ/를 발음하면 /ㅅ/처럼
들린다.
  • 사요[*싸요], 싸요[*사요]

(3) 일본인 학습자 교수 시 유의 사항

① 일본어의 자음 목록은 다음과 같다

다음은 일본어 자음 목록이다. 괄호 안의 발음은 변이음으로 간주된다.

			양순음	치조음	경구개음	연구개음	성문음
장애음	파열음	무성	/p/		/t/	/k/	
		유성	/b/		/d/	/g/	
	마찰음	무성	([ɸ])	/s/	([ʃ])		/h/
		유성		/z/	([ʒ])		
	파찰음	무성		([ʦ])	([ʧ])		
		유성		([ʣ])	([ʤ])		
공명음	비음		/m/	/n/		([ŋ])	
	유음			/r/[ɾ]			

② 일본인 학습자는 평경격음을 변별하기 어려워한다

한국어			일본어	
평음	경음	격음	무성음	유성음
ㅂ [p]	ㅃ [p']	ㅍ [pʰ]	p	b
ㄷ [t]	ㄸ [t']	ㅌ [tʰ]	t	d
ㄱ [k]	ㄲ [k']	ㅋ [kʰ]	k	g

[표 7.19] 한일 파열음 대비

일본어 파열음 역시 영어와 마찬가지로 유무성 2중 대립 체계이다. 일본인 학습자들은 모두 무성음이며, 평경격음의 3중 대립 체계인 한국어 파열음을 변별하는 데 영어권 학습자와 유사하게 어려움을 느낀다.

3. 학습 활동 예시

● 〈최소대립어 식별하기: 평음, 격음, 경음 변별 연습〉 최소대립쌍을 가진 단어를 들려주고 들은 것을 찾게 한다. 교사가 읽어 주고 학생이 찾는 연습을 하고, 익숙해지면 학생 두 사람이 짝이 되어 한 사람은 단어 하나를 골라 발음을 하고 한 사람은 듣고 찾게 한다.

① [탈]   : a. 달   b. 탈✓   c. 딸
② [뿔]   : a. 불   b. 풀   c. 뿔
③ [쳤어요] : a. 졌어요   b. 쳤어요   c. 쪘어요
④ [짜요] : a. 자요   b. 차요   c. 짜요

● 〈들은 순서대로 배열하기: 평경격음 변별 연습〉 최소대립쌍을 가진 단어들을 들려주고 들은 순서대로 번호를 매기게 한다. 듣고 찾는 연습이 반복될 때 학생이 지루하지 않게 연습시킬 수 있다.

① [탈→달→딸]   : 달 (2) 탈 (1) 딸 (3)
② [캐다→깨다→개다] : 개다 ( ) 깨다 ( ) 캐다 ( )
③ [지다→치다→찌다] : 지다 ( ) 찌다 ( ) 치다 ( )
④ [뿔→불→풀]   : 불 ( ) 뿔 ( ) 풀 ( )

● 〈최소대립어 듣고 찾기: 평경격음 변별 연습〉 단어를 듣고 그에 해당하는 그림을 찾게 한다.

① [탈]

② [빵]

③ [자요]

④ [추다]

⑤ [불]

- 〈단어 따라 읽기: 평경격음 산출 연습〉 유형별 단어 목록을 따라 읽게 한다.

ㄱ	ㄲ	ㅋ
가구	끄다	캐다
가다	깨	코
가을	꿀	캄캄하다
구름	토끼	카드
그림	까다	
개	꺼지다	

- 〈문장 단위 최소대립어 활용: 평경격음 변별 산출 연습〉 평경격음의 조음 방법에 유의해서 문장을 읽게 한다.

① 우리 **딸**은 **달**을 좋아한다.

② **방**에 들어가서 **빵**을 먹자.

③ 공원에 **풀**이 났어요.

④ 공원에 **불**이 났어요.

⑤ 어제 **꿀**을 먹었어요.

⑥ 어제 **굴**을 먹었어요.

- 〈빙고 게임: 평경격음 인식 및 산출 연습〉 평경격음의 최소대립쌍을 이루는 단어들의 목록을 학생들에게 나눠 주고, 학생들에게 목록에서 단어를 골라 빈칸에 써 넣게 한다. 교사가 단어를 읽어 주면, 학생들이 듣고 체크를 하여 5개가 한 선상에서 체크되면 빙고를 외치게 한다.

바르다	깨다	차다	싸다	부르다
짜다	사다	새다	캐다	지다
쌔다	푸르다	꼬다	가다	자다
타다	빠르다	개다	따다	고다
까다	찌다	주다	추다	치다

● **〈빙고 게임: 설측음과 탄설음 변별 연습〉** 탄설음과 설측음의 최소대립쌍 단어들의 목록을 학생들에게 나눠 주고, 학생들에게 목록에서 단어를 골라 빈칸에 써 넣게 한다. 교사가 단어를 읽어 주면, 학생들이 듣고 체크를 하여 4개가 한 선상에서 체크되면 빙고를 외치게 한다.

걸러요	이리	다리	물리
걸러	불어	얼른	걸어요
일리	달리	머리	멀리
불러	어른	몰래	모래

● **〈유의미 맥락에서 연습: /ㄹ/ 연습〉** /ㄹ/가 포함된 단어들을 제시하고, 그 단어들을 사용해 짝과 짧은 대화를 만들게 한다.

> [보기] A : 유코 씨, 월**요**일에 뭐 했어요?
> B : **빨래를 했어요.**

월: 빨래, 하다

화: 라디오, 듣다

수: 갈비, 먹다

목: 라면, 먹다

금: 텔레비전, 보다

토: 놀이동산, 가다

일: 불고기, 만들다

제 8 장

음절 구조

음절말 자음

학습 목표

☐ 한국어의 음절 구조와 음절말 자음 발음의 특징을 이해한다.

☐ 한국어와 다른 언어의 음절 구조 차이를 이해한다.

☐ 한국어 음절말 자음 발음을 어떻게 교수할지 알아본다.

 본 강의

1 발음의 특징

    1. 한국어 음절 구조

    2. 음절말 자음

2 교수 방법

    1. 제시 방안 및 제시 시 유의 사항

    2. 학습자 언어권별 교수 시 유의 사항

    3. 학습 활동 예시

한국어 음절 구조 특징에 대한 학습이 잘 이루어지지 않으면 학습자는 L1의 음절 구조 특징을 그대로 전이시키기 쉽고, 그렇게 되면 한국어 자음과 모음 발음이 정확하더라도 학습자의 전체 발음은 상당히 어색한 발음이 되기 쉽다. 이 장에서는 한국어 음절 구조의 특징에 대해 알아보고, 앞서 7장에서 음절초에 오는 자음의 특징과 구분되는 음절말에 오는 자음의 특징에 대해 알아보도록 하자.

발음의 특징

1. 한국어 음절 구조

(1) 음절이란?

　음절(syllable)은 안정적으로 발음할 수 있는 최소의 음성 단위이다. 음절은 자음이나 모음과 같은 음소보다 한 단계 더 큰 단위이다. 모음은 스스로 한 음절을 이루나 자음은 모음과 결합해서 한 음절을 이룬다.

(2) 한국어의 음절 구조

　한국어 음절은 초성(onset), 중성(nucleus), 종성(coda)으로 이루어진다. 중성은 필수적인 요소로 중성에는 모음만 올 수 있다. 자음은 초성과 종성에만 올 수 있다. 즉, 한국어 음절은 '(초성) +중성 +(종성)'의 구조이다.

[그림 8.1] 한국어의 음절 구조와 음절 유형

한국어의 음절 구조는 (C)V(C)로, V, CV, VC, CVC의 네 가지 음절 구조 유형이 있다. 표기상으로는 '닭, 값'처럼 음절 끝에 겹받침이 오는 경우가 있어 CVCC의 자음의 연쇄가 가능한 것처럼 보일 수 있다. 하지만 발음에 있어서는 /닥/, /갑/과 같이 음절말에 하나의 자음만을 허용한다.

(3) 개음절과 폐음절

개음절(open syllable)은 종성이 없는 음절을 가리키고, 폐음절(closed syllable)은 종성이 있는 음절을 말한다. 예를 들면, '아, 가'는 개음절, '악, 각'은 폐음절이다. 한국어는 개음절과 폐음절이 모두 있는 언어이다.

(4) 한국어 음절 구조 제약

한국어에는 초성, 중성, 종성에 올 수 있는 음소의 수나 종류를 제한하는 음절 구조 제약에 다음과 같은 것들이 있다(5장 참고).

- 초성 제약: 초성에 올 수 있는 자음의 수는 한 개다.
  초성에 자음군이 올 수 없다.
  자음 'ㅇ[ŋ]'은 초성에 올 수 없다.
- 종성 제약: 종성에 올 수 있는 자음의 수는 한 개다.
  종성에 자음군이 올 수 없다.
  종성에 올 수 있는 자음은 'ㄱ, ㄴ, ㄷ, ㄹ, ㅁ, ㅂ, ㅇ'의 7개뿐이다.
  종성에 오는 자음은 불파음으로 실현된다.
- 중성과 종성의 연결에 대한 제약: 중성에 이중모음 '의'가 오면 종성에는 자음이 올 수 없다.

2. 음절말 자음

한국어의 음절말 자음과 관련된 대표적인 음운 현상으로는 음절말 평파열음화와 자음군 단순화가 있다. 음절말 평파열음화는 대치가 일어나는 현상이며, 자음군 단순화는 탈락이 일어나는 현상이지만(5장 참고), 둘 다 음절말에서 일어난다는 공통점을 가지므로 여기서 함께 다루도록 한다.[69]

---

69) 음절말 평파열음화와 자음군 단순화를 아울러 학교 문법에서는 음절의 끝소리 규칙이라고도 한다. 음절의 끝소리 규칙이라는 용어를 사용하는 것에 관련해 더 알고 싶은 사람은 구본관 외(2015:66)을 찾아보라.

(1) 음절말 평파열음화

① 음절말 평파열음화란?

● 평파열음화 규칙

- /ㄱ, ㅋ, ㄲ/   →   ㄱ / __ # : 밖[박], 부엌[부억]
- /ㄷ, ㅌ, ㅅ, ㅆ, ㅈ, ㅊ/   →   ㄷ / __ # : 밑[믿], 옷[옫], 꽃[꼳]
- /ㅂ, ㅍ/   →   ㅂ / __ # : 앞[압], 잎[입]

음절말 평파열음화는 한국어 자음 19개 중 /ㄱ, ㄴ, ㄷ, ㄹ, ㅁ, ㅂ, ㅇ/ 의 7개 이외의 자음이 음절말에 오게 되면 이 7개 중의 하나로 바뀌는 현상을 말한다. 음절말에서 파열음 /ㄱ, ㅋ, ㄲ/은 /ㄱ/으로, /ㄷ, ㅌ, ㄸ/은 /ㄷ/으로, /ㅂ, ㅍ, ㅃ/은 /ㅂ/으로 실현되며, 파찰음 /ㅈ, ㅊ, ㅉ/과 마찰음 /ㅅ, ㅆ/, /ㅎ/은 /ㄷ/으로 바뀐다. 평파열음화는 'ㄱ, ㄴ, ㄷ, ㄹ, ㅁ, ㅂ, ㅇ' 7 개 이외의 자음은 종성에 올 수 없다는 한국어의 음절 구조 제약으로 인해 발생하는 현상이다.[70]

② 음절말 평파열음화가 일어나는 원인

평파열음화는 파열음의 3단계 발음 과정 중 세 번째 단계인 파열 단계가 실현되지 않는 현상이므로 불파음화라고도 한다. 불파음에 대해서는 앞서 7장의 파열음의 변이음에서 설명한 바 있다. 불파음은 파열음의 조음 단계 가운데 마지막 개방 단계가 생략된 소리로, [k˺], [t˺], [p˺]로 표시할 수 있다(7장 참고).

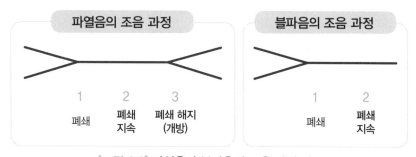

[그림 8.2] 파열음과 불파음의 조음 과정 비교

---

70) 음절말 평파열음화는 일종의 중화(neutralization) 현상으로 볼 수 있다. 중화는 대립되는 음소들이 특정 환경에서 그 대립을 상실하게 되는 현상을 가리킨다. 예를 들면 음절초에서 /ㅂ, ㅍ/는 변별적이지만, 음절말에서는 입[입], 잎[입]과 같이 대립성을 잃게 된다. 이때 '/ㅂ, ㅍ/는 음절말에서 중화가 일어났다'고 한다.

③ 평파열음화와 받침 발음

음절말 평파열음화는 홑받침의 발음 규칙에 잘 나타난다.

홑받침	발음
ㄱ, ㅋ, ㄲ	/ㄱ/ [k˺]
ㄷ, ㅌ, ㅅ, ㅆ, ㅈ, ㅊ	/ㄷ/ [t˺]
ㅂ, ㅍ	/ㅂ/ [p˺]

[표 8.1] 평파열음화와 홑받침 발음

(2) 자음군 단순화

① 자음군 단순화란?

자음군 단순화는 음절말에 두 개의 자음이 놓일 때 이 중 한 자음이 탈락하는 음운 현상을 말한다. 음절말에 한 개의 자음만이 올 수 있다는 음절 구조 제약으로 인해 일어나는 현상이다. 현대 한국어에서 가능한 자음군은 'ㄳ, ㄵ, ㄶ, ㄺ, ㄻ, ㄼ, ㄽ, ㄾ, ㅄ, ㅀ, ㅄ', 11가지이다. 음절말에 이들 자음군이 올 때 하나가 탈락하게 된다.

표준발음법에 따르면 한국어 자음군은 다음의 자음으로 발음이 된다.[71]

자음군	발음
ㄳ	[ㄱ]
ㄺ	*[ㄱ]
ㄵ	[ㄴ]
ㄶ	[ㄴ]
ㄽ	[ㄹ]
ㄾ	[ㄹ]
ㅀ	[ㄹ]
ㄼ	*[ㄹ]
ㄻ	[ㅁ]
ㄿ	[ㅂ]
ㅄ	[ㅂ]

---

71) *가 있는 항목은 예외가 있는 항목이다.

② 앞 자음이 발음되는 경우

- ᆪ [ㄱ] : 몫[목], 삯[삭], 넋[넉]
- ᆬ [ㄴ] : 앉다[안], 얹다[언]
- *ᆲ [ㄹ] : 넓다[널], 여덟[덜]
- ᆳ [ㄹ] : 돐[돌], 외곬[골]
- ᆴ [ㄹ] : 핥다[할], 훑다[훌]
- ᆹ [ㅂ] : 없다[업ː], 값[갑]
- ᆭ [ㄴ] : 않는[안], 많은[만]
- ᆶ [ㄹ] : 잃다[일], 닳다[달]

11개 자음군 가운데 'ᆪ, ᆬ, ᆲ, ᆳ, ᆴ, ᆹ, ᆭ, ᆶ'의 8개 자음군은 앞의 자음이 발음된다. 단, 'ᆲ'의 발음은 예외가 있다. 일반적으로 '넓다[널따]'와 같이 앞의 자음이 발음되지만, 예외적으로 '밟-'의 'ᆲ'은 자음 앞에서 [ㅂ]으로 발음되고, '넓죽하다, 넓둥글다'의 '넓-'은 [넙]으로 발음한다.[72]

- 밟다[밥따], 밟지[밥찌], 밟고[밥꼬], 밟는[밤는]
- 넓죽하다[넙쭈카다], 넓둥글다[넙뚱글다].

③ 뒷자음이 발음되는 경우

- *ᆰ [ㄱ] : 읽습니다[익]
- ᆱ [ㅁ] : 삶다[삼]
- ᆵ [ㅂ] : 읊다[읍]

11개 자음군 가운데 'ᆰ, ᆱ, ᆵ'은 뒷자음이 발음된다. 단, 'ᆰ'은 예외가 있는데, 'ᆰ'은 'ㄱ' 앞에서는 [ㄹ]로 발음한다. 예를 들어, '맑고[말꼬], 읽겠습니다[일껟씀니다]'와 같이 발음이 된다.[73]

---

72) 표준발음법 제10항의 규정을 따른 것이다.
   제10항 겹받침 'ᆪ', 'ᆬ', 'ᆲ, ᆳ, ᆴ', 'ᆹ'은 어말 또는 자음 앞에서 각각 [ㄱ, ㄴ, ㄹ, ㅂ]으로 발음한다.
   넋[넉] 넋과[넉꽈] 앉다[안따] 여덟[여덜] 넓다[널따] 외곬[외골] 핥다[할따] 값[갑] 없다[업ː따]
   다만, '밟-'은 자음 앞에서 [밥]으로 발음하고, '넓-'은 다음과 같은 경우에 [넙]으로 발음한다.
   (1) 밟다[밥ː따] 밟소[밥ː쏘] 밟지[밥ː찌] 밟는[밥ː는 → 밤ː는] 밟게[밥ː께] 밟고[밥ː꼬]
   (2) 넓-죽하다[넙쭈카다] 넓-둥글다[넙뚱글다]
73) 어문 규정의 표준발음법 제11항에서 'ᆰ' 자음군에서 어느 자음이 탈락되느냐를 다음과 같이 정해 두고 있다.
   제11항 겹받침 'ᆰ, ᆱ, ᆵ'은 어말 또는 자음 앞에서 각각 [ㄱ, ㅁ, ㅂ]으로 발음한다.
   닭[닥] 흙과[흑꽈] 맑다[막따] 늙지[늑찌],   삶[삼ː] 젊다[점ː따] 읊고[읍꼬] 읊다[읍따]
   다만, 용언의 어간 말음 'ᆰ'은 'ㄱ' 앞에서 [ㄹ]로 발음한다.
   맑게[말께] 묽고[물꼬] 얽거나[얼꺼나]

② 교수 방법

1. 제시 방안 및 제시 시 유의 사항

(1) 음절말 자음 발음 교수 시 유의 사항

언어 가운데는 음절 구조 특성상 일본어, 중국어처럼 음절말에 자음이 오지 않거나 상당히 제한적으로 오는 언어도 있고, 한국어, 영어, 베트남어처럼 음절말에 다양한 자음이 오는 언어도 있다.

음절말 자음이 오지 않거나 제한적으로 오는 음절 구조인 언어권 학습자들은 음절말 자음을 발음할 때 음절 수를 늘려서 발음하거나 음절말 자음을 탈락시켜 발음하는 경향이 있다. 일본어 화자들이 전자에 해당하고 중국어 화자의 경우가 후자에 해당한다.

음절말에 자음을 허용하는 언어권 화자들도 학습자의 L1과 한국어의 음절말 자음의 음성적 특징이 다를 때 모국어 발음을 그대로 전이시킬 경우 문제가 될 수 있다. 예를 들어, 영어의 경우 음절말 자음을 허용하지만 한국어의 음절말 자음은 불파음인 데 반해 영어는 불파음이 아니라 파열음이다. 영어의 음절말 자음 발음 습관을 그대로 전이시킬 경우 받침 발음을 파열시켜 발음하게 된다. 예를 들어, 잎[입]의 [ㅍ]를 파열시켜 [이프]로 발음하면 한국인에게 [이프]로 들리게 되므로 반드시 불파시키도록 지도해야 한다.

(2) 겹받침 'ㄺ', 'ㄿ'의 발음 제시 방안

● ㄺ 제시 방안

'ㄺ'은 '읽다'나 '맑다'와 같이 초급 단어에도 많이 나타나는 받침이다. 발음 수업에서 배우기 전에 초급에서 말하기나 읽기에서 처음 나올 때부터 표준 발음에 유의해서 제시할 필요가 있다. 그리고 'ㄺ'의 발음을 교수할 때 'ㄺ'의 앞 자음이 실현되는 경우와 뒷자음이 실현되는 경우를 유형화해서 제시하는 것이 좋다.

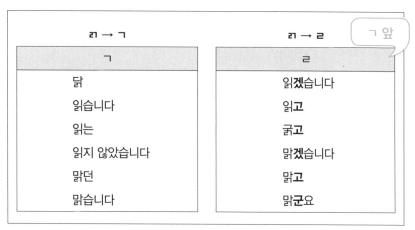

ㄹㄱ → ㄱ	ㄹㄱ → ㄹ ㄱ 앞
ㄱ	ㄹ
닭	읽**겠**습니다
읽습니다	읽고
읽는	굵고
읽지 않았습니다	맑**겠**습니다
맑던	맑고
맑습니다	맑**군**요

[표 8.2] ㄹㄱ 받침의 발음법 제시 예시

● ㄹㅂ 제시 방안

'ㄹㅂ' 역시 '여덟, 넓다'와 같이 초급에서부터 나타나는 받침이다. 'ㄹㅂ'이 'ㄹ'로 실현되는 경우는 초급부터 나타나는 데 반해, 'ㄹㅂ'이 'ㅂ'으로 발음되는 경우는 초급에서 나타나지 않는 단어거나 빈도가 높지 않은 표현이다. 따라서 초·중급에서 'ㄹㅂ' 발음은 'ㄹ'로 실현됨을 규칙화해서 제시하고, 'ㅂ'으로 발음되는 '밟다'는 해당 표현이 텍스트에 나올 때 단편적으로 제시하는 것이 좋겠다.

ㄹㅂ → ㄹ
여덟
넓다
넓군요
넓지
넓겠습니다

[표 8.3] ㄹㅂ 받침의 발음법 제시 예시

2. 학습자 언어권별 교수 시 유의 사항

영어, 중국어, 일본어, 베트남어를 중심으로 각 언어의 음절 구조 특징과 그에 따른 한국어 음절말 발음에 대한 오류의 경향성과 교수 시 유의 사항에 대해 하나씩 살펴보도록 하자.

(1) 영어권 학습자 교수 시 유의 사항

① 영어의 음절 구조

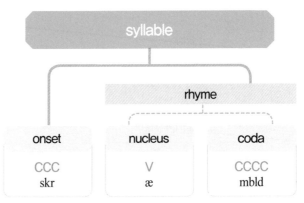

[그림 8.3] **영어의 음절 구조**

영어는 (CCC)V(CCCC)의 음절 구조이다. 초성과 종성에 자음군을 허용한다는 것이 한국어와 다른 큰 차이이다. 또, 한국어에서 종성, 즉 음절말 자음을 불파시키는 것과 달리, 영어는 음절말 자음군의 각 자음을 모두 파열시켜 발음한다.

② 영어권 학습자는 음절말 불파음을 파열시켜 발음하는 경향이 있다

영어권 학습자들은 한국어 음절말 자음을 발음할 때 파열시켜 발음하려 한다. 예를 들면, 부엌[부억]을 [부어ㅋ]으로 잎[입]을 [이ㅍ]로 발음해 한국인에게는 [부어크], [이프]로 들리게 된다.

조음 과정을 가시적으로 관찰하기 용이한 양순음의 경우를 먼저 연습시킨다. '입'과 '잎'을 발음시키면서 입술을 너무 빨리 떼면 파열이 일어나므로 입술을 붙인 채 잠시 유지하게 한다. 학생들 중 [이프]로 발음하는 사람이 있으면 입 모양을 보고 누구의 오류인지 찾아내어 교정해 줄 수 있다.

③ 음절말 자음군의 자음을 모두 발음하려 한다

영어는 음절말 자음군을 허용하기 때문에, 영어권 한국어 학습자는 그것을 한국어 겹자음 발음에 전이시켜 겹자음을 발음할 때 자음을 둘 다 실현시켜 발음하려 한다. 예를 들어, 닭[닥]을 [달ㄱ]으로 발음한다.

학생들에게 자음군 단순화에 대해 명시적으로 제시한다. 즉, 음절말에 자음군이 올 때 하나만 발음이 됨을 강조한다.

④ 음절말 설측음을 '흐릿한 l[ɫ]'로 발음한다

영어의 [l]은 변이음이 두 개이다. 하나는 한국어 설측음처럼 혀끝을 치조에 붙여서 분명하게 발음하는 '선명한 l(clear l, light l)'이고, 또 하나는 정확하게 [l]로 발음하지 않고 흘려 발음하는 '흐릿한 l(dark l)'이다. 음절초나 [y] 앞에서는 선명한 l인 [l]로 발음되고, 어말이나 음절말 자음 앞에서는 흐릿한 l인 [ɫ]로 발음이 되는 경우가 많다.

- [l] : light[lait], play[plei], value[vælju]
- [ɫ] : milk[miɫk], feel[fi:ɫ]

이러한 '흐릿한 l' 발음을 전이시켜 영어권 학습자는 한국어 음절말 설측음을 [ɫ]로 발음하려는 경향이 있다. 딸기[t'aɫgi]로 발음하면 한국인에게 [따으기]처럼 어색하게 들리게 된다.

- 딸기[t'aɫgi] [*따으기]
- 달[taɫ] [*다으]

영어권 학습자가 음절말 설측음을 흐릿하게 발음하는 이러한 오류를 피하기 위해서는 음절말에 오는 설측음의 조음 방법을 강조할 필요가 있다. 혀끝을 치조에 갖다 댄 채로, 즉 치조에 붙인 채로 공기를 흘려보내야 한다는 것을 강조한다(7장 참고).

(2) 중국인 학습자 교수 시 유의 사항

① 중국어의 음절 구조

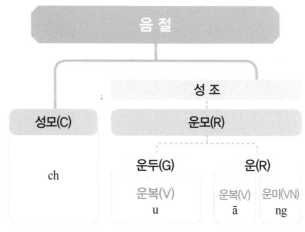

[그림 8.4] 중국어의 음절 구조

중국어의 음절 구조는 (C)V(N)이다. 음절말은 비음 'n[n], ng[ŋ]'에 한해 자음이 제한적으로 허용된다. 한국어 음절 구조가 초성, 중성, 종성으로, 삼분적인 데 반해, 중국어의 음절 구조는 성모와 운모로, 이분적이다. 모든 성모는 자음이고, 대부분의 운모는 모음이지만 자음인 'n, ng'로 끝나는 음절도 있다. 중국어 화자에게 음절말 비음 'n, ng'는 선행하는 모음에 결합된 하나의 요소, 즉 모음으로 인식이 된다는 특징이 있다.

② 중국인 학습자는 음절말 자음을 탈락시키는 경향이 있다

중국인 학습자들은 중국어가 음절 구조상 음절말 자음이 비음에 한해 제한적으로나마 실현됨에도 불구하고, 성모와 운모의 이분적인 중국어 음절 구조 특징으로 인해, 한국어의 음절말 자음에 대해 잘 인식하지 못한다. 이 장의 앞부분에서 언급하였듯 중국어에서 음절말 자음에 선행하는 모음이 결합된 비모음을 하나의 모음으로 인식한다. 즉, 중국어 음절 구조를 (C)V로 인식한다.

그 결과, 한국어의 음절말 자음을 탈락시켜서 발음하는 오류를 발생시키는 경향이 있다. 예를 들면, '대학교[대학꾜]'를 [대하교]로, '복잡해요[복짜패요]'를 [보짜패요]로 발음한다. 특히, 음절말의 /ㄷ/, /ㄱ/ 발음의 경우 학습자의 L1의 영향으로 잘 들리지 않고, 조음하는 것이 눈으로 보이지 않아 학습자들이 아예 발음을 하지 않는 경우가 빈번하다. 예를 들어 '꽃'과 '꼭'을 모두 /꼬/로 발음한다.

- 대학교[*대하교], 복잡해요[*보짜패요]
- 꽃[*꼬], 꼭[*꼬]

/꼳/을 정확하게 발음하게 하기 위해서는 음절초에서 'ㄷ' 소리가 나는 '다'를 반복하는 '다다다다'를 조음해 보게 한다. 이때 그 조음 위치를 기억하라고 한다. 그러고 나서 음절말의 /ㄷ/을 발음할 때도 혀가 그 위치에 가 닿아 머물어야 함을 알려 준다.

③ 음절말 설측음을 권설음으로 발음하는 오류를 발생시킨다

중국인 학습자들은 음절말 /ㄹ/를 발음할 때 권설음으로 발음하는 경향이 있다. 설측음의 조음 방법을 시각적으로 제시하고 권설음과 구분해 주어야 한다.

가을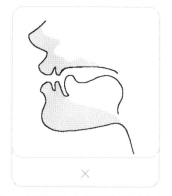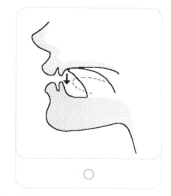

$\times$ $\bigcirc$

[그림 8.5] 권설음과의 변별 설명을 위한 설측음 그림 자료 예시

(3) 일본인 학습자 교수 시 유의 사항

① 일본어의 음절 구조

일본어의 음절 구조는 (C)V 구조로 음절말 자음을 허용하지 않는 음절 구조이다.[74]

② 일본인 학습자는 음절말 자음이 있는 음절을 발음할 때 음절 수를 늘려 발음한다

일본인 학습자는 음절말 자음이 있는 음절을 발음할 때 모음을 삽입해서 음절 수를 늘려서 발음하는 경향이 있다. 음절말 자음을 발음할 때 한국어의 /으/와 /우/의 중간 정도로 들리는 [ɯ]를 삽입해 발음한다. 예를 들어 '김치'를 [기므치~기무치]로, '할머니'를 [하르머니~하루머니]로 발음하는 오류를 발생시킨다. 음절말 자음의 조음 방법을 설명하고, 음절 수를 늘려 발음하지 않도록 주의시켜야 한다.

- 김치[*기므치~기무치], 거울[*거우르~거우루],
  할머니[하르머니~하루머니]

---

74) 이 밖에도 음절말에 특수 음소를 가지는 CVQ, CVN의 음절 구조도 있다. 하지만 음절말에 특수 음소가 오는 음절은 음절로서의 독립성이 부족하여 음절과 관련한 내용으로 다루는 것은 문제가 될 수 있다(박창원 외 2004). 음절말에 특수 음소를 가지는 음절은 대체로 어말에 오지 못하고, 자음이 후행하는 환경에서 실현된다. 또, 음성학적으로는 특수 음소인 /N/, /Q/가 음절말에 오는 CVN, CVQ이 가능하더라도, 음운론적으로는 /N/, /Q/는 독립적인 하나의 음절로 인식이 되기 때문에 특수 음소가 음절말에 오는 경우를 일본어의 일반적인 음절 유형에 포함시키지 않는다.

(4) 베트남인 학습자 교수 시 유의 사항

① 베트남어의 음절 구조

베트남어는 (C)V(C)의 음절 구조이며, 한국어와 마찬가지로 음절말에 장애음이 올 때 불파음으로 실현된다. 베트남어의 음절말에 올 수 있는 자음은 /-m, -p, -t, -k, -n, -ŋ/ 6개이다. 한국어와 달리 음절말에 유음을 허용하지 않는다.

② 음절말 /ㄹ/을 /ㄴ/으로 발음하는 오류

베트남인 학습자들은 한국어 음절말 자음을 발음할 때 /ㄹ/를 /ㄴ/로 발음하는 오류를 발생시킨다. 예를 들면 '달'을 [단]으로, '말'을 [만]으로, '물'을 [문]으로 발음하는 경우가 있다.

- 달[*단], 말[*만], 눈물[*눈문]

※ 한국어 음절말 자음의 오류에서 관찰되는 흥미로운 특징

한국어 음절말 자음을 발음할 때 학습자의 언어권에 따라 오류 유형이 달리 나타난다. 중국인 학습자는 음절말 자음을 탈락시키고, 일본인 학습자는 모음을 삽입해서 음절 수를 늘려서 발음한다. 베트남인 학습자의 경우는 대치시키는 오류를 발생시킨다. 그리고 영어권 학습자는 음절 구조의 문제는 없으나 음절말 자음을 파열시켜 발음하는 오류를 일으키므로 역시 대치 오류를 발생시킨다.

- 중국인 학습자 : 탈락   예) 팥[*파], 대학교[*대하교]
- 일본인 학습자 : 첨가   예) 거울[*거우루], 할머니[*하루머니]
- 영어권 학습자 : 대치   예) 부엌[puʌk], 달[taɫ]/[tar]
- 베트남인 학습자 : 대치   예) 말[*만], 물[*문]

※ **자모 수업에서의 받침 발음 제시 순서**

> ㅂ, ㅁ → ㄴ / ㅇ → ㄹ / ㄱ → ㄷ

　양순음 계열 'ㅁ, ㅂ' 받침부터 시작하는 것이 좋다. 양순음 계열 받침을 먼저 가르칠 경우, 학습자가 음절말 자음을 불파시켰는지 아니면 파열시켰는지를 눈으로 확인하기 용이하다. 'ㄷ'의 경우 학습자들이 소리를 잘 인식하지 못하는 경향이 있는데다가 여러 자음이 음절말에서 'ㄷ'로 발음이 되어 교수·학습 난이도가 높으므로 마지막에 제시하는 것이 좋다.

3. 학습 활동 예시

● **〈변별 연습: 음절말 자음〉** 들은 것을 찾게 한다.

① [간] : 간 / 감 / 강

② [단] : 단 / 달 / 당

③ [안] : 압 / 안 / 앋

④ [밥] : 밥 / 밤 / 받

⑤ [갈] : 갈 / 간 / 강

● **〈단어 읽기: 홑받침 연습〉** 각 받침의 발음에 유의하며 소리 내어 읽게 한다.

① 한국, 책, 학생, 부엌,

② 산, 눈, 문, 반지, 시간

③ 옷, 꽃, 낮, 밭,

④ 한강, 방, 빵, 창문

⑤ 잎, 옆, 무릎,

⑥ 팔, 쌀, 불고기

⑦ 입, 밥, 수업

⑧ 밤, 김, 꿈, 침대

● 〈소리 나는 대로 쓰기: 겹받침 연습〉 소리 나는 대로 쓰게 한 후, 여러 번 소리 내 읽게 한다.

① 여덟   : [여덜   ]

② 없고   : [   ]

③ 읽는   : [   ]

④ 읽겠습니다 : [   ]

⑤ 맑습니다   : [   ]

⑥ 넓습니다   : [   ]

⑦ 삶습니다   : [   ]

⑧ 밟지   : [   ]

제 9 장

연음화

격음화

☐ 한국어 연음 규칙의 원리를 이해한다.

☐ 격음화 원리를 이해하고 맞게 적용할 수 있다.

☐ 연음과 격음화 교육 방안에 대해 생각해 본다.

 본 강의

1 연음화

    1. 규칙의 특징

    2. 교수 방법

2 격음화

    1. 규칙의 특징

    2. 교수 방법

① 연음화

1. 규칙의 특징

(1) 연음

연음은 자음으로 끝나는 음절 뒤에 모음이 올 때, 앞 음절의 종성이 뒤 음절의 초성으로 옮겨져서 발음되는 것을 말한다. 한국어에서 연음은 단어 내에서도 일어나지만 단어와 단어 간에도 일어난다.[75]

- 단어 내 : 직업[지겁], 만약[마냑], 얼음[어름], 할아버지[하라버지], 금요일[그묘일], 입원[이붠], 웃어요[우서요], 찾아요[차자요]
- 단어와 단어 간: 맘 아파도 [마마파도], 밥 없어요[바법써요]

한국어 연음 현상은 선행하는 음절의 음절말 자음이 뒤 음절의 초성으로 그대로 연음이 일어나는 경우와 선행 음절의 음절말 자음에 음절말 끝소리 규칙이 먼저 적용된 후에 연음이 되는 경우가 있다. 바로 연음이 되는지 혹은 음절말 끝소리 규칙이 먼저 적용이 된 후에 연음이 되는지는 후행하는 형태소의 유형에 따라 결정이 된다.

(2) 음절말 자음이 그대로 연음이 되는 경우

음절말 자음이 조사, 어미, 접사와 같은 형식 형태소와 결합할 때에 앞음절의 음절말 자음은 뒤 음절 초성으로 옮겨 발음한다.[76] 홑자음의 경우에 그대로 뒤 음절 초성으로 옮겨 발음하고, 겹자음의 경우는 하나는 선행

---

75) 연음 현상이 일어날 때 음절의 경계에 변화가 생기기 때문에 연음화는 일종의 음절의 재구조화 혹은 재음절화 현상(resyllabification)으로 볼 수 있다.

직 업		/ 지 겁 /
(CVC.VC)	➡	(CV.CVC)

76) 형식 형태소와 실질 형태소
- 형식 형태소 : 형식 형태소는 실질적인 의미가 없고 문법적 기능을 더하는 형태소로, 문법 형태소라고도 한다. 조사, 어미, 접사가 형식 형태소에 속한다.
  예) 에서, 은/는, 이/가, -아/어도, -(으)면, -이
- 실질 형태소 : 실질 형태소는 실질적인 의미가 있는 형태소를 가리키며 어휘 형태소라고도 한다. 명사, 동사, 형용사, 부사가 실질 형태소에 속한다.
  예) 책상, 꽃, 깨끗하-, 먹-, 많-

음절의 음절말에 두고, 하나는 후행 음절의 초성으로 옮겨 발음한다.[77]

① 홑자음+형식 형태소

- 조사 : 옷이[오시], 낮이[나지], 꽃을[꼬츨], 부엌에[부어케],
  밭에[바테]
- 어미 : 먹으면[머그면], 감아도[가마도], 있어요[이써요], 먹은[머근]
- 접사 : 먹이[머기], 손잡이[손자비], 깊이[기피]

② 겹자음+형식 형태소

- 조사 : 값이[갑씨], 닭을[달글], 삶을[살믈]
- 어미 : 읽어요[일거요], 맑은[말근], 앉은[안즌], 없어요[업써요],
  굵어도[굴머도], 핥은[할튼]

(3) 음절말 평파열음화가 먼저 적용된 후에 연음이 일어나는 경우

연음 법칙은 뒤에 오는 음절의 첫 소리가 모음이라고 해서 언제나 일어나는 것은 아니다. 음절말 자음에 실질 형태소가 후행할 때는 선행하는 음절의 종성이 뒤 음절 첫 소리로 바로 연음되지 않고, 음절말 평파열음화가 먼저 적용된다. 홑자음의 경우 음절말 평파열음화가 일어난 후에 연음이 된다. 그리고 겹자음의 경우는 자음군 단순화가 먼저 일어난 후에 연음이 된다.[78]

① 홑받침+실질 형태소

- 겉옷[걷옷] → [거돋], 헛웃음[헏웃음]→[허두슴],
- 옷 안[온안] → [오단], 꽃 위[꼳위] → [꼬뒤],
- 부엌 안 [부억안]→ [부어간], 잎 위[입위] → [이뷔]

---

77) 관련 어문 규정
표준발음법 제13항 홑받침이나 겹받침이 모음으로 시작된 조사나 어미, 접미사와 결합되는 경우에는, 제 음가 대로 뒤 음절 첫 소리로 옮겨 발음한다.

깎아[까까]	옷이[오시]	있어[이써]	낮이[나지]
꽂아[꼬자]	꽃을[꼬츨]	쫓아[쪼차]	밭에[바테]

78) 관련 어문 규정
제15항 받침 뒤에 모음 'ㅏ, ㅓ, ㅗ, ㅜ, ㅟ'들로 시작되는 실질 형태소가 연결되는 경우에는, 대표음으로 바꾸어서 뒤 음절 첫 소리로 옮겨 발음한다.

밭 아래[바다래]	늪 앞[느밥]	젖어미[저더미]	맛없다[마덥따]
겉옷[거돋]	헛웃음[허두슴]	꽃 위[꼬뒤]	

② 겹받침+실질 형태소

- 닭 위에[다귀에], 값 없는[가범는], 흙 위에[흐귀에]

2. 교수 방법

(1) 제시 방안 및 제시 시 유의 사항

① 명시적인 교수의 필요성

한국어 모어 화자들은 모음에 선행하는 음절말의 자음을 연음시켜 발음하는 것을 당연시하며 학습자들도 그러하리라 기대한다. 하지만, 연음 현상이 일어나지 않는 언어가 많아 명시적으로 교수하지 않고 자연스럽게 습득하기를 기대하기는 힘들다. 연음 규칙에 대한 습득이 제대로 이루어지지 않을 때 학습자들은 한국인의 자연스러운 연속 발화를 듣고 이해하는 데 어려움을 겪을 수 있고, 학습자가 발화를 할 때에도 연음을 시키지 않고 글자 그대로 발음을 하여 상당히 어색하게 들릴 수 있음을 유념해야 한다.[79]

② 후행하는 음절의 초성의 빈자리를 시각적으로 제시한다

연음 규칙을 교육할 때는 후행하는 요소의 첫 음절이 모음일 때 'ㅇ' 자리가 음성적으로 빈자리임을 시각적으로 제시하는 것이 좋다. 앞 음절의 음절말에 오는 자음, 즉 받침이 뒤로 가서 빈자리를 채우는 것을 보여 주면 학습자들을 쉽게 이해시킬 수 있다.

옷이	옷 + ㅣ ➡ [오시]
입어요	입 + ㅓ요 ➡ [이버요]

[표 9.1] 연음 규칙 제시 예시

---

79) 한국인이 영어를 배울 때도 영어의 구어체 연음 체계를 이해하지 못하면 듣기 이해에 문제가 생길 수 있다. '그 여자 그냥 내버려 둬.'의 'Let her alone.'을 '편지만'의 'letter alone'으로 잘못 듣는 일이 생길 수도 있다.
  - Let her alone. [letər əloun]
  - Letter alone. [letər əloun]

③ 1급부터 지속적으로 교수한다

연음은 1급부터 가르칠 필요가 있다. 자음으로 끝난 체언이 조사 '이', '을', '은'과 같이 모음으로 시작하는 조사를 취하는 경우도 많고, 용언의 경우도 '-아/어-'로 시작되는 '-아/어요'와 같은 종결어미를 취하는 표현이 1급의 아주 초기부터 출현하기 때문이다. '-아/어-'로 시작되는 '-아/어서', '-아/어도'와 같은 연결어미나 '-으-'로 시작되는 '-으면', '-으니까'도 초급에서 학습하는 문법이며 빈도 또한 높은 표현들이므로 이러한 표현들이 나올 때 일관된 태도로 지속적으로 연음을 시키도록 유도하면 중·고급에서 새로운 표현이 나올 때도 학습자들이 자연스럽게 연음을 시킬 수 있을 것이다.

(2) 학습자 언어권별 교수 시 유의 사항

① 영어권 학습자 교수 시 유의 사항

1) 영어의 연음 현상

연음은 종성에 자음이 배치되는 일을 피하고 초성에 자음을 배치하도록 음절을 재구조화하는 현상으로 많은 언어에서 일어나는 보편적인 음운 현상에 해당한다. 영어의 경우, 음절말 자음이 있는 음절 구조이며, 한국어와 유사하게 음절말 자음 다음에 모음이 후행할 때 연음 현상이 일어난다. 영어의 연음은 단어와 단어 사이에서도 활발히 일어나는 것이 특징이다.

- 단어 내 : passionate[pæ.ʃə.nət] *[pæ.ʃən.ət]
  picker[pí.kər] *[pík.ər]
  shooter[ʃú:.tər] *[ʃú:t.ər]
- 단어와 단어 간 : hold it[hould it] → [houl dit]
  stop it[stɔp it] → [stɔ pit]
  can I come in[kæn ai cʌm in] → [kæ nai cʌ min]
  what time is it[wat taim iz it] → [wa tai mi zit]

2) 연음을 적용하지 않는 오류

영어에서 단어 내에서나 단어와 단어 간에 재음절화, 즉 연음화가 일어남에도 불구하고 영어권 학습자들은 한국어 단어를 발음할 때 연음을 시키지 않고 글자 그대로 발음하는 오류를 빈번히 일으킨다. 영어 알파벳이 풀어쓰기를 하고 있는 것과 달리, 한글은 음절별로 조합해서 쓰는 모아쓰기 방식을 취하고 있어서, 영어권 학습자들이 한국어를 볼 때 시각적으로 선행 음절의 종성 자음이 선행 음절에 고정된 것으로 보일 것이다. 아마도 그러한 이유로 연음을 시키려는 시도를 하는 확률이 낮은 것으로 추측이 된다. 따라서 연음이 일어나는 영어를 모어로 하는 영어권 학습자에게도 다른 언어권 학습자들과 마찬가지로 한국어 연음 현상을 명시적으로 가르칠 필요가 있겠다.

3) w계 이중모음 앞의 음절말 자음을 연음시키지 않는 오류를 일으킨다

영어에서 반모음 w는 한국어 반모음 w와 유사하지만 한국어와 달리 영어는 w가 자음으로 인식된다. 그 때문에 영어권 학습자들은 한국어를 발음할 때 w계 이중모음이 올 때 앞의 자음을 연음시키지 않는 오류를 발생시킨다.

- 학원[*학원], 국외[*국외], 학위[*학위]

w계 이중모음 앞의 음절말 자음의 연음은 다른 음운 환경에 비해 더욱 강조해서 훈련시킬 필요가 있다.

② 중국인 학습자 교수 시 유의 사항

1) 중국어는 연음이 일어나지 않는다

중국어의 경우, (C)V(N) 구조로, 음절말에 비음 /n/, /ŋ/에 한해 자음이 올 수 있지만, 이 비음이 연음되지는 않는다.

2) 중국인 학습자는 연음을 적용하지 않는 오류를 일으킨다

중국인 학습자들은 한국어를 할 때 다음과 같이 연음을 잘 적용시키지 않는 오류를 보일 수 있다.

- wǎn'ān [wan.an] [*wa.nan]
- Tiān'ānmén [tien.an.men] [*tie.nan.men]
- 월요일[*월요일], 금요일[*금요일], 우산이[*우산이]

③ 일본인 학습자 교수 시 유의 사항

일본어의 경우 음절말에 자음을 허용하지 않는 (C)V의 음절 구조이며 연음이 일어나지 않는다.[80] 그렇기 때문에 일본인 학습자에게 연음을 강조하지 않으면 철자 그대로 읽는 경향이 있다.

④ 베트남인 학습자 교수 시 유의 사항

베트남어는 한국어와 같은 (C)V(C)의 음절 구조이지만, 한국어와 달리 음절말 자음이 연음되지 않는다. 베트남어는 연음시켜 발음하면 오히려 의미가 달라진다. 그렇기 때문에 베트남인 학습자들에게 한국어 연음을 교수할 때 베트남어의 경우와 차별성을 강조하며 명시적으로 가르칠 필요가 있다.

- ô mai (매실장아찌) ≠ ôm ai (껴안다)
- mộ tổ (조상의 묘) ≠ một ổ (한 둥지)

※ 음운 규칙의 교수 · 학습 원리

● 조음 방법이 아닌 '규칙'의 교수 · 학습이 중요

한국어 음운 규칙을 교수할 때는 학습자가 원리에 대해 이해하고 적절한 환경에서 규칙을 적용할 수 있게 하는 것이 가장 중요하다. 분절음이나 음절 발음의 경우, 학습자가 조음 방법을 모르거나 조음 방법을 알아도 조음이 어려워 오류가 나타난다. 그런데 음운 규칙의 경우는 발음 자체가 불가능한 것이 아니라 규칙을 모르는 것이 오류의 주된 원인이 된다.

따라서 원어민 발음을 듣고 따라하는 연습보다는 규칙에 대한 설명이나 학습자가 스스로 규칙을 찾아내는 과정을 통해 해당 규칙을 이해시키고, 새로운 단어에도 규칙을 맞게 적용시킬 수 있게 하는 연습을 하는 것이 좋다. 이러한 연습을 통해 일상생활에서도 음운 규칙을 적용시켜 자연스럽게 발음을 할 수 있게 하는 것이 중요하다.

● 음운 현상도 언어 특수적인 현상임을 고려해야 함

한국어에서 빈번히 일어나는 다양한 음운 현상이 다른 언어에서는 일어나지 않는 경우가 많다. 한국어 사용 환경에 노출되는 것만으로 자연스럽게 습득될 것이라 기대하기 어렵다. 규칙을 명시적으로 교수할 필요가 있다.

---

80) 일본어는 음성학적으로는 특수 음소인 /N/, /Q/가 음절말에 오는 (C)V(N), (C)V(Q)가 가능하다 하지만, 음운론적으로는 /N/, /Q/는 독립적인 하나의 음절로 인식되기 때문에 특수 음소가 음절말에 오는 경우를 일본어의 일반적인 음절 유형으로 보지 않는다(8장 참고).

(3) 학습 활동 예시

● **〈소리 나는 대로 써보기: 연음〉** 어말이 자음으로 끝나는 단어 다음에 조사나 어미가 오는 경우의 발음 방법을 익히도록 소리 나는 대로 써 보게 한다.

①
단어 \ 조사	이	을	은
책	채기	채글	채근
창문			
손			
사람			
연필			
김밥			

②
단어 \ 조사	-아/어요	-(으)면	-(으)ㄹ까요
먹다	머거요	머그면	머글까요
웃다			
잡다			
높다			
작다			

● **〈소리 나는 대로 쓰기: 연음 적용 환경 판단 연습〉**
소리 나는 대로 쓰고 여러 번 읽는 연습을 하게 한다.

① 겉옷 [거돋], 겉에 [거테], 겉은 [거튼]
② 끝에 [　　　], 끝은 [　　　], 끝이 [　　　]
③ 꽃잎 [　　　], 꽃에 [　　　], 꽃 위에 [　　　]
④ 잎 위 [　　　], 잎을 [　　　], 잎 옆에 [　　　]
⑤ 옷 안 [　　　], 옷에 [　　　], 옷이 [　　　]

● **〈문장에서 소리 나는 대로 읽기: 연음〉** 단어와 단어 간에서 일어나
는 연음 현상을 연습하여 실제 발화에서도 자연스럽게 발음할 수
있도록 한다.

① 자리에서 <u>일어나요.</u>
② 연필 좀 <u>집어</u> 주세요.
③ <u>집에</u> 갈 거예요.
④ 지훈 씨는 <u>계란을</u> 안 먹어요.
⑤ 이제 <u>밥 없어요?</u>
⑥ 시험 떨어졌을 때 <u>맘 아팠죠.</u>
⑦ 오늘은 <u>수박 없어요?</u>

 격음화

1. 규칙의 특징

(1) 격음화

격음화는 평파열음 'ㄱ, ㄷ, ㅂ'과 평파찰음 'ㅈ'이 앞이나 뒤의 'ㅎ'과 결합
하여 격음으로 바뀌는 음운 현상이다. 유기음화 또는 거센소리되기라고도
한다. 격음화에는 선행 음절의 음절말 'ㅎ'과 후행하는 음절 초성의 'ㄱ, ㄷ,
ㅂ, ㅈ'이 결합해 'ㅋ, ㅌ, ㅍ, ㅊ'이 되는 순행적 격음화와 선행 음절의 음절
말 'ㄱ, ㄷ, ㅂ, ㅈ'과 후행하는 음절 초성의 'ㅎ'이 결합해 'ㅋ, ㅌ, ㅍ, ㅊ'이
되는 역행적 격음화가 있다.

(2) 순행적 격음화와 역행적 격음화

① 순행적 격음화
• 규칙 : ㅎ + ㄱ, ㄷ, ㅂ, ㅈ → ㅋ, ㅌ, ㅍ, ㅊ
• 예시 : 어떻게[어떠케], 좋고[조코], 그렇지만[그러치만],
　　　　하얗다[하야타], 낳지[나치], 잃지[일치], 끊고[끈코]

② 역행적 격음화

- 규칙 : ㄱ, ㄷ, ㅂ, ㅈ + ㅎ → ㅋ, ㅌ, ㅍ, ㅊ
- 예시 : 입학[이팍], 생각하고[생가카고], 솔직히[솔찌키],
  입히다[이피다], 막히다[마키다], 읽히다[일키다],
  못해요[모태요], 따뜻해요[따뜨태요]

(3) 격음화 적용 범위

격음화는 단어 내에서뿐만 아니라 단어와 단어 간에도 일어나는 현상이다.
- 단어 내 : 축하[추카], 법학[버팍]
- 단어와 단어 간 : 수업 후에[수어푸에], 옷 한 벌[오탄벌],
  국 한 그릇[구칸그른], 입학식 후에[이팍씨쿠에]

2. 교수 방법

(1) 제시 방안 및 제시 시 유의 사항

① 격음화는 1급부터 교수해야 하는 항목임에 유의한다

격음화는 초급 표현에서도 상당히 빈번히 나타나는 음운 현상이다. 어간
의 음절말이 'ㄱ, ㄷ, ㅂ'인 '생각하다, 지각하다, 수업하다'와 같은 초급 용
언이나, '좋다, 놓다, 넣다, 하얗다'와 같은 ㅎ불규칙 용언이 연결어미 '-고,
-지'와 결합하는 것도 격음화의 대상이 된다. 또, 'ㄱ, ㄷ, ㅂ, ㅈ'가 어말에 오
는 단어들 다음에 조사 '하고'가 오는 경우도 격음화가 일어나는 환경이다.

② 규칙과 예시를 유형화시켜서 제시하도록 한다

예시와 함께 유형화시켜 제시하여, 학생들이 격음화 규칙을 유추하여 습
득할 수 있게 한다.

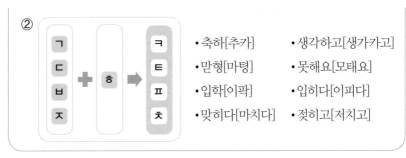

[그림 9.1] **격음화 규칙 제시 방법 예시**

③ 적용 범위에 따라 단계적으로 제시한다

단어 내에서 일어나는 격음화를 먼저 제시하고 강세구 범위에서 격음화가 일어나는 경우로 범위를 넓혀 가며 단계적으로 제시한다.

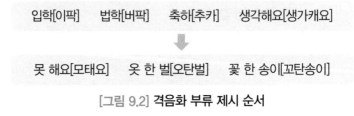

[그림 9.2] **격음화 부류 제시 순서**

(2) 학습자 언어권별 교수 시 유의 사항

① 영어권 학습자 교수 시 유의 사항

1) 영어의 격음화

영어에도 격음화가 일어난다. 하지만 영어의 격음화는 단어 내에서 일어나지 않고, 단어와 단어 간에 일어나는 현상이다. 영어의 격음화는 한국어의 단어 내에서 일어나는 격음화의 경우와 달리 필수적으로 일어나는 현상이 아니라 선택적으로 일어나는 현상이다.

- 단어와 단어 사이 : cup holder[cʌp#houldər/cʌpʰouldər]
  bag holder[bæg#houldər/bækʰouldər]
- 단어 내 : uphold[ʌphould], adhere[ædhiər], ghost[goust],

2) 격음화를 적용하지 않는 오류

영어권 학습자들은 한국어를 발음할 때 단어와 단어 사이에 격음화가 적용될 때의 발음에는 문제가 없을 때가 많지만, '단어 내에'서 격음화를 적용해야 할 때 적용하지 않고 발음하는 오류를 범하는 경우가 많다. 따라서 영어권 학습자에게는 단어 내에 일어나는 격음화에 대한 연습을 강화할 필요가 있다.

- 입학[*입.학], 한국학[*한국.학], 맞히다[*맏.히다]

② 중국인, 일본인 학습자 교수 시 유의 사항

중국어와 일본어는 음절 구조 특성상 장애음과 /h/가 연쇄되는 환경이 나타나지 않는다. 따라서 중국어와 일본어는 격음화가 일어나지 않는다. 중국인, 일본인 학습자는 한국어를 발음할 때 격음화를 적용시키지 않고 철자 그대로 발음하는 경향이 있으므로, 격음화 규칙을 명시적으로 교수할 필요가 있다.

(3) 학습 활동 예시

- 〈소리 나는 대로 쓰기: 단어 내〉 학생들에게 격음화가 일어나는 단어의 목록을 주고 먼저 소리 나는 대로 써 보게 한다. 교사는 학생들이 맞게 썼는지 확인한 후 여러 번 소리 내 읽게 한다.

① 맏형	[마텽]	② 국회의원	[구퀘의원]
③ 무역회사	[ ]	④ 급히	[ ]
⑤ 솔직히	[ ]	⑥ 계속해서	[ ]
⑦ 놓고	[ ]	⑧ 쌓지	[ ]
⑨ 하얗고	[ ]	⑩ 많던	[ ]
⑪ 싫고	[ ]	⑫ 괜찮지요	[ ]
⑬ 익혀서	[ ]	⑭ 읽히는	[ ]

- 〈소리 나는 대로 쓰기: 강세구 단위〉 하나의 강세구로 읽었을 때 격음화가 일어나는 표현에 밑줄을 쳐 준다. 학생들에게 밑줄 친 부분을 '한번에 읽을 때' 어떻게 소리 나는지 소리 나는 대로 써 보게 한다. 맞게 썼는지 확인한 후 여러 번 소리 내 읽게 한다.

① 요즘은 옷 한 벌 사는 데 돈이 너무 많이 들어요.

[오탄벌]

② 꽃 향기가 좋네요.

   [   ]

③ 밥 한번 같이 먹기 힘드네요.

   [   ]

④ 국 한 그릇 더 주세요.

   [   ]

⑤ 젓가락 하나 주세요.

   [   ]

제 10 장

비음화

유음화

학습 목표

☐ 한국어 비음화 현상의 유형과 특징을 이해한다.

☐ 한국어 유음화 현상의 유형과 특징을 이해한다.

☐ 비음화와 유음화 교수 방안에 대해 생각해 본다.

본 강의

1 비음화

    1. 규칙의 특징

    2. 교수 방법

2 유음화

    1. 규칙의 특징

    2. 교수 방법

① 비음화

1. 규칙의 특징

(1) 비음화의 원리

비음화는 비음이 아닌 소리가 비음으로 바뀌는 것을 말한다. 한국어 비음화에는 비음 앞의 파열음이 후행하는 비음의 영향을 받아 비음으로 바뀌는 '장애음의 비음화'와 /ㅂ, ㄴ, ㄱ, ㅇ/에 후행하는 유음이 비음으로 바뀌는 '유음의 비음화' 두 유형이 있다.

① 음절 배열 제약과 비음화

장애음의 비음화와 유음의 비음화는 모두 음절말 제약에서 기인한 것이다. 장애음의 비음화는 비음 앞에 장애음이 올 수 없다는 제약에서 기인한 것이고, 유음의 비음화는 'ㄹ' 앞에는 'ㄹ' 이외의 어떠한 음절말 자음도 허용하지 않는다는 음절 배열 제약에서 기인한 것이다. 이 제약에 어긋날 때 앞 자음이 비음이 되거나, 장애음과 유음이 모두 비음이 된다(5장 참고).

- 비음 앞에 장애음이 올 수 없다.
  → 앞 자음이 비음화 된다. 장애음의 비음화가 일어남.
    예) 학년[항년]
- 'ㄹ' 앞에는 'ㄹ' 이외의 어떠한 음절말 자음도 허용하지 않는다.
  → 장애음과 유음이 모두 비음화 된다. 유음의 비음화가 일어남.
    예) 국력[궁녁]

② 공명도 조정의 관점에서 본 비음화의 원리

위에서 언급한 두 제약은 공통적으로 한국어에서 두 자음이 연속될 때 후행하는 음절의 초성의 공명도가 선행하는 음절의 종성의 공명도보다 클 수 없기 때문에 나타나는 현상이다. 결국 비음화는 후행 자음에 비해 공명도가 작은 자음이 선행될 때, '같은 조음 위치 내에서' 선행 자음의 '공명도를 한 단계 조정해서' 발음하는 과정에서 일어나는 일이다.

조음방법 (공명도) \ 조음위치	양순음	치조음	연구개음
장애음(1)	ㅂ	ㄷ	ㄱ
비음(2)	ㅁ	ㄴ	ㅇ
유음(3)	*	ㄹ	*

[표 10.1] 조음 위치 계열별 자음의 공명도

③ 공명도 조정의 예

- 장애음+비음 : 학년

    조정 이유 : ㄱ의 공명도가 ㄴ보다 낮음.

    → ㄱ의 공명도를 한 단계 높여 ㅇ으로.

    → 학년[항년]

- 비음+유음 : 담력

    조정 이유 : ㅁ의 공명도가 ㄹ보다 낮음.

    → ㅁ의 공명도를 높일 수 없으므로. ㄹ의 공명도를 한 단계 낮추어 ㄴ으로.

    → 담력[담녁]

- 장애음+유음 : 국력

    조정 이유 : ㄱ의 공명도가 ㄹ보다 두 단계 낮음.

    → ㄱ의 공명도를 높여 ㅇ으로, ㄹ의 공명도를 한 단계 낮추어 ㄴ으로.

    → 국력[궁녁]

(2) 장애음의 비음화

① 특징

장애음의 비음화는 평파열음 /ㄱ, ㄷ, ㅂ/이 비음 /ㄴ, ㅁ/ 앞에서 같은 조음 위치의 비음으로 바뀌는 음운 현상이다. /ㄱ/은 /ㄴ, ㅁ/ 앞에서 /ㅇ/으로 바뀌고, /ㄷ/은 /ㄴ/으로, /ㅂ/은 /ㅁ/으로 바뀐다. 장애음의 비음화는 역행 동화에 해당한다.[81]

---

81) 장애음이 비음 앞에서 비음이 되는 음운 현상은 장애음이 후행하는 비음에 동화되어 나타나는 현상으로, 비음이 아닌 음이 비음이 되는 '비음화'와 구분해 '비음 동화'라고 부르기도 한다.

- /ㄱ, ㄷ, ㅂ/, /ㄴ, ㅁ/ → /ㅇ, ㄴ, ㅁ/, /ㄴ, ㅁ/
- /ㄱ/+/ㄴ, ㅁ/ : 국물[궁물], 먹는[멍는], 부엌문[부엉문], 속마음[송마음]
- /ㅂ/+/ㄴ, ㅁ/ : 잡는[잠는], 앞만[암만], 없는[엄는], 값만[감만]
- /ㄷ/+/ㄴ, ㅁ/ : 닫는[단는], 놓는[논는], 갔냐고[간냐고], 끝나요[끈나요]

② 적용 범위

장애음의 비음화의 적용 범위는 단어와 단어 간에도 적용된다(12장 참고).
- 밥 먹었어? [밤머거써]
- 답 맞춰 봐. [담마춰봐]
- 여기 책 놓으면 안 돼. [여기챙노으면안돼]

※ 장애음의 비음화 관련 어문규정

● 표준발음법 제18항

받침 'ㄱ(ㄲ, ㅋ, ㄳ, ㄺ), ㄷ(ㅅ, ㅆ, ㅈ, ㅊ, ㅌ, ㅎ), ㅂ(ㅍ, ㄼ, ㄿ, ㅄ)'은 'ㄴ, ㅁ' 앞에서 [ㅇ, ㄴ, ㅁ]으로 발음한다.

> 먹는[멍는], 국물[궁물], 깎는[깡는], 키읔만[키응만], 긁는[긍는]
> 닫는[단는], 있는[인는], 놓는[논는], 잡는[잠는], 밥물[밤물], 앞마당[암마당]

[붙임] 두 단어를 이어서 한 마디로 발음하는 경우에도 이와 같다.

> 책 넣는다[챙넌는다], 흙 말리다[흥말리다], 옷 맞추다[온마추다],
> 밥 먹는다[밤멍는다], 값 매기다[감매기다]

---

(3) 유음의 비음화

① 특징

유음의 비음화는 유음 /ㄹ/이 /ㄹ/을 제외한 자음, 즉 /ㄱ, ㄴ, ㄷ, ㅁ, ㅂ, ㅇ/ 뒤에서 /ㄴ/으로 변하는 음운 현상이다.
- 규칙 : /ㄱ, ㄴ, ㄷ, ㅁ, ㅂ, ㅇ/, /ㄹ/ → /ㄱ, ㄴ, ㄷ, ㅁ, ㅂ, ㅇ/, /ㄴ/
- 예시 : 정리[정니], 종로[종노], 경력[경녁], 음운론[음운논],

음료수[음뇨수], 대통령[대통녕], 강릉[강능], 정류장[정뉴장],
입력 → (입녁) → [임녁]

② 적용 범위

유음의 비음화 현상 역시 단어 내뿐만 아니라, 단어와 단어 간에도 일어
난다.

- 매운 라면 좋아한다고 그랬지?
  [매운나면]
- 대중적인 리얼리티 방송
  [대중쩌긴니얼리티][82]

③ 유음의 비음화와 유음화의 비교

유음의 비음화는 /ㄴ/, /ㄹ/이 연쇄될 때 일어나는 일이므로 유음화와 유
사하게 보인다. 하지만 /ㄴ/, /ㄹ/이 연쇄될 때, 단어의 형태론적 성격에 따
라 유음의 비음화가 일어나거나, 유음화가 일어난다. 단어와 접사, 접사와
단어 경계에서 비음화가 적용되어 유음의 비음화가 일어나고, 한 단어 내
에서 /ㄴ/, /ㄹ/이 연쇄될 때는 역행적 유음화가 일어난다(10장 참고).

규칙	유음의 비음화	유음화
	/ㄴ/, /ㄹ/ → /ㄴ/, /ㄴ/	/ㄴ/, /ㄹ/ → /ㄹ/, /ㄹ/
환경	단어와 접사 경계	단어 내
예	의견-란[의견난]	신랑[실랑]
	결단-력[결딴녁]	훈련[훌련]
	음운-론[으문논]	관리[괄리]
	신-라면[신나면]	원래[월래]
	입원-료[이붠뇨]	곤란해요[골란해요]

[표 10.2] 유음의 비음화와 유음화 실현 환경 비교

---

82) 한국어 비음화는 조음 위치 내에서만 일어나는 현상이다. 일상 구어 발화 상황에서 간혹 '겉만[검만], 안마[암
마]'과 같은 위치 동화 현상이 관찰되기는 하지만, 음운 환경에 따라 일괄적으로 나타나는 현상도 아닐 뿐더러
표준 발음으로 인정하지 않는다.

※ 유음의 비음화 관련 어문규정

● 표준발음법 제19항

받침 'ㅁ, ㅇ' 뒤에 연결되는 'ㄹ'은 [ㄴ]으로 발음한다.

> 담력[담:녁], 침략[침:냑], 강릉[강능], 항로[항:노], 대통령[대:통녕]

* [붙임] 받침 'ㄱ, ㅂ' 뒤에 연결되는 'ㄹ'도 [ㄴ]으로 발음한다.

> 막론[막논→ 망논], 백리[백니→ 뱅니], 협력[협녁→혐녁], 십리[십니→ 심니]

● 표준발음법 제20항

'ㄴ'은 'ㄹ'의 앞이나 뒤에서 [ㄹ]로 발음한다.

> 난로[날:로], 신라[실라], 천리[철리], 광한루[광:할루], 대관령[대:괄령]
> 칼날[칼랄], 물난리[물랄리], 줄넘기[줄럼끼], 할는지[할른지]

[붙임] 첫소리 'ㄴ'이 'ㅀ', 'ㄾ' 뒤에 연결되는 경우에도 이에 준한다.

> 닳는[달른], 뚫는[뚤른], 핥네[할레]

다만, 다음과 같은 단어들은 'ㄹ'을 [ㄴ]으로 발음한다.

> 의견란[의견:난], 임진란[임:진난], 생산량[생산냥], 결단력[결딴녁],
> 공권력[공꿘녁], 동원령[동:원녕], 상견례[상견녜], 횡단로[횡단노]

2. 교수 방법

(1) 제시 방안 및 제시 시 유의 사항

① 비음화 규칙을 유형화 시켜서 제시한다

/ㄴ, ㅁ/ 앞에서 장애음 /ㄱ, ㄷ, ㅂ/가 비음 /ㅇ, ㄴ, ㅁ/으로 바뀌는 것을 유형화시켜서 제시한다.

• /ㄱ, ㄷ, ㅂ/, /ㄴ, ㅁ/ → /ㅇ, ㄴ, ㅁ/, /ㄴ, ㅁ/

/ㄱ/ → /ㅇ/	/ㅂ/ → /ㅁ/	/ㄷ/ → /ㄴ/
먹는[멍는]	잡는[잠는]	닫는[단는]
작네[장네]	없는[엄는]	갔냐고[간냐고]
속마음[송마음]	앞문[암문]	빗물[빈물]
부엌문[부엉문]	값만[감만]	뒷문[뒨문]

[표 10.3] 비음화 규칙 제시 방안 예시

② 비음화 적용 범위에 따라 순차적으로 제시한다

단어 내에서 일어나는 경우를 먼저 제시하고, 그 다음에 단어와 단어 간에 일어난 경우로 범위를 넓혀 가면서 제시한다. 단어와 단어 간에 일어나는 비음화를 가르칠 때는 강세구와 강세구 간을 붙여 읽거나 띄어 읽어 보이면서 하나의 억양구로 발화할 때에 한해 비음화가 일어남을 인지시킨다.

국물[궁물]
빗물[빈물]
앞문[암문]

한국 남자[한궁남자]
어학 능력[어항능녁]
추억 만들기[추엉만들기]

책 넣으세요. [챙너으세요]/[책 너으세요]
밥 먹었어? [밤 머거써]/[밥 머거써]
실컷 먹어라 [실컨머거라]/[실컫 머거라]

[그림 10.1] 적용 범위에 따른 비음화 제시 순서

(2) 학습자 언어권별 교수 시 유의 사항

① 영어권 학습자 교수 시 유의 사항

1) 영어는 장애음의 비음화나 유음의 비음화가 일어나지 않는다[83]

- get my [getmai] [*genmai]
- took ride [tuk raid] [*tuŋraid]
- pork ribs [pork ribs][*poŋnibs]

2) 영어권 학습자는 비음화를 적용시키지 않고 글자 그대로 발음하는 경향이 있다

영어권 학습자들은 영어의 음운 규칙을 전이시켜 한국어를 발음할 때 비음 동화를 적용시키지 않고 철자 그대로 발음하는 오류를 발생시키는 경향이 있다.

- 꽃나무[*꼳나무], 식물[*식물], 국물[*국물], 막내[*막내]

3) 동일 자음이 연쇄될 때 하나를 탈락시키는 오류를 일으킨다

영어는 동일 자음이 연쇄될 때 하나의 음소만이 발음될 때가 많다.

- syllable [síləbl], anniversary [ænəvə́ːrsəri], summer [sʌmər]

이러한 특징을 한국어를 발음할 때도 전이시켜 /ㄹㄹ/, /ㄴㄴ/, /ㅁㅁ/과 같은 동일한 음이 연쇄될 때 하나를 탈락시키는 오류를 일으킨다. 연쇄되는 두 음을 모두 정확히 발음하도록 지도해야 한다.

- 몰라요[*모라요], 만날 거예요[*마나거예요], 엄마[*어마]

② 중국인 학습자 교수 시 유의 사항

1) 중국어는 장애음의 비음화, 유음의 비음화가 일어나지 않는다

중국어는 음절말에 올 수 있는 자음이 비음 /n, ŋ/뿐으로, 음절말에 장애음이 오지 않으므로 한국어와 같은 비음화는 일어날 수 있는 음운 환경

---

83) 영어에도 'let me[lemme]'와 같이 비음화가 일어나는 것처럼 보이는 경우가 있으나, 비음화와는 거리가 있다. 'let me[lemme]'는 'going to[gonna]'와 마찬가지로 비격식 구어체에 나타나는 줄임말 표현으로, 동일한 음운 환경에서 널리 일어나는 음운 현상은 아니다.

이 형성되지 않는다. 또, 强力[qiángli]와 같이 유음의 비음화 역시 일어나지 않는다.

2) 중국인 학습자는 비음화를 적용시키지 않고 글자 그대로 발음하는 경향이 있다

중국인 학습자의 경우, 비음화가 일어나지 않는 중국어의 음운 규칙을 한국어 단어를 발음할 때에 전이시켜, (영어 화자와 마찬가지로) 비음화를 적용시키지 않고 글자 그대로 발음하는 오류를 발생시킨다.

3) 한국어 비음화를 발음할 때 위치 동화를 적용시켜 발음하는 오류가 나타난다

중국어는 종성 비음 다음에 양순음이나 연구개음이 연쇄될 때 조음 위치를 동화시켜 발음하는 현상이 있다.

- /n/, /b, m, p/ → /m/, /b, m, p/ : 难免 [nan miɛn] → [nammiɛn]
  面包 [miɛn bao] → [miɛmbao]
- /n/, /g, h, k/ → /ŋ/, /g, h, k/ : 南口 [nan k'ou] → [naŋk'ou]

이러한 특징을 한국어 비음화 발음을 할 때 조음 위치 동화를 적용시켜 발음할 가능성이 있다.

- 빗물[*빔물], 꽃만[*꼼만]

③ 일본인 학습자 교수 시 유의 사항

1) 일본어는 비음화가 일어나지 않는다

일본어 역시 중국어와 마찬가지로 한국어와 같은 비음화가 일어날 수 있는 음운 환경이 형성되지 않으며, 일본어에서는 비음화는 존재하지 않는 음운 현상이다. 따라서 영어권, 중국인 화자와 마찬가지로 일본인 학습자가 한국어 비음화를 저절로 습득할 것으로 기대해서는 안 되며 명시적으로 교수해야 하는 항목이다.

2) 한국어 비음화를 발음할 때 위치 동화를 적용시켜 발음하는 오류가 빈번히 나타난다

일본인 학습자는 일본어의 특수 음소 발음의 발음 규칙을 전이시켜 한국어 종성 비음 뒤에 오는 자음을 그 비음과 조음 위치를 같게 해서 발음하는 경향이 있다. 중국인 학습자와 더불어 일본인 학습자에게는 한국어 비음화

는 조음 위치 내에서만 일어나는 일임을 강조해서 가르칠 필요가 있다.[84)

- 국물[*굼물], 북문[*붐문], 꽃만[*꼼만]
- 작년[*장년], 죽는[*중는]
- 꼭 만나요[*꼼만나요]

④ 베트남인 학습자 교수 시 유의 사항

베트남어는 한국어와 마찬가지로 음절말에 장애음이 오는 것을 허용하고 음절말 자음이 불파음으로 실현된다. 그럼에도 한국어와는 다르게 비음화가 일어나지 않는다. 베트남인 학습자들도 다른 학습자들과 마찬가지로 비음화를 적용시키지 않고 글자 그대로 발음하므로 주의시켜야 한다.

※ 한국어, 중국어, 일본어의 조음 위치 동화

한국어와 중국어, 일본어는 모두 조음 위치 동화 현상이 일어난다. 중국어, 일본어와 달리 한국어는 위치 동화 현상을 표준 발음으로 인정하고 있지 않다.

● 한국어의 조음 위치 동화

한국어 현실 발음에서는 다음과 같은 조음 위치 동화 현상이 종종 관찰된다. 하지만 표준 발음으로는 인정되지 않는다.[85)

- 치조음이 순음 앞에서 순음으로 발음됨 : 문법[뭄뻡], 안마[암마]
- 치조음이 연구개음 앞에서 연구개음으로 발음됨 : 옷감[옥깜], 끝까지[끅까지]
- 순음이 연구개음 앞에서 연구개음으로 발음됨 : 감기[강:기], 문구점[뭉구점]

● 중국어

중국어는 종성 비음 다음에 양순음이나 연구개음이 연쇄될 때 조음 위치를 동화시켜 발음하는 현상이 있다.

---

84) 걷는[건는], 밥만[밤만]와 같이 조음 위치가 같은 자음들 간에 비음화가 일어나거나 돕는[돔는]과 같이 '양순음+치조음'이 연쇄될 때 일어나는 비음화 부류들을 발음할 때는 대체로 문제가 일어나지 않는다.

85) 관련 어문 규정
표준발음법 제21항   위에서 지적한 이외의 자음 동화는 인정하지 않는다.
감기[감:기] (×[강:기]), 옷감[옫깜] (×[옥깜]), 있고[읻꼬] (×[익꼬]), 꽃길[꼳낄] (×[꼭낄])
젖먹이[전머기] (×[점머기]), 문법[문법] (×[뭄뻡]), 꽃밭[꼳빧] (×[꼽빧])

- /n/, /b, m, p/ → /m/, /b, m, p/ : 难免 [nan miɛn] → [nammiɛn]

  面包 [miɛn bao] → [miɛmbao]

- /n/, /g, h, k/ → /ŋ/, /g, h, k/ : 南口 [nan k'ou] → [naŋk'ou]

이러한 특징을 한국어 비음화 발음을 할 때 조음 위치 동화를 적용시켜 다음과 같은 발음 오류를 일으킬 가능성이 있다.

- 빗물[*빔물], 끝만[*끔만]

● **일본어 특수 음소 발음(撥音) /N/와 촉음 /Q/의 발음 규칙**

일본어 종성에 오는 비음으로는 특수 음소인 발음(撥音) /N/과 촉음 /Q/가 있다. 발음은 'ん'으로 표기하는 소리로, 어중 또는 어말에만 나타난다. 발음 /N/은 양순음 /p, b, m/ 앞에서는 양순 비음 [m]으로, 치조음 /t, d, n, z/ 앞에서는 치조 비음 [n]으로, 연구개음 /k, g/ 앞에서는 [ŋ]으로, 어말에서는 구개수 비음 [N]으로 실현된다.

- [m]: /p, b, m/ 앞. 예) さんぽ[sampo], とんぼ[tombo], あんま[amma]
- [n]: /t, d, n, s, z, r/ 앞. 예) はんたい[hantai], もんだい[mondai]
- [ŋ]: /k, g/ 앞. 예) にんき[niŋki], まんが[maŋga]
- [N]: 어말. 예) ほん[hoN], ペン[peN]

촉음은 'っ'으로 표기하는 소리로, 어중에만 나타난다. 촉음 /Q/는 연구개음 /k/ 앞에서는 [k]로, 치조음 /s, t/ 앞에서는 각각 [s]와 [t]로, 양순음 /p/ 앞에서는 [p]로 실현된다.

- [k]: /k/ 앞. 예) こっか[kokka], いっき[ikki]
- [s]: /s/ 앞. 예) ざっし[zassi], いっさい[issai]
- [t]: /t/ 앞. 예) きって[kitte], おっと[otto]
- [p]: /p/ 앞. 예) きっぷ[kippu], いっぱい [ippai]

일본인 학습자는 발음이나 촉음이 올 때 후행하는 자음은 반드시 조음 위치가 같아야 한다. 이러한 일본어 특징을 한국어 발음에 전이시켜, 한국어 종성 비음이나 종성 파열음을 발음할 때 후행하는 자음에 조음 위치를 동화시키는 오류를 범한다.

● **종성 비음 오류**

- [ㅇ] → [ㅁ]: 공부[곰부], 공무원[곰무원], 양말[얌말]
- [ㅇ] → [ㄴ]: 청소[천소], 성능[선능], 동전[돈전], 장난감[잔난감], 신문[심문]
- [ㄴ] → [ㅁ]: 눈물[눔물], 근무[금무], 분명히[붐명히]
- [ㄴ] → [ㅇ]: 선생님[성생님], 건강[겅강], 관광[광광]

- • [ㅁ] → [ㅇ]: 감기[강기], 잠가요[장가요]

● **종성 파열음 오류**

- • *[ㄱ] → [ㅂ]: 국밥[굽밥], 학부[합부]

- • *[ㄱ] → [ㄷ]: 국자[굳자], 어학당[어핟당]

- • *[ㄷ] → [ㅂ]: 꽃밭[꼽밭], 팥빙수[팝빙수]

- • *[ㄷ] → [ㄱ]: 꽃가게[꼭가게], 숟가락[숙까락], 듣기[득끼]

(3) 학습 활동 예시

● **〈단어 카드 읽기: 비음화 적용 환경 판단하기〉** 비음화가 일어나는 단어와 일어나지 않는 단어를 함께 제시하고 소리 내어 읽게 한다. 학습자가 비음화 현상을 어느 정도 인지하고 있는지를 교사가 점검할 수 있다. 틀린 부분은 교사가 교정해 준다. 두세 명씩 조를 이뤄 조별로 연습하는 것도 좋다. 게임으로 활용할 경우, 단어 카드를 보고 빨리 정확하게 읽는 사람이 점수 얻게 한다. 지루함을 최소화하여 학습자의 학습 동기를 유발시킬 수 있다.

앞문	눈물	옛날	국물
못 먹어요	작년	신발	한복
합격	꽃나무	걷는	뒷문

[그림 10.2] **비음화 단어 카드**

● **〈소리 나는 대로 쓰기〉** 장애음의 비음화가 일어나는 부분을 소리 나는 대로 쓴 후, 문장 전체를 소리 내 읽어 보게 한다.

① 작년부터 한국말을 배웠어요.
　[장년]

② 감기에 걸려서 콧물이 흐릅니다.

③ 수업이 끝나고 꽃나무를 보러 갔습니다.

④ 외숙모는 바닥에 눕는 것을 좋아하세요.

⑤ 주말에 용산에 있는 박물관에 가 보려고요.

● 〈소리 나는 대로 쓰기〉 유음의 비음화가 일어나는 부분을 소리 나는 대로 쓴 후, 문장 전체를 소리 내 읽어 보게 한다.

① 종로에 맛집이 많이 생겼대요.

　[종노]

② 지난 휴가에 강릉에 다녀왔어요.

③ 심리학과 수업을 두 과목이나 듣고 있어요.

④ 요즘 기억력이 나빠져서 큰일이에요.

⑤ 의견란에 의견을 쓰면 돼요.

● 〈비음화 단어 만들기 게임〉 두세 명씩 팀을 이루어 주어진 음절을 가지고 비음화가 일어나는 2음절의 무의미 단어를 만들게 한다. 비음화가 일어나는 단어를 하나 만들고 정확하게 발음하면 1포인트를 얻게 된다. 가장 많은 단어를 만들어 낸 팀이 승리한다.

　의미를 고려하지 않고 음운 환경만을 고려하여 단어를 발음하게 하는 이 게임은 비음화가 일어나는 규칙을 완전히 이해를 해야만 할 수 있는 활동이다. 만약 학습자가 이 게임에서 정확하게 단어를 만들고 정확하게 발음을 한다면 이 수업은 교수·학습 목표를 달성했다고 볼 수 있다.

숙 눈 [숭눈]

있	방	꽃	자
숙	문	말	받
눈	진	축	간
입	기	앞	넘

[그림 10.3] 비음화 단어 카드 만들기를 위한 음절 카드

● **〈대화문 읽기〉** 유의미한 맥락에서 비음화 규칙을 적용시키는 연습을 하게 한다. 먼저 비음화가 일어날 만한 부분을 밑줄 쳐 보게 한다. 그리고 강세구와 강세구 간에도 비음화가 일어나도록 유창하게 말하듯이 읽게 한다.

1 A 점심에 뭐 먹을까요?

B 날씨도 추운데 <u>국물</u> <u>있는</u> 음식 먹을까요?

[궁물][읻는]

2 A 마이클 씨는 마트보다는 시장에 자주 가시네요.

B 시장은 <u>깎는</u> 재미가 있어서 좋아요.

3 A <u>옛날</u>엔 겨울마다 한강에 얼음이 얼었대요.

B 상상이 안 되네요.

4 A 누구예요?

B 우리 <u>집</u> <u>막내</u>예요.

5 A 어디 가요?

B 한복 <u>맞추러</u> 가요.

6 A 아, 먹을 거 없어? 너무 배고프다.

B 내가 한 <u>밥</u> <u>먹지</u> 그랬어?

7 A 이 책 진짜 무거운 거 같아.

B 앗, 여기 <u>책</u> <u>놓으면</u> 안 돼.

● **〈대화문 읽기〉** 유의미한 맥락에서 유음의 비음화 규칙을 적용시키는 연습을 하게 한다.

1 A 이사 잘 했어요?

B 짐 <u>정리</u>가 너무 힘들어서 다시 이사 못할 거 같아요.

2 A 비행기에 무슨 문제가 있었대요?

B <u>착륙</u> 장치에 문제가 있었대요.

3 A <u>등록금</u>은 언제까지 내야 돼요?

B 이번 주 금요일까지요.

② 유음화

1. 규칙의 특징

(1) 유음화

유음화(lateralized)는 'ㄴ', 'ㄹ'이 연쇄될 때 'ㄴ'이 유음인 'ㄹ'로 바뀌는 음운 현상이다. 'ㄹ'이 'ㄴ'에 선행할 때 일어나는 순행적 유음화와 'ㄹ'이 'ㄴ'에 후행할 때 일어나는 역행적 유음화, 두 유형이 있다. 이 두 유형의 유음화는 유형에 따라 유음화가 일어나는 양상에 차이가 있으므로 구분해서 익혀 둘 필요가 있다.

(2) 유음화 원리

순행적 유음화는 'ㄹ+ㄴ'은 연쇄될 수 없다는 음소 배열 제약에서 기인한 것이고, 역행적 유음화는 후행하는 'ㄹ'에 선행하는 음절의 종성에는 'ㄹ' 이 외의 자음은 올 수 없다는 음절 배열 제약에서 기인한 것이다(5장 참고).

- 'ㄹ+ㄴ'은 연쇄될 수 없다.
  - → 후행하는 ㄴ이 ㄹ이 된다. 순행적 유음화가 일어남.
    예) 칼날[칼랄]
- 'ㄹ' 앞에는 'ㄹ' 이외의 어떠한 음절말 자음도 허용하지 않는다.
  - → 선행하는 ㄴ이 ㄹ이 된다. 역행적 유음화가 일어남.
    예) 신라[실라]

(3) 순행적 유음화

/ㄹ/과 /ㄴ/이 연쇄될 때 /ㄹ/의 영향으로 /ㄴ/이 /ㄹ/로 바뀐다. 순행적 유음화는 단어 내에서 일어날 뿐 아니라 단어와 단어 간에도 일어난다.

- ● /ㄹ/, /ㄴ/ → /ㄹ/, /ㄹ/
- 단어 내 : 칼날[칼랄], 실내[실래], 달님[달림], 줄넘기[줄럼끼],
  물놀이[물로리], 끓는[끌른], 달나라[달라라],
  한글날[한글랄], 과일나무[과일라무]
- 단어와 단어 간 : 애들을 나무라다[애드를라무라다]
  귤 날라야 돼[귤랄라야지]
  눈물 났어요[눈물라써요]

(4) 역행적 유음화

/ㄴ/과 /ㄹ/이 연쇄될 때 후행하는 /ㄹ/의 영향을 받아 /ㄴ/이 /ㄹ/로 바뀌는 음운 현상이다. 역행적 유음화는 순행적 유음화와는 달리 단어 내에서만 일어나고 단어와 단어 간에는 일어나지 않는다.

- /ㄴ/, /ㄹ/ → /ㄹ/, /ㄹ/
- 단어 내 : 난로[날로], 연료[열료], 관리하다[괄리하다],
  편리하다[펼리하다], 연령[열령], 권력[궐력], 관리[괄리],
  연락처[열락처], 신랑[실랑]
- 단어와 단어 간 : 오늘 산 라디오[*오늘살라디오/오늘산나디오],
  새로 나온 라면[*새로나올라면/새로나온나면]

● 역행적 유음화와 유음의 비음화 비교

/ㄴ/, /ㄹ/이 연쇄될 때 언제나 역행적 유음화가 일어나는 것은 아니다. /ㄴ/, /ㄹ/이 연쇄될 때 단어의 형태론적 성격에 따라 역행적 유음화가 일어나기도 하지만 유음의 비음화가 일어나기도 한다. 한 단어 내에서 /ㄴ/, /ㄹ/이 연쇄될 때는 역행적 유음화가 일어나고, 단어와 접사, 접사와 단어 경계에서 비음화가 적용되어 유음의 비음화가 일어난다(10장 참고).

※ 유음화 관련 어문규정

● 표준발음법 제19항

'ㄴ'은 'ㄹ'의 앞이나 뒤에서 [ㄹ]로 발음한다.

> 난로[날:로], 신라[실라], 천리[철리], 광한루[광:할루], 대관령[대:괄령]
> 칼날[칼랄], 물난리[물랄리], 줄넘기[줄럼끼], 할는지[할른지]

[붙임] 첫소리 'ㄴ'이 'ㅀ', 'ㄾ' 뒤에 연결되는 경우에도 이에 준한다.

> 닳는[달른], 뚫는[뚤른], 핥네[할레]

다만, 다음과 같은 단어들은 'ㄹ'을 [ㄴ]으로 발음한다.

> 의견란[의:견난], 임진란[임:진난], 생산량[생산냥], 결단력[결딴녁],
> 공권력[공꿘녁], 동원령[동:원녕], 상견례[상견녜], 횡단로[횡단노]

2. 교수 방법

(1) 제시 방안 및 제시 시 유의 사항

① 단어 내에서 일어나는 유음화를 중심으로 규칙을 유형화시켜 제시한다

역행적 유음화의 경우, 단어와 단어 간에는 일어나지 않으므로 학생들이 혼동하지 않게 단어 내에서 일어나는 유음화를 중심으로 제시하도록 한다.

/ㄹ/, /ㄴ/ ➡ /ㄹ/, /ㄹ/ ‒‒ 설날[설랄], 실내[실래], 잃는[일른], 끓는[끌른]

/ㄴ/, /ㄹ/ ➡ /ㄹ/, /ㄹ/ ‒‒ 연락[열락], 난로[날로], 훈련[훌련], 한라산[할라산]

[그림 10.4] 유음화 규칙 제시 예시

(2) 학습자 언어 대조 정보 및 교수 시 유의 사항

① 영어, 중국어, 일본어는 유음화가 일어나지 않는다

영어는 'n'과 'r', 'n'과 'l'이 연쇄될 때 유음화가 일어나지 않는다. 'r'과 'n', 'l'과 'n'이 연쇄될 때도 마찬가지로 유음화가 일어나지 않는다.

- Henry[henri], enlarge[inlá:rdʒ], her niece[hərni:s], call now[[kɔ:lnau]

중국어도 'n'과 'r'이나 'n'과 'l'이 연쇄될 때 유음화가 일어나지 않는다.

- n-r: 男人[nánrén], 三日[sanri], 坚韧[jiānrèn]
- n-l: 三辆[sanliang], 寒冷[hanleng], 韩流[Hánliú], 含量[hánliàng]

일본어 역시 영어나 중국어와 마찬가지로 한국어와 같은 유음화는 일어나지 않는다.

② 영·중·일 학습자 모두 유음화를 적용시키지 않고 글자 그대로 발음하는 오류를 일으킨다

영어, 중국어, 일본어 세 언어를 모어로 하는 학습자의 오류 경향성이 모두 유사하다. 세 언어에는 한국어의 유음화와 같은 음운 현상이 일어나지 않는다. 그렇기 때문에 학습자들이 한국어를 발음할 때 유음화를 적용시키지 않고 종종 글자 그대로 발음하는 오류를 일으킨다. 규칙을 강조해서 교수할 필요가 있다.

- 관리실[*괄리실], 한라산[*한라산], 끓는[*끌는], 잃는[*일는]

(3) 학습 활동 예시

● 〈소리 나는 대로 쓰기: 유음화〉 밑줄 친 부분을 소리 나는 대로 쓰게 하고, 문장을 소리 내 읽게 한다.

① <u>한라산은</u> 제주도에 있어요.
[할라사는]

② <u>한류와</u> <u>난류가</u> 만나는 곳은 고기가 많아요.

③ <u>인류가</u> 꼭 알아야 하는 <u>진리에는</u> 어떤 게 있을까?

④ 스마트폰은 사용하기 <u>편리해요.</u>

⑤ <u>설날에</u> 떡국을 먹어요

⑥ 대관령에 있는 친구한테서 <u>연락이</u> 왔어요.

● 〈유음화 어휘 찾기〉 유음화와 비음화가 일어나는 어휘를 구분해서 찾고, 소리 나는 대로 써 보게 한다.

| 보기 | 연락처, 훈련, 생산량, 분량, 신랑, 음운론, 판단력, 한라산, 실내, 설날, 한글날, 줄넘기, 의견란, 선릉, 편리한, 전라도, 입원료, 곤란한, 물놀이 |

ㄴ → ㄹ	ㄹ → ㄴ
연락처[열락처]	의견란[의견난]

● 〈비음화 연습〉 지도에 제시된 지역명을 소리 나는 대로 쓰고 써 보
게 한다. 소리 나는 대로 쓴 것을 확인한 후, 발음에 유의하며 〈보기〉
와 같이 대화를 만들어 보게 한다.

① 소리 나는 대로 쓰기

왕십리   [왕심니   ]   청량리   [   ]

충정로   [   ]   잠실나루   [   ]

대학로   [   ]   종로   [   ]

국립국어원   [   ]

② 대화 만들기

보기   A 왕십리는 어느 구에 있어요?

       B 왕십리는 성동구에 있어요.

제 11 장

경음화

구개음화

ㄴ 첨가

학습 목표

☐ 한국어 경음화 현상의 유형과 특징에 대해 이해한다.

☐ 한국어의 구개음화, ㄴ첨가 현상의 특징을 이해할 수 있다.

☐ 경음화, 구개음화, ㄴ첨가를 어떻게 교수할지 생각해 본다.

본 강의

1 경음화
  1. 규칙의 특징
  2. 교수 방법

2 구개음화
  1. 규칙의 특징
  2. 교수 방법

3 ㄴ첨가
  1. 규칙의 특징
  2. 교수 방법

11장에서는 한국어의 음운 현상 가운데 비음화, 유음화 외에 한국어 교육에 활용도가 높은 음운 현상인 경음화, 구개음화, ㄴ첨가에 대해서 살펴보기로 하자.

 경음화

1. 규칙의 특징

(1) 경음화

경음화는 평장애음이 경음으로 바뀌는 음운 현상이다. 경음화는 한국어에서 상당히 빈번히 일어나는 현상이며, 경음화가 일어나는 환경 또한 다양하다. 먼저 경음화가 일어나는 음성적 환경에 따라 장애음 뒤 경음화와 공명음 뒤 경음화, 두 부류로 나눌 수 있다. 장애음 뒤 경음화는 음성의 물리적 특징으로 일어나는 음운 현상이므로 예외 없이 필수적으로 일어난다. 그에 반해 공명음 뒤 경음화는 경음화가 일어나는 원인이 다양하며 세부 유형에 따라 예외가 있는 유형도 있다. 이 책에서는 장애음 뒤 경음화와 더불어, 공명음 뒤에 일어나는 경음화 유형 7가지를 더해 다음의 8개 유형을 다룰 것이다.

- 장애음 뒤 경음화
  (1) 장애음 뒤 경음화(표준발음법 제23항)
- 공명음 뒤 경음화
  (2) 한자 'ㄹ' 종성 뒤의 'ㄷ, ㅅ, ㅈ'의 경음화(표준발음법 제26항)
  (3) 어간 말 비음 뒤 혹은 비음 종성 어간 뒤 경음화
     (표준발음법 제24항)
  (4) 어미 '-(으)ㄹ' 뒤 경음화(표준발음법 제27항)
  (5) 명사 합성어에서 앞말 공명음 종성 뒤 경음화(사잇소리 경음화)
  (6) 한자어 접미사 '-과, -가, -권, -권, -권'의 경음화
  (7) 어두 경음화

① 장애음 뒤 경음화

평파열음 /ㅂ, ㄷ, ㄱ/ 뒤에서 장애음 중 평음인 /ㅂ, ㄷ, ㄱ, ㅅ, ㅈ/이

/ㅃ, ㄸ, ㄲ, ㅆ, ㅉ/로 바뀌는 현상이다. 장애음 뒤 경음화는 음운론적인 환경에 따라 일어나는 현상으로 예외 없이 일어나므로 필수적인 경음화라고 한다.

- 규칙 : /ㅂ, ㄷ, ㄱ/, /ㅂ, ㄷ, ㄱ, ㅅ, ㅈ/ → /ㅂ, ㄷ, ㄱ/, /ㅃ, ㄸ, ㄲ, ㅆ, ㅉ/
- 예시 : ㅂ → ㅃ: 국밥[국빱], 숯불 → 순불 → [순뿔]

  ㄷ → ㄸ: 꽃다발→ 꼳다발 → [꼳따발],

  부엌도 → 부억도 → [부억또],

  앉다 → 안다 → 안따 → [안따][86]

  ㄱ → ㄲ : 듣기[듣끼], 없고→ 없꼬 → [업꼬],

  넓게 → 넓께 →[널께]

  ㅅ → ㅆ : 학생[학쌩], 없습니다 → 없씁니다 → [업씁니다],

  ㅈ → ㅉ : 극장[극짱], 옆집 → 엽집 → [엽찝],

  핥지→ 핥찌 → [할찌]

※ 장애음 뒤 경음화 관련 어문규정

● 표준발음법 제23항

받침 'ㄱ(ㄲ, ㅋ, ㄳ, ㄺ), ㄷ(ㅅ, ㅆ, ㅈ, ㅊ, ㅌ), ㅂ(ㅍ, ㄼ, ㄿ, ㅄ)' 뒤에 연결되는 'ㄱ, ㄷ, ㅂ, ㅅ, ㅈ'은 된소리로 발음한다.

국밥[국빱], 깎다[깍따], 넋받이[넉빠지], 삯돈[삭똔], 닭장[닥짱], 칡범[칙뻠], 뻗대다[뻗때다], 옷고름[옫꼬름], 있던[읻떤], 꽂고[꼳꼬], 꽃다발[꼳따발], 낯설다[낟썰다]

---

② 한자어 /ㄹ/ 종성 뒤 /ㄷ, ㅅ, ㅈ/의 경음화

단어 내부에서 종성 /ㄹ/ 뒤에 오는 /ㄷ, ㅅ, ㅈ/가 /ㄸ, ㅆ, ㅉ/로 경음화된다. 단, /ㄹ/ 뒤의 /ㄱ, ㅂ/는 경음화되지 않는다.

---

86) 앉다[안따], 넓게[널께], 핥지[할찌]에서 일어나는 경음화는 비음 뒤에 일어나는 경음화가 아니라 장애음에 의한 경음화이다. 구본관 외(2015:72)를 참고.

- 결석[결썩], 발달[발딸], 발전[발쩐], 결정[결쩡], 실장님[실짱님], 결산[결싼], 활성화[활썽화]

cf) 결과[결과], 절교[절교], 출발[출발], 활발한[활발한]

※ 한자어 /ㄹ/ 종성 뒤 /ㄷ, ㅅ, ㅈ/의 경음화 관련 어문규정

● 표준발음법 제26항

한자어에서, 'ㄹ' 받침 뒤에 연결되는 'ㄷ, ㅅ, ㅈ'은 된소리로 발음한다.

> 갈등[갈뜽], 발동[발똥], 절도[절또], 말살[말쌀], 불소[불쏘]
> 일시[일씨], 갈증[갈쯩], 물질[물찔], 발전[발쩐], 몰상식[몰쌍식], 불세출[불쎄출]

다만, 같은 한자가 겹쳐진 단어의 경우에는 된소리로 발음하지 않는다.

> 허허실실[허허실실](虛虛實實), 절절-하다[절절하다](切切-)

③ 어간 말 비음 뒤의 경음화

어간이 비음으로 끝날 때, 그 비음에 후행하는 평음이 경음이 되는 현상이다. 피동, 사동 접미사 '-기-'는 경음화가 일어나지 않는다.

- 규칙 : /ㄴ, ㅁ/, /ㄱ, ㄷ, ㅂ, ㅅ, ㅈ/ → /ㄴ, ㅁ/, /ㄲ, ㄸ, ㅃ, ㅆ, ㅉ/
- 예시 : 안고[안꼬], 신도록[신또록]

  감지[감찌], 숨다[숨따], 젊고 → 젊꼬 → [점:꼬],

  닮지 → 닮찌 → [담:찌]

  cf) 안기다[안기다/*안끼다], 감기다[감기다/*감끼다]

  신기다[신기다/*신끼다], 숨기다[숨기다/*숨끼다]

※ 어간 말 비음 뒤 경음화 관련 어문규정

● 표준발음법 제24항

어간 받침 'ㄴ(ㄵ), ㅁ(ㄻ)' 뒤에 결합되는 어미의 첫소리 'ㄱ, ㄷ, ㅅ, ㅈ'은 된소리로 발음한다.

신고[신ː꼬], 껴안다[껴안따], 앉고[안꼬], 얹다[언따]
삼고[삼ː꼬], 더듬지[더듬찌], 닮고[담ː꼬], 젊지[점ː찌]

다만, 피동, 사동의 접미사 '-기-'는 된소리로 발음하지 않는다.

안기다, 감기다, 굶기다, 옮기다

④ 어미 '-(으)ㄹ' 뒤의 경음화

어미 '-(으)ㄹ' 뒤에 오는 평음이 경음으로 바뀌는 현상이다. 관형형 어미 '-(으)ㄹ' 뒤에 오는 체언의 어두 평음이 경음이 되는 경우와 관형사형 어미 '-(으)ㄹ'의 흔적이 남은 '-(으)ㄹ걸, -(으)ㄹ게, -(으)ㄹ수록, -(으)ㄹ지' 등과 같은 어미들에서 '-(으)ㄹ' 뒤에 오는 평음이 경음이 되는 경우가 모두 이 부류에 해당된다.[87]

- 규칙 : /ㄹ/, /ㄱ, ㄷ, ㅂ, ㅅ, ㅈ/ → /ㄹ/, /ㄲ, ㄸ, ㅃ, ㅆ, ㅉ/
- 예시 : 갈 데[갈떼], 갈 곳[갈꼳], 만날 사람[만날싸람],
  먹을 거야[머글꺼야], 할걸[할껄], 할게[할께], 할수록[할쑤록],
  할지라도[할찌라도]

※ 어미 '-(으)ㄹ' 뒤 경음화 관련 어문규정

● 표준발음법 제24항

관형사형 '-(으)ㄹ' 뒤에 연결되는 'ㄱ, ㄷ, ㅂ, ㅅ, ㅈ'은 된소리로 발음한다.

할 것을[할꺼슬], 갈 데가[갈떼가], 할 바를[할빠를], 할 수는[할쑤는]
할 적에[할쩌게], 갈 곳[갈꼳], 할 도리[할또리], 만날 사람[만날싸람]

---

87) 어미 '-(으)ㄹ' 뒤에 오는 경음화는 그 원인이 통시적인 것과 관련이 있다. 관형사형 어미 '-(으)ㅭ'과 관계가 있는 것들이기 때문이다. '-(으)ㅭ'의 'ㅎ'은 성문 파열음으로 음절말에서 불파음이 되고, 'ㅭ' 뒤에 오는 장애음을 경음이 되게 한다.

다만, 끊어서 말할 적에는 예사소리로 발음한다.

[붙임] '-(으)ㄹ'로 시작하는 어미의 경우에도 이에 준한다.

> 할걸[할껄], 할밖에[할빠께], 할세라[할쎄라], 할수록[할쑤록]
> 할지라도[할찌라도], 할지언정[할찌언정], 할진대[할찐대]

⑤ 합성 명사에서 앞말 공명음 종성 뒤의 경음화

명사와 명사가 결합해 합성 명사를 이룰 때 일어나는 경음화 현상으로, 형태소 경계에 첨가되는 사이시옷에 의한 경음화이다. '사잇소리 현상으로서의 경음화'라고도 할 수 있다. 합성 명사를 구성하는 두 요소 중 적어도 하나는 고유어라야 한다. 그리고 사잇소리 현상으로 앞의 요소가 뒤의 요소의 '시간, 장소, 용도, 기원, 소유주'를 의미할 때 주로 일어난다. '눈비, 손발'과 같이 앞 요소가 후행 요소과 대등한 관계일 때는 경음화가 일어나지 않는다.

- 물고기[물꼬기], 술잔[술짠], 봄비[봄삐], 손등[손뜽], 눈사람[눈싸람], 눈동자[눈똥자], 비빔밥[비빔빱]
  cf) 눈비[눈비], 손발[손발], 팔다리[팔다리]

⑥ 한자어 접미사의 경음화

한자어 접미사 '-과(科), -가(價), -권(券), -권(圈), -권(權)'은 경음화되어 발음된다.[88]

- 과(科) : 국문과[궁문꽈], 내과[내꽈], 치과[치꽈]
- 가(價) : 대가[대까], 분양가[부냥까], 영양가[영양까], 물가[물까], 유가[유까]
- 권(券) : 입장권[입짱꿘], 여권[여꿘], 승차권[승차꿘], 채권[채꿘]
- 권(圈) : 정치권[정치꿘], 대기권[대기꿘], 공산권[공산꿘]

---

88) 한자어 접미사 '-적(的)'의 경음화는 둘째 음절에서 경음화가 일어나지만 셋째 음절 이하에서는 일어나지 않을 때가 많다.
- 사적[사쩍], 공적[공쩍], 성적[성쩍]
- 개인적[개인적], 자연적[자연적], 세계적[세계적], 평화적[평화적]: 효율적[효율쩍]

- 권(權) : 투표권[투표꿘], 인권[인꿘], 재산권[재산꿘], 임명권[임명꿘]

⑦ 어두 경음화

어두의 장애음이 특별한 이유가 없이 경음으로 실현되는 현상이다. 어두 경음화는 표준 발음은 아니지만 현실 발음에서 흔히 관찰되는 음운 현상이다.[89] 어두 경음화는 필수적으로 일어나는 현상이 아니며, 경음화의 원인도 불분명하다.

- 좀[쫌], 볶음밥[뽀끔밥], 닦아요[따까요], 세게[쎄게], 진한[찐한]

2. 교수 방법

(1) 제시 방안 및 제시 시 유의 사항

① 필수적인 부류와 예외가 있는 부류들을 구분해서 교수해야 한다

경음화는 유형에 따라 필수적으로 일어나는 부류들도 있으나 예외가 있는 경우도 있으므로, 두 부류를 구분해 교수할 필요가 있다. 경음화가 필수적으로 일어나는 부류들은 규칙으로 유형화시켜 제시한다. 예외가 있는 부류는 과일반화를 초래할 수 있으므로 규칙화시켜 제시하지 않아야 한다.

② 필수적인 경음화는 규칙으로 제시한다

예외가 없이 필수적으로 일어나는 '장애음 뒤 경음화'는 규칙으로 제시하도록 한다.

[그림 11.1] 장애음 뒤 경음화 규칙 제시 예시

---

89) 어두 경음화는 이중모음의 단모음화, 받침의 간편화, [ㄹ] 첨가 등의 비표준 현실 발음과 더불어 표준 한국어 교육과정의 발음 교육 내용 목록에 포함되어 있다.

③ 필수적인 경음화가 아닌 경우

필수적인 경음화가 아닌 경우는 규칙으로 제시하지 않고 예시를 통해 유형화해서 제시한다.

ㅡ(으)ㄹ 것	먹을 것[머글껃]
ㅡ(으)ㄹ 데	먹을 데[머글떼]
ㅡ(으)ㄹ 곳	먹을 곳[머글꼳]
ㅡ(으)ㄹ 수	먹을 수[머글쑤]
ㅡ(으)ㄹ지	먹을지[머글찌]
ㅡ(으)ㄹ게	먹을게[머글께]

[표 11.1] 어미 'ㅡ(으)ㄹ' 뒤의 경음화 제시 방안 예시

ㄹ ✚ ㄷ, ㅅ, ㅈ	발달[발딸], 달성하다[달썽하다], 발전하다[발쩐하다]
ㄹ ✚ ㄱ, ㅂ	발견[발껸], 활발하다[활발하다]

[표 11.2] 한자어 ㄹ 종성 뒤 /ㄷ, ㅅ, ㅈ/의 경음화 제시 방안 예시

④ 어두 경음화는 인식 차원에서 교수한다

어두 경음화는 표준 발음은 아니지만 현실 발음으로 일상에서 빈번히 관찰되는 발음으로 표준 교육과정의 교육 내용에도 들어 있어, 학습자에게 제시할 필요가 있다. 하지만 어두 경음화는 표준 발음이 아니므로, 학습자가 경음화를 적용시켜 발음하도록 유도할 필요는 없다. 다만 인식 차원에서 학습자들이 듣고 이해할 수 있도록 발음을 알려 주도록 한다.

⑤ 장애음 뒤 경음화 교수를 위한 도입 방안

교사는 학생들에게 오늘 수업 후에 뭘 먹을 거냐고 묻고, 사진을 제시하며 이 중에 먹고 싶은 게 있냐고 물어봄으로써 호기심을 유발한다. 사진의 음식들이 뭔지 물어서 발음을 해 보게 유도한다. 이때 사진의 음식명들을 발음해 보는 과정에서 '밥'의 발음이 음운 환경에 따라 '빱'으로 발음이 되는 것을 느끼게 하고, 학습 목표를 명시적으로 제시한다.

밥[밥]   국밥[?]   소고기 덮밥[?]

[그림 11.2] 경음화 수업의 도입을 위한 그림 자료 예시

T	오늘 점심에 뭐 먹을 거예요?
	제가 메뉴 추천해 줄까요? 이 중에 하나 어때요?
S	아, 맛있겠어요.
T	이 음식들 이름 알아요?
S	[밥], [국밥], [소고기 덮밥]?
T	[국밥]? [국빱]? 이 음식이 뭘까요?
S	[국밥]? [국빱]? 잘 모르겠어요.
T	[국밥]이 아니고 [국빱]이 맞아요. 왜 /ㅂ/가 /ㅃ/가 됐을까요?
	오늘 /ㅂ/가 /ㅃ/가 되는 '경음화'를 공부합시다.

[표 11.3] 학습 목표로 접근하는 유도 대화 예시

(2) 학습 활동 예시

● **〈따라 읽기 연습: 필수적 경음화〉** 필수적 경음화가 일어나는 환경
별로 예시를 제시하고 교사를 따라 읽는 연습을 하게 한다.

/ㅂ/ + /ㄱ, ㄷ, ㅂ, ㅅ/	/ㄷ/ + /ㄱ, ㄷ, ㅂ, ㅅ/	/ㄱ/ + /ㄱ, ㄷ, ㅂ, ㅅ/
입국	걷다	국수
법대	믿고	식당
밥상	돋보기	학생
접시	맏사위	학교
잡지	옷장	백반
합격	닫고	책장

앞방	찾지	맥주
춥고	꽃밭도	학비
없고	책상 밑도	축구
밥과 국	옷과 신발	한국과 미국

● **〈발음 나는 대로 쓰기 연습: 어미 ㄹ 뒤 경음화〉** 어미 '－(으)ㄹ'이 포함된 문법 항목의 목록을 주고 동사의 형태를 활용시킨 후, 소리 나는 대로 써 보게 한다.

	가다	먹다	만들다	듣다
－(으)ㄹ 곳	갈 곳[갈꼳]			
－(으)ㄹ 데	갈 데[갈떼]			
－(으)ㄹ 수 있다				
－(으)ㄹ게				
－(으)ㄹ지 말지				
－(으)ㄹ 거예요				

● **〈소리 나는 대로 쓰기〉**

① 기숙사에 책상하고 옷장은 있어요.
　[기숙싸] [책쌍] [옫짱]

② 설날에는 떡국을 먹어요.

③ 요즘 학비가 너무 올랐어요.

④ 대학생은 10% 할인이 된대요.

⑤ 국과 김치 둘 중 하나만 없어도 식사를 못 해요.

⑥ 불고기 먹고 싶어요.

⑦ 다음부터 늦지 마세요.

⑧ 의자가 없어요.

● 〈소리 나는 대로 쓰기〉 경음화가 일어나는 표현이 포함된 문장을 소리 나는 대로 쓰게 한 후 여러 번 소리 내 읽어 보게 한다.

① 공부 좀 <u>할걸</u>.
    [할껄]
② <u>마실 게</u> 없네요.
③ 중국어 <u>할 줄</u> 알아요?
④ <u>수영할 수</u> 있는 사람 있어요?
⑤ 이따 <u>전화할게요</u>.
⑥ 술은 <u>마실수록</u> 더 마시고 싶어지는 거 같아요.

● 〈경음화 적용 단어 찾기〉 경음화가 일어나는 단어를 찾고, 소리 나는 대로 써 보게 한다.

> 보기
>
> 갈등, 발굴, 할부, 갈증, 발달, 출발, 율동, 갈등하다, 활달하다
> 발견, 발전, 발부하다, 발상, 갈대, 발성, 발제, 달성하다

ㄹ + ㄷ, ㅅ, ㅈ	ㄹ + ㄱ, ㅂ
발달[발딸] 발전[발쩐]	발견[발껸] 발굴[발꿀]

② 구개음화

1. 규칙의 특징

(1) 구개음화

구개음화는 /ㄷ, ㅌ/가 /ㅣ/로 시작하는 문법 형태소 앞에서 /ㅈ, ㅊ/로 바뀌는 현상이다.

- 규칙 : /ㄷ, ㅌ/, /ㅣ/ → /ㅈ, ㅊ/, /ㅣ/
- 예시 : 맏이[마지], 굳이[구지], 해돋이[해도지], 미닫이[미다지],
  같이[가치], 밭이[바치], 밑이[미치], 솥이[소치]
  닫히다[다치다], 묻히다[무치다], 갇히다[가치다]

구개음화는 /ㄷ, ㅌ/에 후행하는 요소가 문법 형태소일 때만 일어난다. '끝' 다음에 문법 형태소인 조사 '이다'와 '이'가 올 때 구개음화가 일어나 '끝이다'는 /끄치다/로, '끝이'는 /끄치/로 발음된다. 하지만, '인사, 이야기'와 같이 실질 형태소인 명사가 올 때 구개음화가 일어나지 않는다.

구개음화 ○	구개음화 ✕
끝+이다[끄치다]	끝+인사[끄딘사],
끝+이[끄치]	끝+이야기[끝이야기 → 끈니야기]
밭+이[바치]	밭+이랑[밭이랑 → 반니랑]

'밭이랑'의 '이랑'이 문법 형태소인 조사일 때 밭이랑은 [바치랑]으로 발음된다. 하지만, '밭이랑'의 '이랑'이 실질형태소인 명사일 때 밭이랑은 [밭이랑 → 반니랑]으로 발음된다.

- [바치랑]과 [반니랑]
  밭이랑 논이랑 있는 재산 전부 큰아들에게 물려줬다.
  [바치랑]
  밭이랑 두 줄을 가는 데 두 시간이 걸렸다.
  [반니랑]

2. 교수 방법

(1) 제시 방안 및 제시 시 유의 사항

① 구개음화를 규칙으로서 교육하는 적절한 시기

구개음화는 빈도가 높지 않은 현상으로 다른 음운 현상에 비해 상대적으로 후순위로 가르치는 항목이다.[90] 초급 교육용 어휘 가운데 구개음화가 일어나는 경우는 '같이' 정도에 불과하다. 또, 어말 종성에 'ㄷ, ㅌ'가 오는 체언과 주격 조사와 결합하는 경우에나 구개음화가 나타나지만 종성에 'ㄷ, ㅌ'가 오는 체언 역시 초급 어휘 중에는 빈도가 낮다(예: 끝이, 밑이). 따라서 초급에서는 어휘가 구개음화가 일어나는 표현이 나올 때 발음만 제시하고, 규칙으로서 교수하는 것은 중급이 적절할 것으로 보인다. 중급에서 어간 종성에 'ㄷ, ㅌ'가 오는 동사에 사동 접사 '-이-'나 피동 접사 '-히-'가 결합할 때 구개음화 규칙을 함께 가르치는 것이 좋다.

---

90) 표준 교육과정에서는 교육 내용 목록에서 구개음화를 포함하고 있지 않다.

② 규칙으로 제시한다

ㄷ ㅌ	+	이/히	⇒	[지/치] [치]
같 + 이			⇒	[가치]
닫 + 히다			⇒	[다치다]
맏이			⇒	[마지]

[그림 11.3] **구개음화 규칙 제시 예시**

③ 〈도입 방안〉 구개음화가 일어난 단어의 사진을 보여 주고 무엇인지 물
    어본다

교사는 해돋이 사진을 준비하고 학생들에게 무엇인지 물어본다. 해돋이
라고 답하는 사람이 있으면 [해도지]의 철자가 무엇인지 나와서 칠판에 써
보라고 한다. 해돋이를 아는 사람이 없을 때는 사진의 아래에 포스트잇으
로 가렸던 '해돋이'를 보여 주고 학생들이 소리 내 읽어 보도록 유도한다.
철자와 소리에 차이가 있음을 발견하게 하고 호기심을 갖도록 유도한다. 해
돋이가 왜 [해도지]가 되는지 공부해 보자고 하며 학습 목표를 제시한다.

이때 다음에 주의하여 수업을 전개하도록 한다. 도입 단계에서 교사가
직접 단어를 읽어서 시범을 보인다거나 [해도지]라는 정확한 발음을 하도
록 강요하지 않는다. 최대한 자연스러운 상황에서 구개음화가 일어나는 단
어에 노출시키고, 오늘 배우게 될 음운 규칙인 구개음화에 대해 호기심을
가져 동기 부여가 될 수 있도록 한다.

해돋이[해도지]

[해도디]?
[해도지]?

[그림 11.4] **구개음화 도입 자료 예시**

(2) 학습자 언어 대조 정보 및 학습자 언어권별 교수 시 유의 사항

구개음화 현상은 영어, 중국어, 일본어, 러시아어 등 많은 언어에서 나타
나는 비교적 보편적인 음운 현상이지만, 구개음화가 일어나는 음운론적 환
경에 있어서 한국어의 구개음화와는 언어마다 차이를 보이므로, 학습자들
이 자신의 모국어의 구개음화 규칙에 근거하여 발음하는 오류를 범할 수
있다. 그렇기 때문에 학습자 모어에 구개음화 현상이 일어난다 하더라도 한
국어 구개음화 규칙에 대한 명시적인 교수 없이는 학습자가 저절로 한국어
구개음화를 정확하게 적용시키리라 기대할 수 없다. 학습자 언어에 존재하
지 않는 음운 현상과 마찬가지로 규칙을 강조하여 교수할 필요가 있다.

① 영어권 학습자 교수 시 유의 사항

1) 영어도 구개음화 현상이 일어나지만, 구개음화가 실현되는 음운 환경에
   차이가 있어 주의해서 가르칠 필요가 있다

영어의 치경음인 /t, d, s, z/는 뒤에 /ɪ, y/가 올 때 그 영향으로 경구개
치경음인 /ʧ, ʤ, ʃ, ʒ/로 발음된다.[91]

- /t, d, s, z/, /ɪ, y/ → /ʧ, ʤ, ʃ, ʒ/, /ɪ, y/

t → ʧ	let you / lɛt yu / → [lɛʧə] hate you / heit yu / → [heiʧə]
d → ʤ	would you / wuwd yu / → [wuwʤə] made you / meid yu / → [meidʤə]
s → ʃ	miss you / mɪs yu / → [mɪʃu] bless you / blɛs yu / → [blɛʃu]
z → ʒ	loves you / ləvz yu / → [ləvʒə] seems you / si:mz yu / → [si:mʒə]

/d, t/가 /y/ 앞에서 /ʤ, ʧ/가 되는 것은 한국어와 유사하지만, 영어는
한국어와 달리 /i/ 앞에서는 구개음화가 일어나지 않는다.

- made it [meidit] [*meidʒit]
- miss it [mɪsit] [*mɪʃit]

---

91) /ɪ/는 긴장모음 /i/에 대립되는 이완모음이다.

그렇기 때문에 영어권 학습자가 한국어 구개음화를 자연스레 습득할 것으로 기대하기는 어렵다. 다시 말해 한국어 구개음화 규칙에 대한 명시적인 교수 없이 /l/ 앞에서 구개음화 규칙을 적용시켜 발음하지 않을 가능성이 높다. 따라서 영어권 학습자에게 한국어 구개음화를 교수할 때는 /l/ 앞에서도 구개음화가 일어남을 강조해서 교육할 필요가 있다.

② 중국인 학습자 교수 시 유의 사항

중국어에도 구개음화 현상이 있다. 하지만 중국어나 일본어의 구개음화는 통시적인 과정을 거친 음운 현상이며, 공시적으로 일어나는 현상은 아니라는 점에서 한국어와는 차이가 있다.

1) 중국어에도 구개음화 현상이 있지만 통시적인 현상으로만 존재한다

중국어에서는 gi[ki], ki[kʰi], hi[xi]가 각각 ji[tɕi], qi[tɕʰi], xi[ɕi]로 바뀌는 통시적인 변화를 겪었다. /k/ /kʰ/ /x/가 /tɕ/, /tɕʰ/, /ɕ/로 구개음화된 것이다.

- 家 jia　(집)　/tsia/ → [tɕia]
- 求 qiu　(구하다) /tsʰiu/ → [tɕʰiu]
- 小 xiao (작다)　/siao/ → [ɕiao]

2) 구개음화 규칙을 모를 경우, 글자 그대로 발음하는 오류를 일으킨다

중국인 학습자의 경우, 모국어에 구개음화 현상이 있다고 하나, 규칙에 대한 인식이 없기 때문에 모국어 규칙을 전이시켜 한국어 구개음화를 발음할 것으로 기대하기 힘들다. 역시 다른 음운 규칙과 마찬가지로 규칙에 대한 명시적인 설명이 필요하다.

③ 일본인 학습자 교수 시 유의 사항

1) 일본어의 구개음화도 통시적인 과정을 거친 현상이다

일본어의 경우는 50음도에서 ta행의 i단과 u단의 경우, 각각 ti, tu가 아닌 chi[tʃi], tsu[tsu]가 됨을 볼 수 있다.[92] 일본어의 경우는 /i/뿐 아니라 /u/ 앞에서도 구개음화가 일어난다는 특징이 있다.

---

92) 외래어 표기 등으로 /ti/, /di/를 나타내야 할 때에는 히라가나가 아닌 가타가나인 'ティ, ディ'로 표기한다.

	あ a	い i	う u	え e	お o
た ta	た ta [ta]	ち chi [ʧi]	つ chu [ʦɯ]	て te [te]	と to [to]

2) 일본인 학습자는 /ㅜ/, /ㅡ/ 앞에서 구개음화를 적용시키는 오류를 범할
   수 있다

일본인 학습자의 경우, 일본어에 구개음화 현상이 있다고 하나, 일본어
화자들은 규칙에 대한 인식이 없기 때문에 일본어 규칙을 전이시켜 한국
어 구개음화를 발음할 것으로 기대하기 힘들다. 역시 다른 음운 규칙과 마
찬가지로 규칙에 대한 명시적인 설명이 필요하다.

특히, 일본인 학습자의 경우는 일본어에서 /u/ 앞에서도 구개음화가 일
어나는 현상을 적용시켜 한국어 /ㅜ/나 /ㅡ/ 앞에서 구개음화를 실현시키
지 않도록 주의시키도록 한다.

(3) 학습 활동 예시

● **〈소리 나는 대로 쓰기〉** 소리 나는 대로 쓴 후 여러 번 소리 내 읽
  어 보게 한다.

   ① 맏이 [마지   ]
   ② 해돋이 [   ]
   ③ 물받이 [   ]
   ④ 미닫이 [   ]
   ⑤ 같이 [   ]

● **〈소리 나는 대로 쓰기: 발음표 채우기〉** 학생들에게 소리 나는 대로
  써서 발음표를 완성하게 한다. 구개음화가 일어나는 '체언+조사 –
  이' 혹은 '어간+접사 –이/히'의 환경의 발음을 유형화해서 연습하
  도록 한다.

①	이	이에요
끝	끝이[끄치]	끝이에요[끄치에요]
밑		
밭		
겉		
솥		
바깥		
햇볕		

②	-히다
닫-	닫히다[다치다]
갇-	
묻-	
굳-	
붙-	

● **〈소리 나는 대로 쓰기〉** 밑줄 친 부분을 소리 나는 대로 쓴 후 읽어 보게 한다.

① 그 사람이 보물이 묻혀 있는 곳을 알고 있어요.
　　　　　　　　[무처]

② 철수는 막내고 나는 맏이에요.

③ 늦잠을 자서 해돋이를 못 봤어요.

④ 문이 닫혀서 안으로 못 들어가요.

⑤ 우표를 붙여서 보내야 돼요.

⑥ 전기밥솥이 고장 나서 새로 사야 돼요.

● **〈텍스트에서 구개음화 적용 단어 찾기〉** 구개음화가 일어나는 표현이 포함된 텍스트를 나누어 주고, 학생들에게 구개음화 현상이 일어나는 곳을 찾아서 표시하게 한다. 구개음화 적용 대상이 되는 표현을 다 같이 확인한 후, 학생들에게 각자 소리 나는 대로 써 보게 한다. 이때 교사는 돌아다니며 학생들의 발음을 교정해 준다. 학생들의 활동이 끝나면 교사는 함께 답을 확인하고, 다 같이 소리 내 읽는 연습을 한다.

햇볕이 따뜻한 어느 날 나는 마루에 앉아 할머니께 옛날이야기
[핻뼈치]
를 들었었다. 턱을 손에 받히고 듣기도 하고 할머니의 무릎에 누워 듣기도 하였다. 할머니는 우리 동네 뒷산에 묻혀 있는 보물에 대한 이야기를 해 주셨다. 보물 이야기가 어찌나 재미있던지 나는 그날 오후 늦게 동생들을 데리고 뒷산에 올라가서 보물을 찾기로 마음을 먹었다. 나는 맏이여서 내 밑으로 동생이 둘 있었는데 막내는 겨우 네 살이었다. 산에 가기로 결심을 한 나는 동생들을 데리고 바깥으로 나가려는데 대문이 열리지가 않았다. 우리 집 대문은 미닫이였는데, 철로 된 무거운 문이어서 겨우 여섯 살이었던 내 힘으로는 도저히 열 수가 없었다. 겨우 조금 열었다 싶으면 바람에 다시 닫히는 문 때문에 도저히 집 바깥으로 나갈 수가 없었다. 막내 동생은 울기 시작했고, 결국 할머니가 우리들을 데리고 들어가셨다. 겨우 여섯 살 때 일이지만 그날 일은 아직도 기억에 남는다.

③ ㄴ첨가

1. 규칙의 특징

(1) ㄴ첨가

'ㄴ첨가'는 자음으로 끝나는 형태소 뒤의 형태소가 /ㅣ/나 /y/계 이중모음 /ㅑ, ㅕ, ㅛ, ㅠ, ㅖ, ㅒ/로 시작할 때 /ㅣ, y/ 앞에 /ㄴ/이 첨가되는 음운 현상이다. 후행하는 요소가 실질 형태소거나 한자 계열 접미사일 때 일어난다.

- 규칙 : 자음, /ㅣ, y/ → 자음, /ㄴ/, /ㅣ, y/
- 예시 : 집안일[지반닐]

　　　　　　색연필 → 색년필 → [생년필], 늦여름 → 늦녀름 → [는녀름]

　　　　　　나뭇잎 → 나뭇닢 → 나묻닙 → [나문닙],

　　　　　　깻잎 → 깻닢 → 깯닙 → [깬닙]

　　　　　　경유[경뉴], 식용유[시콩뉴], 학생용[학생뇽]

'ㄴ첨가'는 단어와 단어 간에도 일어나는 현상이다.

- 옷 입어라[온니버라]
- 못 잊어서[몬니저서]
- 서른 여덟[서른녀덜]

종성 /ㄹ/ 뒤에 /ㄴ/이 첨가될 때는 유음화가 일어나 첨가된 /ㄴ/이 /ㄹ/로 발음된다.

- 볼일 → 볼닐 → [볼릴]
- 휘발유 → 휘발뉴 → [휘발류]
- 선물용 → 선물뇽 → [선물룡]

'ㄴ첨가'는 필수적으로 일어나는 음운 현상은 아니다. 후행하는 요소가 조사, 어미와 같은 문법 형태소거나 고유어 계열 접미사이면 'ㄴ첨가'는 일어나지 않는다. 그리고 후행하는 요소가 실질 형태소거나 한자 계열 접미사일 때도 일어나지 않기도 한다.[93]

---

93) 한자어의 경우, 뒤 형태소의 첫 음절의 기저형이 /ㄴ, ㄹ/로 시작하지 않을 때는 ㄴ첨가가 일어나지 않는다.
　　• 예) 송별연[송벼련], 국경일[국경일]　　• 신혼여행[신혼녀행], 민간요법[민간뇨뻡]

- 사람이[사라미], 책이[채기], 손잡이[손자비], 해돋이[해도지]
- 금융[금늉/그뮹], 검열[검녈/거멸], 금요일[*금뇨일/그묘일], 식용[시굥]

2. 교수 방법

(1) 제시 방안 및 제시 시 유의 사항

학습자에게 'ㄴ첨가'를 규칙으로 제시하여 교수하지 않도록 한다. 'ㄴ첨가'는 필수적으로 일어나는 음운 현상이 아니므로 학습자에게 규칙으로 제시하여 가르치지 않도록 해야 한다. 규칙으로 제시하여 가르칠 경우, 모든 경우에 적용시켜 오류를 범할 수 있으므로, 'ㄴ첨가'가 일어나는 단어가 나올 때 발음을 제시하여 예시별로 학습하게 하도록 한다.

(2) 학습 활동 예시

● 〈소리 나는 대로 써 보기〉 'ㄴ첨가' 현상이 일어나는 표현을 주고 소리 나는 대로 써 보게 한다.

① 식용유   [시굥뉴   ]   ② 시청역   [   ]
③ 한여름   [   ]   ④ 한약   [   ]
⑤ 맨입   [   ]   ⑥ 비상약   [   ]
⑦ 한국 영화 [   ]   ⑧ 미국 야구 [   ]
⑨ 못 잊어요 [   ]

● 〈소리 나는 대로 써 보기〉 숫자 '육' 앞에 ㄴ이 첨가되는 발음을 연습한다.

① 6동   [육똥   ]   ② 16층   [심뉵층   ]
③ 26명   [   ]   ④ 106동 [   ]
⑤ 1006호 [   ]

제 12 장

초분절음

학습 목표

☐ 한국어의 초분절적 요소의 특징과 기능에 대해 이해한다.

☐ 다른 언어와 구분되는 한국어 초분절적 요소의 특징을 분석한다.

☐ 초분절적 요소를 어떻게 교수할지 생각해 본다.

본 강의

1 초분절음

    1. 장단

    2. 강세와 악센트

    3. 성조

    4. 억양

    5. 음역

    6. 발화 속도

2 한국어 억양 체계

    1. 억양 구조 단위

    2. 음절과 음운 단어

    3. 강세구

    4. 억양구

3 교수 방법

    1. 제시 방안 및 제시 시 유의 사항

    2. 학습자 언어권별 교수 시 유의 사항

    3. 학습 활동 예시

12장에서는 먼저 초분절음이 무엇인지 알아보고 초분절적 요소인 장단, 강세, 억양 등에 대해 하나씩 살펴보기로 하자. 다른 장들에서와 달리 이 장에서는 한국어뿐 아니라 한국어와 주요 외국어 경우를 비교하고 한국어 교사로서 알아둘 필요가 있는 초분절음 관련 내용을 다룬다.

① 초분절음

초분절음(suprasegmentals)은 분절음을 넘어서는 음절, 단어, 문장 전체에 걸쳐 영향을 미치는 것으로, 장단(length), 음조(pitch), 크기(loudness), 길이(duration), 강세(stress), 억양(intonation) 등이 초분절음에 해당하는 것들이다. 초분절음은 자음, 모음이 분절적인 특징(segmental features)을 가져 분절음이라고 불리는 것과 대조를 이루는 용어라고 볼 수 있다. 그리고 이러한 초분절적인 요소들이 음소와 같이 어휘 변별 기능을 할 때 이를 운소 혹은 초분절 음소라고 부른다.[94]

1. 장단

(1) 한국어 모음의 장단

장단(length)은 모음의 길이가 길고 짧음을 말한다. 한국어에서 장단은 단어의 의미를 변별하는 기능을 수행한다. 예를 들어, 모음의 길이를 길게 해서 발음하는 [말:]은 '언어'를 가리키고, 모음의 길이를 길지 않게 발음하는 [말]은 동물 '말'을 가리킨다.

---

94) 초분절적 요소는 관점에 따라서 달리 규정될 때도 있겠지만, 대체로 운율 요소와 가리키는 바가 일치한다고 볼 수 있다.

장	단
말: (語)	말 (馬)
눈: (雪)	눈 (目)
밤: (栗)	밤 (夜)
조:선 (造船)	조선 (朝鮮)
가:정 (假定)	가정 (家庭)
묻:다 (問)	묻다 (埋)

[표 12.1] 한국어 모음의 장단

한국어에서 장단의 이러한 변별 기능은 단어 초에서만 실현된다. 단어
초에서 장음으로 실현되는 것이 단어 초가 아닐 때에는 무표화되어 장단
의 구분이 없이 발음이 된다.

장	단
말:	거짓말
눈:	함박눈
밤:	군밤

[표 12.2] 한국어 모음의 장단의 무표화

이러한 한국어의 장단은 변별력이 약해지고 있다. 표준어인 서울말의 경
우에 장단의 변별 기능이 거의 사라지고 있는 추세로, 한국어에서 장단이
음소로서 기능하고 있다고 보기는 힘들다.[95]

(2) 표현적 장음화

어휘의 의미를 변별하는 기능을 하는 장음화와 달리 표현적 장음화의 경
우는 세대와 관계없이 한국인들이 장단의 차이를 인식해서 활용하고 있
다. 표현적 장음화는 어휘 의미를 변별하는 기능을 하는 것은 아니며, 다
음 예와 같이 특정한 표현에 대한 어감을 표현하는 기능을 한다.

---

95) 배주채(2003)에 따르면, 장단 변별 능력은 노년층에만 남아 있고 장년층은 희미하게 구별하며 청년층 이하
는 전혀 구별하지 못한다.

ㄱ 멀:리 간다고?

ㄴ 높:이 올라가 버렸다.

ㄷ 살:살 만져야지.

ㄹ 조용:하구나.

ㅁ 진:짜 배고팠어.

ㅂ 내 동생보다는 내가 훨:씬 예쁘지.

[표 12.3] **표현적 장음화 예시**

(3) 영어와 일본어의 장단

영어와 일본어에서 장단은 의미 변별 기능을 하는 음소로서의 지위를 가지고 있는 요소이다.

장	단
lead[li:d]	lid[lid]
seat[si:t]	sit[sit]
feet[fi:t]	fit[fit]

[표 12.4] **영어의 장모음 단모음 최소대립어**

장	단
おじいさん[oji:saŋ]	おじさん[ojisaŋ]
おばあさん[oba:saŋ]	おばさん[obasŋ]
おおい[o:i]	おい[oi]
めいし[me:si]	めし[mesi]

[표 12.5] **일본어의 장모음 단모음 최소대립어**

2. 강세와 악센트

강세(stress)는 조음의 힘(force of articulation)의 정도, 즉 얼마나 강하고 약하게 발음하는지를 가리키는 것으로 물리적으로 소리의 크기(loudness), 높이, 길이와 관련이 있는데, 인지적으로는 높이, 길이와 관련성이 크다. 강세는 언어에 따라 기능하는 바가 다른데, 이 책에서는 영어, 일본어, 한국어 경우를 중심으로 살펴보도록 하자.

(1) 일본어의 악센트[96]

영어의 악센트를 강약로 표시하는 것과 달리 일본어의 악센트는 고저 악센트 성격이 강해 악센트를 높낮이로 표시한다. 일본어는 악센트가 어휘부에 있어서 특정 음절에 악센트가 오는지 안 오는지가 이미 고정이 되어 있다. 예를 들어 표준어인 동경어의 경우 악센트어의 악센트는 첫 번째 음이 높으면 두 번째 음이 낮고 반대로 첫 음이 낮으면 그 다음 음은 높아진다는 규칙성이 있다.[97]

이같이 일본어는 단어에 일정한 고저 배치가 있으며, 그 고저 악센트가 어휘 의미를 변별하는 중요한 기능을 한다. 예를 들면, 제1 음절을 높게 발음하는 あめ/ame/는 '비'라는 뜻이지만, 제2 음절을 높게 발음하는 あめ/ame/는 '사탕'이 된다.

あめ	あめ / ame / 비	あめ / ame / 사탕
はし	はし / hasi / 젓가락	はし / hasi / 다리
きた	きた / kita / 왔다	きた / kita / 북쪽

[표 12.6] 일본어 악센트의 변별 기능

(2) 영어의 강세

영어의 악센트는 일본어와 달리 강약의 성격이 강해 강세라고 부른다. 영어의 강세가 어휘의 의미를 변별하는 기능을 한다. 예를 들어, present(선물)과 present(제시하다)는 악센트가 제1 음절에 있는지 제2 음절에 있는지에 따라 어휘의 의미가 달라진다. 즉, 강세가 변별 기능을 한다.

---

96) 영어의 강세와 일본어의 악센트는 단어의 한 음절(혹은 한 모라)에 실리며, 단어에서 돋들림으로 실현되는 절정적 기능을 한다는 공통점이 있지만, 분명한 차이도 존재한다. 영어의 강세는 음성학적 층위에서 부과되어 음성학적 측면에서 음절들 간 높이 관계가 바뀔 수 있는 데 비해 일본어의 악센트는 음운론적 층위에서 부과되어 다른 음절들과의 높이 관계가 음성학적 층위에서도 유지된다.

97) 일본어는 한국어와 달리 특정 기관이 공인하는 표준어는 존재하지 않는다. 다만 통상적으로 표준어라고 할 때 그 표준어는 동경어를 지칭한다. 일본어의 악센트 규칙은 방언에 따라 다른데 이 책에서 들고 있는 예시는 모두 동경어의 경우이다.

또, 영어의 강세는 어휘 변별 기능을 할 뿐 아니라 품사 구별, 구와 복합어 구별과 같은 준변별 기능(문법 기능)도 한다. 예를 들어, insult(명사)와 insult(동사)는 강세가 제1 음절에 있는지 제2 음절에 있는지에 따라 품사가 달라진다. 또, white house(하얀 집)와 Whitehouse(백악관)는 강세가 어느 음절에 있냐에 따라 구가 되기도 하고 복합어가 되기도 한다.

어휘 변별 기능	준변별 기능(문법 기능)
present 선물 present 제시하다	insult 모욕(명사) insult 모욕하다(동사)
object 물건 object 반대하다	Whitehouse 백악관 white house 하얀 집

[표 12.7] 영어 강세의 기능

(3) 한국어의 강세

한국어 역시 운율 특징상 강약을 나타내는 강세가 실현된다.[98] 하지만 한국어 강세는 영어와 달리 어휘 변별 기능을 하지는 않는다. 다만 한국어 강세는 복합어와 구를 변별하는 등의 준변별 기능을 하는 데 영향을 준다. 강세에 따라 리듬상의 돋들림이 결정되는데, 그 돋들림에 따라 말토막이 결정된다. 다음 예시와 같이, 강세에 따라 말토막이 다르게 결정되고 그에 따라 복합어와 구가 변별된다.

작은아버지 : 아버지의 동생	잘못하다 : 실수하다
작은 아버지 : 키가 작은 아버지	잘 못하다 : 능숙하지 않다

[표 12.8] 한국어 강세의 준변별 기능

이러한 한국어의 강세는 고정적으로 배치되어 있는데, 이호영(1997)에 따르면 한국어는 보통 첫 음절에 강세가 부과되고, 셋 이상의 음절로 이루어진 낱말의 첫 음절이 가벼운 음절이면 둘째 음절에 강세가 부과된다.

---

98) 한국어는 강세가 없다고 말하는 이들도 많은데, 한국어도 다른 언어와 마찬가지로 강세가 존재한다. 다만 강세의 위치에 따라 의미가 변별되지 않고, 리듬에 따라 강세 위치가 바뀌어 강세의 위치에 대한 것이 화자마다 직관적으로 다를 수 있어, 강세가 가시적으로 느껴지지 않기 때문에 강세가 없다고 생각하는 것이다.

이처럼 한국어 운율 체계에서 강세를 논하는 것은 한국어 강세구가 리듬 단위로 기능함에 초점을 맞추어 기술한 것으로 볼 수 있다. 하지만 한국인은 운율을 인식할 때 강약보다는 고저를 더 민감하게 인지하며, 한국어 단어나 강세구의 운율적 특징을 논할 때 고저와 관련한 강세구의 성조 유형이 더 비중 있게 다루어진다. 강세구의 성조 유형에 대한 것은 12장의 강세구에 기술되어 있다.

3. 성조

성조(tone)는 음의 높낮이 유형을 가리키는 것이다. 성조에는 어휘적 성조(lexical tone)와 음성적 성조(phonetic tone)가 있다.

(1) 어휘적 성조

어휘적 성조는 어휘의 의미를 변별하는 기능을 하는 음의 높낮이 유형을 말한다. 어휘적 성조가 있는 언어는 중국어, 타이, 베트남어 등의 아시아어와 아프리카 언어 중 다수 언어가 있는데, 이들을 성조 언어(tone language)라고 한다. 한국어의 경상도 방언 역시 어휘적 성조가 있다.

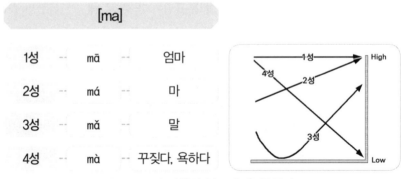

[ma]

1성	--	mā	--	엄마
2성	--	má	--	마
3성	--	mǎ	--	말
4성	--	mà	--	꾸짖다, 욕하다

[그림 12.1] **어휘적 성조의 예: 중국어**

[말]	[가라라]
[말] M: 斗	[가라라] HLL : (밭을) 갈아라
[말] H: 馬	(전구를) 바꿔라
[말] LH: 語	[가라라] LHL : (얼굴을) 가려라

[표 12.9] **어휘적 성조의 예: 경상도 방언**

음성적 성조는 어휘의 의미를 변별하는 기능을 하지 않는 성조를 말한다. 음성적 성조는 어휘적 성조와 달리 음의 높낮이 유형이 어휘 변별 기능을 하지 않아 비어휘적 성조라고도 한다. 서울말은 운율 유형 차원에서 강세 언어에 해당하며, 어휘마다 성조가 고정돼 있지 않다. 다만 강세구에 일정한 성조 연쇄 유형을 보인다. 서울말은 4음절 강세구를 기준으로 THLH 혹은 THLL의 유형이 전형적이다(T : 성조, H : 고조, L : 저조). 강세구의 첫 음절이 경음, 격음, 마찰음으로 시작되는 경우는 고조로, 그 외의 음소로 시작되는 경우는 저조로 실현된다(자세한 것은 12장 참고).

- T가 고성조군(격음, 경음, 마찰음)이 아님 :
  예) <u>미영이는</u> 불고기를 좋아해.
  　　 L HL H
- T가 고성조군(격음, 경음, 마찰음) :
  예) <u>할머니는</u> 불고기를 좋아하셔.
  　　 H HL H

[표 12.10] 한국어 강세구 성조 실현 규칙

4. 억양

억양(intonation)은 음조(pitch), 즉 음의 높낮이의 변화를 일컫는 것이다. 음향학적으로는 기본 주파수(fundamental frequency), 즉 F0의 추이에 해당한다.

한국어 억양의 체계에 대해서는 뒤에서 기술할 것이며, 억양의 기능에 대해서는 13장에서 다룰 것이므로 여기서는 간단히 언급하고 지나간다.

5. 음역

음역(pitch range)은 발화 중 가장 낮은 저점에서 최고점 사이의 폭을 가리킨다. 음역은 변별 기능이 있는 초분절 음소는 아니지만, 모국어 화자와 학습자 사이에 차이를 보여 주는 요소로, 학습자 언어를 이해하는 데 유용한 정보를 제공한다.

숙달도가 낮은 학습자의 경우 모국어 화자에 비해 음역이 상당히 좁게 나타나는 특징을 보인다. 모국어 화자의 발화는 음조의 기복이 커 음폭이 넓게 나타나고 초급 학습자의 경우는 음폭이 좁게 나타난다.

[그림 12.2]는 영어를 학습하는 한국인을 대상으로 한 양병곤·서준영 (2007)의 억양 연구에서 조사된 것이다. 영어 원어민과 한국인 상위 집단, 한국인 하위 집단의 의문문 억양 구조를 비교해 보면, 원어민이나 상위 집단과 달리 하위 집단의 발화는 음조의 기복이 크지 않다는 특징이 관찰된다. 즉 초급 학습자의 경우, 음역이 상당히 좁다.

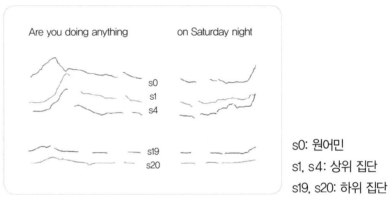

[그림 12.2] 영어 학습자의 유창도별 음역 크기 비교[99]

6. 발화 속도

발화 속도(speech rate)는 발화를 시작해서 마치는 데까지 걸리는 시간을 가리킨다. 발화 속도는 학습자 언어 연구에서 초분절적 요소들 중 비교적 활발한 연구가 이루어진 분야인데, 관련 연구들에서 공통적으로 발견된 사실은 모국어 화자들에 비해 학습자의 경우가 발화 속도가 느리다는 사실이다(Griffiths 1991, Lennon 1990, Munro and Derwing 1995). 학습자의 발화 속도가 느린 것은 학습자가 L2를 발화할 때는 여러 가지 어려움이 수반되기 때문일 것이다. L2로 정보를 처리하고 기호화하여 음운론적 정보를 복구하는 데 어려움이 따를 것이며, L2 음을 조음하는 것 자

---

99) [그림 12.2]는 양병곤 · 서준영(2007)에서 가져온 것이다.

체가 어려운 일일 수도 있다.

발화 속도가 느릴 경우, 모국어 화자가 학습자의 발화를 이해하는 데 장애 요소가 될 수 있다. 또, 어떤 부정적인 전형성(stereotypes)으로 간주되거나 발화 속도의 느림 자체가 비난받을 소지가 되거나 심지어는 모국어 화자를 짜증나게 만드는 원인이 될 수도 있다. Munro and Derwing(1995)은 L2를 발화할 때 최적의 속도는 너무 느리지도 빠르지도 않은 속도, 즉 분절적, 초분절적 오류가 계속 발생하더라도 외국인 발음이 덜 느껴지는 이해하기 쉬운 정도의 속도라고 논한 바 있다(Trofimovich and Baker 2006).

발화 속도는 음운 규칙이나 억양을 습득하는 것과도 밀접한 관련이 있어 중요하게 다룰 만하다. 발화 속도가 느린 학습자의 경우, 매 단어를 하나의 강세구처럼 발음하는 경우가 종종 나타나는데 이런 경우 역시 전체 발화의 억양 역시 자연스럽지 않은 억양으로 들릴 가능성이 높다. 유창하지 못한 학습자가 매 단어를 하나의 강세구로 발음할 경우, 음운 규칙의 적용 범위가 단어 내로 한정적으로 적용이 되므로 전체 발화가 자연스럽지 않게 들릴 수 있다(12장 참고). 그렇기 때문에 한국어 학습자의 경우라면 음운 규칙을 적절하게 적용하거나 억양이 자연스러워지려면 먼저 유창성, 즉 발화 속도를 개선하는 것이 급선무일 수 있다.

② 한국어 억양 체계

1. 억양 구조 단위

한국어 발화를 이루는 억양 구조 혹은 운율 구조는 단위를 네 단위로 설정하고 있는 연구자들도 있고, 세 단위로 설정하고 있는 연구자들(이호영 1996, 안병섭 2010)도 있다. 한국어 억양 단위를 네 단위로 설정하고 있는 연구자들로는 강옥미(2003), 신지영·차재은(2003), Jun(2000)이 있다. 이들은 한국어 운율 단위를 '음절-음운 단어-강세구-억양구'로 본다. 세 단위로 설정하고 있는 연구자들에는 이호영(1996)과 안병섭(2010)이 있다. 이호영(1996)과 안병섭(2010)은 음운 단어를 별도의 단위로 설정하지

않고 한국어 발화를 이루는 단위를 '음절-강세구-억양구'로 보고 있다.[100]

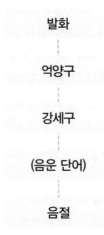

발화
⋮
억양구
⋮
강세구
⋮
(음운 단어)
⋮
음절

[그림 12.3] **한국어 운율 단위**

[그림 12.4]는 Jun(2000)에서 제시한 한국어 억양 구조의 계층도이다. 각각의 단위에 대해서는 다음에서 하나씩 설명될 것이다.

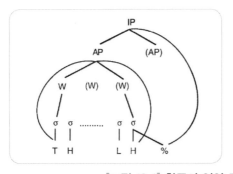

IP : 억양구(Intonation Phrase)
AP : 강세구(Accentual Phrase)
w : 음운 단어(phonological word)
σ : 음절(syllable)
% : 억양구 경계 성조

[그림 12.4] **한국어 억양 구조(Jun 2000)**

---

100) 한국어 억양 구조 단위의 명칭에 있어서 음성학 연구자들은 조금씩 다른 명칭을 사용해 기술하고 있는데, 명칭에 차이는 있으나 가리키는 바는 유사하다. 이호영(1996)의 '말토막'은 다른 연구자들의 '강세구'에 해당하고, '말마디'는 '억양구'에 해당한다.

Jun(2000)	음절 – 음운 단어 – 강세구 – 억양구
강옥미(2003)	음절 – 음운 단어 – 음운구 – 억양구 – 발화
신지영·차재은(2003)	음절 – 음운 단어 – 강세구 – 억양구 – 발화
이호영(1996)	음절 – 말토막 – 말마디 – 문장
안병섭(2010)	음절 – 강세구 – 억양구 – 발화

2. 음절과 음운 단어

음절은 안정적으로 발음할 수 있는 최소 단위로, 한국어 운율 구조의 최소 운율 단위이며, 성조가 실리는 운율 단위이다. 음운 단어(phonological word)는 하나 이상의 음절이 모여서 이루는 음절보다 상위의 운율 단위를 가리킨다. 음운 단어는 발화에서 하나의 단어처럼 내적 휴지 없이 실현되는 단위로, 형태론적 단어와 일치하는 경우가 많다.

3. 강세구

하나 이상의 음운 단어가 모여 이루는 음운 단어보다 상위의 운율 단위를 강세구(Accent Phrase, AP)라고 한다. 강세구는 대체로 일정한 성조 유형이 나타나는 단위이다.

한국어는 강세구를 단위로 일정한 성조 연쇄 유형이 나타난다. 표준어인 서울말의 경우, 4음절 강세구를 기준으로 THLH 혹은 THLL(T : 성조, H : 고조, L : 저조)의 연쇄가 나타난다. 강세구의 첫 음절이 경음, 격음, 마찰음과 같은 강음으로 시작되는 경우는 H(고조)로, 그 외의 음소로 시작되는 경우는 L(저조)로 실현이 된다.

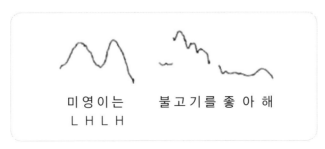

[그림 12.5] 첫 음절이 L로 실현되는 4음절 강세구 예시

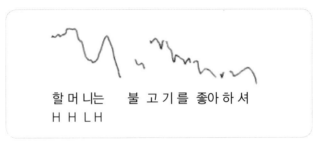

[그림 12.6] 첫 음절이 H로 실현되는 4음절 강세구 예시

(1) 강세구의 음절 수에 따른 성조 연쇄 유형

한국어의 강세구의 성조가 연쇄되는 유형은 4음절을 기준으로 THLH/ THLL이 기본이며, 강세구의 음절 수에 따라 [그림 12.7]과 같은 유형들이 나타날 수 있다.[101]

한국어에서 이러한 성조 유형은 단어에 나타나는 강세와 마찬가지로 의미 변별 기능을 하지는 않는다. 하지만 한국어 학습자가 성조 유형에 대한 규칙을 습득하지 못할 경우, 전체 발화가 어색한 외국인 발음(foreign accents)으로 들릴 수 있다.[102]

2음절	$\sigma_1\ \sigma_2$ T H	$\sigma_1\ \sigma_2$ T L		
3음절	$\sigma_1\ \sigma_2\ \sigma_3$ T H H	$\sigma_1\ \sigma_2\ \sigma_3$ T L H	$\sigma_1\ \sigma_2\ \sigma_3$ T H L	$\sigma_1\ \sigma_2\ \sigma_3$ T L L
4음절	$\sigma_1\ \sigma_2\ \sigma_3\ \sigma_4$ T H L H	$\sigma_1\ \sigma_2\ \sigma_3\ \sigma_4$ T H L L		
5음절	$\sigma_1\ \sigma_2\ \sigma_3\ \sigma_4\ \sigma_5$ T H L H	$\sigma_1\ \sigma_2\ \sigma_3\ \sigma_4\ \sigma_5$ T H L L		
6음절	$\sigma_1\ \sigma_2\ \sigma_3\ \sigma_4\ \sigma_5\ \sigma_6$ T H L H	$\sigma_1\ \sigma_2\ \sigma_3\ \sigma_4\ \sigma_5\ \sigma_6$ T H L L		

[표 12.11] 음절 수에 따른 강세구의 성조 연쇄 실현

(2) 강세구와 음운 현상

한국어에서 강세구는 음운 현상이 적용되는 범위인 경우가 많다. 다음 예시는 음운 현상이 강세구 내에서만 일어남을 보여 준다. ㄱ과 같이 '꽃다발 누가'를 하나의 강세구로 발음할 때 유음화가 일어나지만, ㄴ과 같이 두 개의 강세구로 발음할 때는 유음화가 일어나지 않는다.

ㄱ. 꽃다발 누가/ 사올래?// [꼳따발루가 사올래]

ㄴ. 꽃다발// 누가 /사올래?// [꼳따발 누가 사올래]

---

101) 강세구 마지막 음절은 H로 실현되는 경우가 더 보편적이지만 L로 실현되는 경우도 있다(Jun 2000, 신지영·차재은 2003).
102) 이호영·손남호(2007)의 한국인의 한국어 강세구 인식 연구에 따르면, 특히 어두 자음이 약자음일 때 L이 아닌 H로 실현시킬 때 특히 어색하게 받아들인다.

4. 억양구

하나 이상의 강세구가 모여 이루는 강세구보다 상위의 운율 단위를 억양구(Intonation Phrase, IP)라고 한다. 억양구는 억양이 얹히는 단위이다.

(1) 경계 성조

억양구의 마지막 음절의 음높이 유형을 경계 성조(boundary tone)라고 한다. 경계 성조는 장음화가 일어나고 휴지를 동반한다. 한국어는 발화의 마지막 억양구의 경계 성조의 유형에 따라 문장 유형에 대한 정보가 결정되기도 하고 비언어적인 의미가 전달되기도 한다. 발화의 마지막 억양구의 경계 성조의 억양은 문장 마지막 음절의 억양에 해당하므로, 문말 억양이라고도 한다.

(2) 한국어 경계 성조 유형

한국어 경계 성조는 크게는 상승조(H)와 하강조(L), 두 부류로 나눌 수 있겠다. 상승조는 정보를 구하는 발화, 즉 의문문에서 주로 나타나는데, 상승조는 아직 발화가 끝나지 않았음을 표지하는 기능을 할 때도 있다. 그리고 하강조는 의문문이 아닌 문장에서 주로 나타난다.

Jun(2000)에서는 한국어 경계 성조 유형으로, [그림 12.7]의 8가지에 LHLHL% 유형을 부가해, 9가지 유형을 제시한 바 있다. 앞서 기술한 바와 같이 이들 경계 성조 유형별로 문장 유형에 대한 정보는 물론, 비언어적인 측면의 정보가 전달된다. 한국어 경계 성조 유형에 따른 구체적인 언어적·비언어적 정보에 대해서는 13장에서 다룬다.

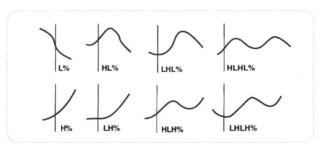

[그림 12.7] **한국어 억양구(IP)의 경계 성조 유형(Jun 2000)**

③ 교수 방법

1. 제시 방안 및 제시 시 유의 사항

(1) 장단

장단의 경우는 앞서 언급하였듯 한국인들에게도 더 이상 변별적이지 않은 경우가 많으므로 강조해서 교육할 필요가 없겠다.

(2) 강세구 성조 연쇄 유형

강세구 성조 연쇄 유형의 경우는 학습자가 한국인과 다르게 발음할 경우, 의미 차이를 가져오지는 않지만 어색하게 들릴 수 있다. 학습자에게 서울말의 성조 연쇄 유형을 교수하여 자연스러운 강세구 억양을 익힐 수 있도록 한다. 고성저군과 저성조군의 자음과 성조를 유형화시켜 제시한다. 유형별 예시를 함께 제시한다.

[그림 12.8] 4음절 강세구 성조 연쇄 유형 제시 방안 예시

2. 학습자 언어권별 교수 시 유의 사항

강세구 성조 유형의 실현에 있어서 학습자 언어권별로 나타나는 오류 경향과 교수 시 유의 사항에 대해 살펴보면 다음과 같다.

(1) 영어권 학습자 교수 시 유의 사항

영어권 학습자는 첫 음절에 강세를 두어 발음 강세구의 첫 음절을 습관적으로 고조로 발음하고 그 이후 음절들은 악센트를 해지시켜 저조로 발음하는 경향이 있다.

(2) 중국인 학습자 교수 시 유의 사항

중국인 학습자의 경우 한국어 강세구를 발음할 때 중국어의 성조를 전이시켜 발음하는 오류가 나타날 수 있다.

다음의 예시는 권성미(2011b)에서 조사한 것으로, 중국인 학습자가 강세구 성조 유형을 잘못 실현시키는 오류를 보여 준다[그림 12.8]. '떡볶이를'은 문두 음절이 고성저군으로 시작하여 첫 음절을 H로 실현시켜야 한다. 중국인 학습자의 경우, 이러한 규칙을 모를 때 첫 음절을 L로 실현시켜 '떡볶이를'을 LHLH로 발음할 수 있다. 이러한 발음은 한국인에게 어색하게 들리게 된다.

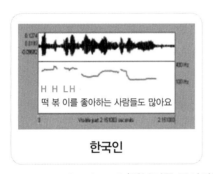
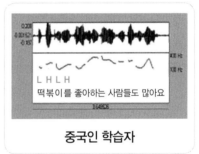

한국인   중국인 학습자

[그림 12.9] '떡볶이를 좋아하는 사람들도 많아요.'의 억양

(3) 일본인 학습자 교수 시 유의 사항

일본어는 악센트어의 경우, 첫 번째 음이 높으면 두 번째 음이 낮고 반대로 첫 음이 낮으면 그 다음 음은 높게 실현시킨다. 다시 말해서 첫 번째 음과 두 번째 음의 높낮이가 반드시 다르다는 특징이 있다. 이러한 일본어 악센트 규칙의 특징을 한국어 강세구 발음에 적용시켜 첫 음절이나 두 번째 음절을 높게 발음하고 높게 발음한 바로 다음 음절을 급격하게 뚝 떨어지게 발음하는 오류를 발생시킬 수 있다.

3. 학습 활동 예시

● 〈강세구 성조 유형 연습: 고성저군 변별하기〉 고성저군 골라내기. 어두음이 고성조군인 단어를 찾아 동그라미를 치게 한다. 그리고 교사를 따라 억양에 유의해서 따라 읽게 한다.

① 대구/(태국), 머리/허리, 전주/청주, 다리/파리, 자원/차원
② 전국/천국, 자요/차요, 바다/파도, 결례/켤례
③ 다정한/따뜻한, 주워요/추워요, 어머니/할머니
④ 두꺼워요/뜨거워요, 공부해요/청소해요, 지각해요/숙제해요
⑤ 운동해요/출근해요, 퇴근해요/ 요리해요

● 〈강세구 성조 유형 연습〉 성조 유형을 L/H로 표시하게 한 후 읽어 보게 한다.

메뉴판

①	생선구이 HHLH/HHLL	김치찌개	떡볶이	비빔밥
②	삼계탕	삼겹살	매운탕	콩나물밥
③	탕수육	떡국	부대찌개	
④	된장찌개	치즈김밥	미역국	

제 13 장

한국어 억양의 기능

학습 목표

☐ 한국어 억양의 다양한 기능에 대해 이해한다.

☐ 억양의 기능에 따라 억양을 어떻게 교수할지 생각해 본다.

본 강의

1 억양의 기능

2 유형별 기능

   1. 문법적 기능

   2. 태도·감정 표시 기능

   3. 담화 기능

   4. 사회언어학적 기능

3 교수 방법

   1. 제시 방안 및 제시 시 유의 사항

   2. 학습자 언어권별 교수 시 유의 사항

   3. 학습 활동 예시

한국어 발음 교육에서 억양 교육과 관련한 부분은 분절음이나 음운 규칙에 비해 아직까지 비중 있게 다루어지지 않는 경향이 있다. 거기에는 여러 이유가 있겠지만, 교사와 학습자가 억양에 대해 다소 가볍게 생각하는 것도 하나의 원인일 수 있다. 교사와 학습자 중에는 억양이 문장의 의미 차이를 가져올 수 있는 요소라는 사실을 간과하고 억양을 그저 모국어 화자처럼 자연스러운 발음을 하게 해 주는 '장식적인 요소' 정도로 생각하는 사람도 적지 않기 때문이다. 이 장에서는 한국어 억양의 주요 기능에 대해 살펴봄으로써 억양의 중요성에 대해 생각해 보고, 억양의 기능에 따른 교수 방법에 대해서도 생각해 보도록 하자.

① 억양의 기능

억양의 여러 기능을 포괄적으로 기술한 대표적인 연구로는 Couper-Kuhlen(1986)과 Chun(2002)가 있다. Couper-Kuhlen(1986)은 영어 억양의 기능을 문법적 기능, 태도적 기능, 정보적 기능, 언표내적 기능, 텍스트·담화 기능, 지표적 기능(indexical function)의 여섯 가지 유형으로 분류하였다. 그리고 Chun(2002)은 Couper-Kuhlen(1986)가 제시한 6개 기능 가운데 언표내적 기능, 텍스트·담화 기능, 정보적 기능을 담화 기능이라는 하나의 유형으로 묶고, 발화자의 성별, 나이, 직업, 사회적 배경, 지역적 배경을 알게 해주는 기능인 지표적 기능을 사회언어학적 기능으로 간주해, '문법적 기능, 태도적 기능, 담화 기능, 사회언어학적 기능'의 4개 유형으로 유형화하였다.

[그림 13.1] Couper-Kuhlen(1986)과 Chun(2002)의 억양의 기능 유형(권성미 2016)

한국어 억양 교육을 위한 억양의 기능을 유형화한 연구로는 권성미 (2016)가 있다. 권성미(2016)에서는 Chun(2002)을 바탕으로 문법적 기능, 태도적 기능, 담화 기능, 사회언어학적 기능의 네 유형으로 분류하되, 한국어 억양의 특징을 고려하여 각 기능들이 수행하는 세부 기능을 [표 13.1]과 같이 분류하였다.[103] 지면상 이 기능들을 모두 세세히 기술하는 것은 힘든 일로, 이 책에서는 몇 가지 주요 기능들을 중심으로 한국어 억양의 기능을 유형별로 살펴볼 것이다.

문법적 기능	• 통사적 특징을 표시하는 기능 • 문장 유형 표시 • 문장 구조 표시 → 실현: 문말 억양, 강세구 억양, 강세구 형성, 억양구 형성 등
태도 및 감정 표시 기능	• 화자의 태도와 감정을 표시하는 기능 → 실현: 문말 억양, 전체적인 높낮이, 세기, 속도 등
담화 기능	• 언표내적 행위(화행) 표시 • 정보 구조 표시: 신·구 정보, 초점 표시 • 상호작용 조절: 말차례, 맞장구 등 표시 • 텍스트 맥락 표시 → 실현: 문법 표현의 억양, 강세구 형성, 억양구 경계 억양, 문말 억양, 전체적인 높낮이 등
사회언어학적 기능	• 발화자의 성별, 나이, 직업, 사회적 배경, 지역적 배경, 청자와의 관계 등을 알게 해 주는 기능 → 실현: 전체적인 높낮이, 문말 억양, 강세구 억양 등

[표 13.1] 한국어 억양 기능의 유형(권성미 2016)

 유형별 기능

1. 문법적 기능

억양의 문법적 기능은 문장의 통사적인 특징을 표시하는 기능을 말한

---

103) 장혜진(2015)에서도 한국어 발음 교육을 위해 억양의 기능에 대해 포괄적으로 기술한 바 있다. 장혜진 (2015)에서는 '음운구(이 책의 '강세구') 억양, 문법적 기능, 화용적 기능'의 세 가지 유형으로 3분화해 한국어 억양 교육에 대해 논하였다.

다. 문장 유형을 표시하거나, 문장 구조에 대한 정보를 표시하는 기능이 문법적 기능에 해당한다. 한국어의 경우, 문장 유형에 대한 정보는 주로 문말 억양에 실리고, 문장 구조에 대한 정보는 강세구와 억양구 형성 양상으로 나타난다. 여기서는 문법적 기능 가운데 문장 유형 표시 기능을 중점적으로 살펴보기로 하자.

(1) 문장 유형 표시 기능

발화의 마지막 억양구의 경계 성조에는 문장 유형을 결정하는 정보가 실린다. 문말의 경계 성조 유형에 따라 평서문, 의문문, 명령문, 청유문 등이 실현된다. 대체로 낮거나 하강하는 억양일 때 평서문, 명령문, 청유문이 실현되고, 높거나 상승조일 때 의문문이 실현된다. 그리고 세부적인 화용 기능에 따라서는 평서문, 명령문, 청유문에도 상승조가 나타날 수 있다.[104]

또, 앞서 언급한 바와 같이 경계 성조에서 문장 유형에 관한 정보뿐 아니라 '짜증냄, 친근함, 상냥함, 권위를 가짐' 등과 같은 화자의 감정이나 태도와 관련된 것들, 즉 비언어적인 정보도 실린다.

사실상 문말 억양, 즉 발화의 마지막 억양구의 경계 성조의 억양 유형이라는 단일 정보로 화용적 측면의 비언어적인 특징을 판단하기에는 무리가 있다. 동일한 억양 유형이 상반되는 태도를 나타내는 경우가 빈번히 관찰되므로 크기, 속도 등과 같은 다른 요소들도 함께 고려하여 판단할 필요가 있다(13장 참고).

이 책에서는 문장 유형에 관한 정보가 실리는 경계 성조의 억양 유형을 다룸에 있어서 대체로 활용도가 높고 전형적인 것들을 중심으로 소개할 것이다.[105]

(2) 평서문

평서문의 문말 억양은 낮거나 이전 음절의 높이에 비해 하강하는 억양이 주로 나타난다. 평서문의 문말 억양의 세부적인 유형으로는 L, ML, LML,

---

104) 응답을 요구하는 발화의 문말은 상승조나 고조가 나타나고, 응답을 요구하지 않는 발화의 문말은 하강조 혹은 저조가 나타난다고 볼 수 있다.

105) 한국어의 문말 억양의 유형에 대해 더 자세히 공부하고 싶다면 Jun(2000), 이호영(1996), 신지영 · 차재은(2003), 김선철(2005) 등을 찾아보라.

LM, LMLM 등이 있다. L을 사용하면 차분하고 격식을 갖춘 느낌을 전할 수 있으며, ML은 단호한 느낌을 전한다. LML을 쓰면 친근하고 상냥한 느낌을 전할 수 있다. LML은 여성 화자들의 애교스러운 말투에서 자주 관찰되는 서울말의 대표적인 억양 모형이다. LM 역시 밝고 다정한 느낌을 전한다. 또, 이호영(1996)에 따르면, 화자가 청자를 달래듯이 말할 때나 청자에게 자신의 말이나 행동을 확인시킬 때도 LM이 쓰인다.[106]

문장 유형		억양 유형
평서문	기본유형	저조, 하강조
	세부유형	L : 차분하고 격식을 갖춤
		ML : 단호함
		LML : 상냥한 서울말
		LM : 밝고 다정함
		LMLM : 짜증냄

[표 13.2] 평서문의 경계 성조 유형

(3) 의문문

의문문의 문말 억양은 의문문의 유형에 따라 상이한 모습의 억양 유형이 나타난다. 먼저 긍정·부정의 답을 요구하는 판정 의문문의 문말 억양은 높거나 이전 음절의 높이에 비해 상승하는 억양이 주로 나타난다. 판정 의문문의 문말 억양의 세부적인 유형으로는 H, LH 등이 있다. 설명 의문문은 설명을 요구하는 의문문으로 서울말 화자의 전형적인 억양은 하강하

---

[106] 이호영(1996)에서는 문말 경계 성조에 해당하는 '핵억양'의 목록을 설정한 바 있다. 한국어의 핵억양으로 9개 유형을 목록화하였다. 이호영(1996)의 아홉 개 핵억양은 각각 다음과 같이 이 책의 경계 성조 표기 방식과 대응된다.

이호영(1996)	한국어 발음 교육론	이호영(1996)	한국어 발음 교육론
낮은수평조(Low Level)	L	온오름조(Full Rise)	LH
가운데수평조(Mid Level)	M	낮오름조(Low Rise)	LM
높은수평조(High Level)	H	내리오름조(Full-Rise)	MLH
낮내림조(Low Fall)	ML	오르내림조(Rise-Fall)	LML
높내림조(High Fall)	HM		

는 것으로 알려져 있다. 하강조로 ML이 주로 쓰인다. 의문사가 부정사로 쓰일 때에는 의문사가 있는 의문문이 판정 의문문의 기능을 하여 문말 억양 역시 판정 의문문의 억양인 H, LH가 쓰인다(ㄴ).[107] 선택 의문문은 선행하는 술부의 마지막 음절의 억양은 상승하고, 후행하는 술부의 마지막 음절의 억양, 즉 경계 성조의 억양은 하강한다. 수사 의문문은 반어 의문문이라고도 불리는 의문문으로 표면적인 것과 반대 의미의 의문문이다. 수사 의문문의 문말 억양은 저조나 하강조가 주로 쓰인다.

판정 의문문	ㄱ. A : 토요일에도 회사 가요?
	    B : 아니요, 주말에는 출근 안 해요.
	
	ㄴ. A : 어디 가요?
	    B : 아니요. 아무 데도 안 가는데요.

설명 의문문	A : 어디 가요? B : 커피 사러 가는 길이에요.
선택 의문문	A : 밥 줄까, 빵 줄까? B : 빵 먹을래요.
수사 의문문	A : 수미가 도서관을 갔겠어? 그 게으른 애가……. B : 글쎄…….

[표 13.3] 의문문의 유형과 예시

문장 유형		억양 유형
의문문	판정 의문문	H, LH
	설명 의문문	ML
	수사 의문문	L, ML
	선택 의문문	앞: LH, 뒤: L, HL

[표 13.4] 의문문의 경계 성조 유형

---

107) ㄴ과 같은 의문사가 부정사로 쓰이는 판정 의문문을 부정사 의문문이라고도 한다.

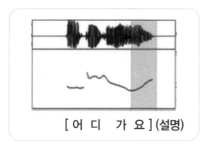 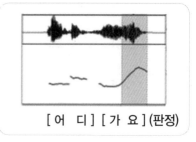

[어 디 가 요] (설명)   [어 디] [가 요] (판정)

[그림 13.2] 설명 의문문과 판정 의문문의 경계 성조 실현 예시

설명 의문문의 경우는 의문사 다음에 오는 강세구와의 경계가 해지되는 특징이 나타난다. 다시 말해, 의문사와 의문사 바로 뒤 강세구가 합쳐져 하나의 강세구로 발음된다. 반면에 의문사가 부정사로 쓰이는 ㄴ과 같은 의문문의 경우는 문말 억양이 H 혹은 LH라는 특징과 더불어, 의문사 다음에 새로운 강세구가 형성된다는 운율적 특징이 있다.

(4) 명령문과 청유문

명령문과 청유문은 평서문과 마찬가지로 저조, 하강조가 공통적으로 나타나는데, 억양만으로 평서문과 구분이 되지 않는 경우가 많다. 특히 명령문과 청유문의 억양은 세부 유형에 있어서 유사한 점이 많아 뚜렷이 구분이 되지 않는다. 명령문은 권위가 있는 명령은 낮거나 하강조로 실현시키고, 부드러운 부탁은 상승조로 실현시키는 경우가 많다. 청유문의 경우도 사무적이거나 권위적으로 제안할 때 저조로 실현되는 경우가 많고, 친근하게 제안할 때는 내려가다 올리는 억양이 주로 쓰인다.

문장 유형		억양 유형
명령문	기본 유형	저조, 하강조
	세부 유형	L, ML : 권위가 있는 명령 LM, LML : 부드러운 부탁
청유문	기본 유형	저조, 하강조
	세부 유형	L : 사무적인 제의 ML : 친근하게 제의 LM, LML : 친근하게 제의

[표 13.5] 명령문과 청유문의 경계 성조의 세부 유형

2. 태도·감정 표시 기능

억양의 태도 및 감정 표시 기능은 언어적 의미 이외의 억양이 전하는 정보를 가리키는 것으로 비언어적 정보를 전하는 기능을 말한다. 비언어적 정보를 전하는 억양의 특징은 언어 보편적인 것도 있고 언어에 따라 달리 나타나는 특징도 있다. 언어에 관계없이 공통적으로 나타나는 특징과 한국어에 특수하게 나타나는 특징에 대해 살펴보자.

(1) 비언어적 정보를 형성하는 요소

비언어적 의미는 경계 성조의 억양 유형뿐 아니라 음조 평균(pitch register)이나 음역(pitch span), 발화 속도(rate), 크기(loudness) 등과 관련이 있는데, 정도성을 가지는 것이 특징적이다.

앞서 문장 유형에 따라 달리 실현되는 경계 성조 유형에 대해 설명하면서 언급한 바 있듯이 비언어적 기능은 경계 성조 유형이라는 단일 정보로 분석하기에는 무리가 있다. 크기, 속도 등과 같은 다른 요소들이 복합적으로 작용하여 동일한 억양 유형의 경우에도 다른 태도를 나타낼 수 있기 때문이다. 경계 성조의 한 유형인 LML(오르내림조)의 경우를 예를 들더라도 이호영(1996)에서 기술한 바와 같이 '평서문에서 짜증내면서 말할 때, 권위를 가지고 명령할 때, 짜증내면서 제의할 때'도 사용되지만, 유승미(2007), 권성미(2011a)에서 주장하듯 평서문에서 상냥하고 애교 있게 말할 때나 친근하고 부드럽게 제의할 때에도 사용된다. 크기나 속도에 따라 동일한 억양 유형이 완전히 다른 비언어적 의미를 전하게 되는 것이다. 그러므로 억양의 비언어적 의미는 다음의 [그림 13.3]과 같이 경계 성조의 유형과 크기, 속도 등과 같은 다른 요소들이 복합적으로 작용하여 형성하는 것으로 보아야 할 것이다.

경계 성조의 억양 유형 ➕ 음조 평균 ➕ 음역 ➕ 속도 ➕ 크기

화자의 감정 및 태도를
결정하는 억양 정보 형성

[그림 13.3] 비언어적 정보를 형성하는 요소들

(2) 억양의 비언어적 정보의 세 측면

Gussenhoven(2004)과 Chen, Gussenhoven, and Rietveld(2004)에서는 비언어적 의미와 관련된 정보를 주파수 코드, 노력 코드, 산출 코드의 세 측면에서 기술하였다.

	• 후두의 크기 및 성대 진동율과의 관계에 대한 것
주파수 코드	• 정서적 차원 : 〈 고조(H) : 여성적, 친절함, 순종적, 우호적임 저조(L) : 남성적, 우월감, 자신감 있음
	• 정보 차원: 〈 고조(H): 정보에 대해 확신하지 않음 저조(L): 정보에 대해 확신함
노력 코드	• 발음하는 데 소요되는 수고의 정도에 대한 것 • 음조의 굴곡으로 강조, 놀람, 짜증남 등을 표현
산출 코드	• 성대 진동에 필요한 호기에 대한 것 〈 고조(H): 새로운 주제가 도입되었음 저조(L): 이전 주제가 유지되고 있음

[표 13.6] 비언어적 의미와 관련된 억양 정보의 세 측면

① 주파수 코드

주파수 코드(frequency code)는 주파수의 높이에 대한 것을 말한다. 주파수는 결국 성대 진동율과 관계가 있고 이는 후두의 크기와도 관련성이 높기에 주파수의 높이를 '힘(power)'의 크기를 표현하는 수단으로 보는 것이다. 주파수 코드는 정서적(affective) 차원에서, 고조(H)는 '여성적, 친절함, 순종적, 우호적임'을 나타내고, 저조(L)는 '남성적, 우월감, 자신감 있음, 공격적임'을 전달한다. 정보 차원에서 고조는 전달하는 정보에 대해 '확신하지 않음'을, 저조는 '확신하고 있음'의 메시지를 전한다.

② 노력 코드

노력 코드(effort code)는 발음하는 데 얼마만큼의 노력 혹은 수고가 요구되는지에 대한 것으로 음조의 굴곡(pitch excursion)과 관련이 있다. 강조하고 싶은 것, 중요한 것, 놀람, 짜증남 등을 표현할 때 음조 곡선의 굴곡이 다르게 나타난다.

③ 산출 코드

산출 코드(production code)는 성대 진동에 필요한 호기(subglottal air pressure)와 관계가 있는데, 보편적으로 발화는 앞부분이 고조로 시작되어 발화 말미로 갈수록 앞부분에 비해 낮은 저조가 나타난다. 고조는 새로운 주제가 도입되었음을, 저조는 이전 주제가 유지되고 있음을 나타낸다. 그리고 발화 끝 부분의 고조는 발화의 지속을, 저조는 발화의 종결을 나타낸다.

(3) 억양의 비언어적 기능과 언어 특수성

언어적인 사용과 마찬가지로 억양의 비언어적인 사용 역시 언어에 따라 특수성이 있다. 억양의 비언어적인 사용에 대한 언어 간 대조 연구 결과에 따르면, 음역이나 음조 평균 등이 전달하는 비언어적 정보가 언어 간에 유의한 차이가 있는 것으로 나타났다. Scherer(1979)에서는 미국 남성이 독일 남성보다 더 낮은 음조로 말한다는 사실을 발견했으며, Ohara(1992)에서는 일본 여성이 미국 여성에 비해 더 높은 음조로 말한다는 사실을 보고한 바 있다. 억양의 비언어적인 정보가 언어 간에 유의미한 차이가 있다는 의견이 확대됨에 따라, L2 억양에 나타나는 비언어적 의미의 습득에 관련된 연구가 이루어지게 된다. Bezooijen(1993)는 벨기에 여성이 발음한 네덜란드어가 네덜란드 여성이 발음한 네덜란드어를 비교하여 벨기에 여성의 중간언어 억양의 음조가 모국어 화자인 네덜란드 여성의 억양에 비해 더 높음을 밝힌 바 있다. 그리고 Chen, Gussenhoven, and Rietveld(2004)에서는 주파수 코드와 노력 코드에 있어서 언어권별로 그 정도성을 인식하는 차이에 대해 조사한 바 있다. 또, Chen(2009)에서는 네덜란드인의 영어 억양과 영국인의 네덜란드어 발화를 대상으로 음역과 기타 변인들을 활용해 강조(emphatic)와 놀람(surprised)이 인식되는 차이를 비교한 바 있다.

아직까지 억양의 비언어적 정보에 대한 한국어와 다른 언어들 간의 대조 연구는 거의 이루어진 바가 없지만, 아주 최근에 이르러 한국어 학습자의 중간언어 억양에 나타난 비언어적 특징에 대한 연구들이 실행되기 시작하였다(권성미 2011a, 윤은경 2012, 황선영 2014). 발견점이 일반화되기 위해서는 더 많은 연구가 이루어질 필요가 있다.

앞서 문장 유형별 억양의 세부 유형에서 다룬 바 있듯이, 문말의 경계 성조에도 화자의 감정이나 태도가 실현된다. 앞에서 문장의 유형별로 세부 억양으로 제시한 것들이 그 예시이다. 이같이 문말 경계 성조에 화자의 감정과 태도가 실현되는 것을 성조 위에 어조(tune)가 실리는 것으로 보기도 한다.[108]

3. 담화 기능

억양의 문법적 기능이 화자의 관점을 중심으로 문장 의미를 전하는 것이라면, 억양의 담화 기능은 화자의 관점은 물론 화자의 의도와 청자의 반응에 대한 고려, 또 상황에 대한 정보를 포괄하는 기능이라고 할 수 있다. 억양의 담화 기능에는 신·구 정보와 같은 정보 구조를 표시하거나 언표내적 행위(화행)에 대한 정보를 담거나, 텍스트의 맥락을 표시하고, 대화의 상호작용에 관한 정보를 표시하는 기능 등이 있다. 이 책에서는 이 가운데 초점 표지 기능을 중심으로 정보 구조 표시 기능에 대해 살펴보고, 문법 표현의 의미 용법 결정 기능을 중심으로 언표내적 행위 기능에 대해 알아볼 것이다.

(1) 초점 표지 기능

① 초점

운율 체계는 구어 담화에서 중의성을 해결하고, 담화구조 안에서 초점을 받는 단어나 구가 무엇인지 명시하는 것 등과 같은 청자가 구어 담화를 인지하는 데 중요한 역할을 담당한다. 초점은 문장 내 한 요소가 새로운 정보를 담고 있거나 다른 요소와 대조되어 강조되면서 운율적으로 돋들리

---

108) 박숙희(2013)에서는 문장 유형 표시 기능을 하는 고저 운율 위에 정서적 의도를 표현하기 위해 실리는 특정적인 어조를 '어조 운율형'으로 보았다. 어조 운율형으로 다음의 네 유형을 소개하고 있다.
   • 짧고 빠르게 내려오는 어조(HL) : 단호함, 박력조
   • 저조에서 상승하는 어조(LH) : 설명조(차분하게 설명하는 조), 완곡조(서술이나 명령을 완곡하게 표현)
   • 고조에서 낮아지다가 다시 높아지는 굴곡조(HLH)
   • 저조에서 높아지다가 다시 낮아지는 굴곡조(LHL) : 짜증조, 감탄조

게 나타나는 현상을 가리킨다(김성아 2003). 초점은 영역에 따라서 협의의 초점(narrow focus)과 광의의 초점(broad focus)으로 구분된다. 협의의 초점은 문장 내에서 한 단어가 초점을 받는 경우를 말하며, 광의의 초점은 구나 문장 전체가 초점이 되는 경우를 가리킨다. 다음의 예문에서 밑줄 친 부분이 초점 단어를 표한 것이다.

ㄱ. A : 마이클이 불고기를 먹었어요?

　　 B : 아뇨. 민호가 불고기를 먹었어요.

ㄴ. A : 민호가 삼계탕을 먹었어요?

　　 B : 아뇨. 민호가 비빔밥을 먹었어요.

ㄷ. A : 민호가 비빔밥을 버렸어요?

　　 B : 아뇨. 민호가 비빔밥을 먹었어요.

[표 13.7] 초점 발화의 예시

② 초점을 표지하는 요소

한국어에서 초점을 표지하는 요소로는 음조 최고점(pitch peak)의 위치, 강세구 경계 해지가 있다. 첫째, 발화 내 음조 최고점은 초점 받은 단어가 있는 강세구에 오게 된다. 둘째, 초점 받은 단어부터 강세구가 새롭게 시작되며, 억양구 내에서 초점 단어와 그 다음에 오는 단어 사이의 구 경계를 없애는 '구 경계 해지(dephrasing)'가 나타난다. 다시 말해, 같은 억양구 내에서 초점 단어 이후에 오는 초점을 받지 않는 단어들을 모두 그 강세구에 포함시켜 버린다. 결국 초점이 실린 발화는 초점이 음조 최고점의 위치와 강세구 경계를 결정한다고 할 수 있다.

위 [표 13.7]의 초점 발화의 경우를 예로 들자면, ㄱ은 음조 최고점이 첫 번째 강세구에, ㄴ은 두 번째 강세구에, ㄷ은 세 번째 강세구에 오게 된다. [그림 13.3]은 초점이 두 번째 강세구인 '비빔밥을'에 있는 발화의 억양 곡선을 나타낸 것이다. [그림 13.4]에서 보듯이 '비빔밥을'에 초점이 있는 경우, 뒤에 오는 강세구와의 경계가 해지되어 하나의 강세구를 형성하고 있음을 볼 수 있다.

발화문	강세구1 민호가	강세구2 비빔밥을	강세구3 먹었어요
ㄱ	✓		
ㄴ		✓	
ㄷ			✓

[표 13.8] 초점의 차이에 따른 음조 최고점의 위치

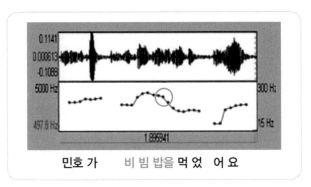

민호 가   비 빔 밥을 먹었 어 요

[그림 13.4] 초점이 '비빔밥을'에 있는 발화의 구 경계 해지

(2) 문법 표현의 의미 용법 결정 기능

한국어 어미들 가운데는 하나의 어미가 의미 용법에 따라 다른 억양으
로 실현되는 부류들이 있다. '-거든, -는데, -(으)ㄹ걸, -(으)ㄹ 텐데'와 같
은 어미들은 종결어미로 쓰일 때 하나 이상의 의미 용법이 있는데, 의미 용
법에 따라 억양 유형이 달리 나타난다. 이러한 문법 표현의 의미를 결정하
는 억양은 문법 표현에 실리는 각각의 억양이 달리 수행되는 것에 따라 청
자의 반응이 다르게 수반되는 '발화 수반력'을 가지는 경우가 많아, 언표내
적 표현, 즉 화행의 기능을 수행한다고 볼 수 있다.[109]

---

109) 억양에 따라 문법 표현의 의미가 달라지는 한국어 억양의 특징에 대해 더 공부하고 싶다면 권성미(2010a),
박기영(2009), 오미라 · 이해영(1994), 이혜영(2011), 정명숙 · 최은지(2013) 등을 참고.

① -거든

이유	↘ L, ML	A : 철수는 오늘 안 올 거야. B : 왜? A : 부산에 갔거든.
배경	↗ LH	A : 나 어제 인사동에 갔거든. 근데 거기서 민호 봤어. B : 그래?
확신 강조	↗ LH, MH	A : 너 어제 학교 안 갔지? B : 아니, 갔어. A : 에이, 거짓말 하지 마. 너 어제 학교 안 갔잖아. B : 아니라니까. 나 어제 학교 갔거든.

② -는데

대조	↘ L	A : 일본어 잘해요? B : 아니, 난 못 해. 내 동생은 잘하는데.
놀람 의외	↗ LH, MHM	A : 오, 잘하는데. B : 에이, 왜 그러세요? 부끄럽게.

③ -(으)ㄹ 텐데

추측	↗ LH	A : 수미가 제주도 갔는데, 날씨가 너무 추워서 재미없었대. B : 이상하네. 제주도 요즘 날씨 좋을 텐데.
아쉬움 후회	↘ L, ML	A : 언니도 같이 가면 좋을 텐데. B : 난 괜찮아. 다음에 같이 가자.

④ -(으)ㄹ걸

추측	↗ LH	A : 진수 술 잘 마셔? B : 잘 마실걸.
후회 아쉬움	↘ L, ML	A : 어제 조금만 마실걸. 아직도 머리가 아파. B : 그래. 다음부터 조금만 마셔.

4. 사회언어학적 기능

억양에는 발화자의 성별, 나이, 직업, 사회적 배경, 지역적 배경에 대한 정보가 실리는데, 이러한 지표적 기능(indexical function)을 사회언어학적 기능이라고 한다. 한국어 억양의 네 기능 가운데 상대적으로 미개척된 연구 분야로, 억양의 사회언어학적 기능에 대해서는 앞으로 연구를 통해 연구 결과가 축적될 필요가 있다.[110]

 교수 방법

1. 제시 방안 및 제시 시 유의 사항

(1) 억양 역시 분절음과 마찬가지로 심화된 훈련이 필요한 부분임을 인식해야 한다

억양의 경우 분절음과 달리 한국어에 장시간 노출되는 것만으로 자연스럽게 습득되지 않을까 기대하는 교사들이 있을 수 있다. 하지만 학습자가 아무리 긴 시간 한국어 환경에 노출되어도 억양은 자연적으로 습득되기 힘든 요소이며, 따라서 반드시 명시적으로 교수해야 할 부분임을 인지하도록 한다.

(2) 의미 변별 기능을 하는 요소들을 보다 중점적으로 다루는 것이 좋다

장단이나 강세와 같이 의미 변별 기능을 하지 않는 항목들은 강조해서 교수할 필요가 없다. 모음 장단 구별이 사라지고 있으므로 학습자에게 구분하라고 강조할 필요는 없다.

학습자가 외국인 화자처럼 들리게 만드는 가시적인 요소들(예를 들어, 초점 단어의 첫 번째 음절을 가장 높은 음조로 발화하는 것 등)에 대해서는, 교육과정 내에서 심화된 훈련이 필요하다. 분절음에 비해, 그 원인을

---

110) 억양의 화자 지표 기능에 대해서는 범죄과학의 차원에서 이루어진 연구들은 찾아볼 수 있다.

앎에도 불구하고 수정하기가 어렵지 않을 것으로 예상되므로, 심화된 훈련을 시키기 위한 실용적인 교수 방안이 개발되어야 할 것이다.

(3) 일부 억양 유형은 문법 항목과 연계해 교수할 필요가 있다

의미 용법에 따라 억양이 달리 실현되는 부류들은 문법 교육을 할 때 억양을 함께 제시할 필요가 있다.

-거든요
① 이유 : 어떤 일 혹은 행위의 결과에 대한 이유를 나타내는 것으로, 화자 자신이 한 말(결과)에 대해 이어서 이유를 말할 때 사용된다. 문말 억양(문장 마지막 음절의 억양)이 하강한다. A : 한국 연예인 중에서 누구를 좋아해요? B : <u>저는 장동건을 좋아해요</u>. **잘생겼거든요**. ↘ 　　　결과　　　　　　　　　이유
② 결과/연속 설명 : 어떤 사실을 설명할 때, 뒤에 이어서 관계있는 내용을 전달하고자 함을 나타낸다. 문말 억양이 상승한다. A : 우체국이 어디에 있는지 아세요? B : 똑바로 가면 사거리가 **나오거든요**. ↗ 거기서 오른쪽으로 가면 우체국이 나올 거예요.

[표 13.9] **억양에 따라 의미 용법이 달리 실현되는 문법 항목의 억양 제시 예시**[111]

(4) 억양의 비언어적 특징을 교수할 것인가

억양이 제공하는 정보가 없거나 억양을 통해 제공된 정보가 잘못된 경우에도, 맥락을 가지고 발화의 의미에 대한 추론이 가능할 수도 있을 것이다. 하지만 때로는 적절하지 않은 억양으로 인해 의사소통에 문제가 발생할 수도 있고, 의사소통에 큰 문제는 없다 하더라도, 학습자의 어눌한 발음을 개선시킬 필요가 있다.

---

111) 문법 학습서인 권성미(2011c)에서 가져온 것이다.

물론 오류를 범할 시에 의미 전달에 문제가 발생하는 (발화문의 의미를 결정하는) 경계성조의 유형을 교수하는 것과 같은 부분이 우선적으로 강조되어야 할 부분이다. 하지만 Trim(1988)에서 언급한 바와 같이, 독일인 영어 학습자들이 편편하고 낮은 억양 때문에 차갑고, 독단적이거나 현학적인 사람으로 오인받을 수 있는 것처럼, 중국인 학습자들이 문말 음절을 너무 짧게 발화할 경우, 때에 따라서는 무뚝뚝하고 친절하지 못한 것으로 비춰질 수 있기 때문이다(권성미 2011a).

한국어 학습자에게 한국어 평서문의 문말 억양으로 막연히 저조, 혹은 하강조를 사용하라고 강조할 것이 아니라, 다양한 억양 유형을 소개할 필요가 있다. 한국어 학습자들에게 상승조의 의문문과 대비시키기 위해, 평서문은 저조나 하강조를 사용한다는 정보만을 줄 경우에 낮은수평조나 낮내림조만을 지나치게 사용하게 될 가능성이 있기 때문이다. 물론 성별이나 발화 상황(context) 등 사회언어학적인 부분을 고려하여 적절한 맥락을 제공하면서 함께 제시하는 것이 좋다.

(5) 억양 항목의 교수 순서

한국어 표준 교육과정에서 등급별로 교육해야 할 억양 관련 항목을 제시하고 있는 것(표 13.6)을 바탕으로 한국어 억양의 교수 순서를 제안하자면 [그림 13.5]와 같다. 초급에서 문장 유형에 따른 기본적인 억양 교육이 먼저 이루어지고, 중급과 고급에서 의미 기능에 따른 억양을 교수하는 것이 좋다. 화용 의미에 따라 억양의 유형이 달라지는 어미들은 초급에서 연결어미의 학습이 끝난 후에 제시될 만한 것들이므로, 중·고급에서 교수하는 것이 적절하다.

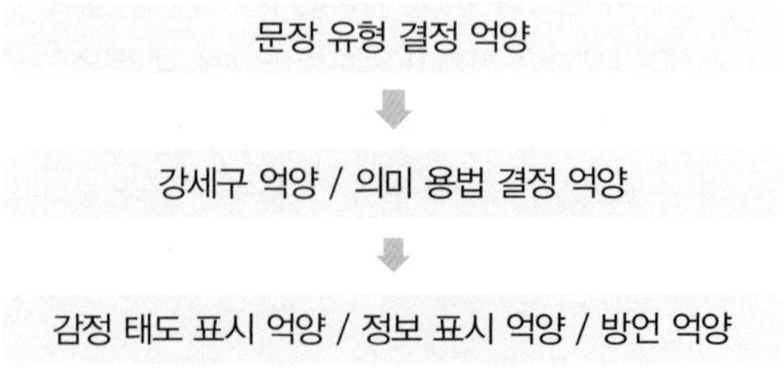

문장 유형 결정 억양

⬇

강세구 억양 / 의미 용법 결정 억양

⬇

감정 태도 표시 억양 / 정보 표시 억양 / 방언 억양

[그림 13.5] 한국어 억양 항목의 교수 순서

항목	내용	1	2	3	4	5	6	7
억양	평서문과 의문문, 명령문, 청유문의 어말 어조를 구별한다.	■	■	■				
억양	평서문과 의문문, 명령문, 청유문의 어말 어조를 적절히 구사한다.	■	■	■				
억양	어조에 따라 다른 '무엇' 의문문의 의미를 구별한다.	■	■	■				
억양	의미에 따라 다른 '무엇' 의문문의 어조를 적절히 구사한다.	■	■	■				
억양	한국어의 강세구 억양을 익혀 적절히 구사한다.	■	■	■				
어조	상대방의 발화를 듣고 전반적인 어조를 파악한다.	■	■	■				
기타	억양이나 장단, 휴지, 발화 속도 등을 통해 전달되는 화자의 태도, 발화의 뉘앙스를 이해한다.	■	■	■				
억양	화용적 기능을 억양에 담아 적절히 표현한다.	■	■	■				
어조	상황에 맞게 어조를 구별하여 적절히 발음한다.	■	■	■				
억양	방언의 특징적인 억양을 구별하고 이해한다.	■	■	■				
기타	억양이나 장단, 휴지, 발화 속도 등을 통해 자신의 태도, 발화의 뉘앙스를 표현한다.	■	■	■				

[표 13.10] 표준 한국어 교육과정의 등급별 억양 교수 · 학습 항목

2. 학습자 언어권별 교수 시 유의 사항

(1) 문장 유형별 문말 억양

① 영어권 학습자 교수 시 유의 사항

영어의 운율 구조에서 하나의 억양구는 강세가 실린 음절(stressed syllable), 피치 악센트(pitch accent), 구 악센트(phrasal accent)로 구성

된다. 영어의 경우에 피치 악센트의 유형, 피치 악센트의 위치, 경계 성조가 발화의 의미에 영향을 미친다.

영어 종결 억양에는 두 가지가 있다. 상승 하강 억양(Rising-falling)과 상승 억양(Rising)이 있다(한종임 2005). 상승 하강 억양은 문장 강세를 받는 음절에서 상승해서 종결 부분에서 내려가는 억양으로, 평서문, 명령문, 의문사 의문문, 감탄문에 쓰인다.

상승 억양은 문장 강세를 받는 음절에서 상승해서 문장이 종결할 때까지 지속적으로 상승하는 억양이다. '네-아니요 의문문'에서 주로 쓰인다.

평서문		상승-하강
명령문		상승-하강
청유문		상승-하강
의문문	설명 의문문	상승-하강
	부가 의문문	상승-하강
	판정 의문문	상승
	선택 의문문	앞 상승, 뒤 하강

[표 13.11] 영어의 문장 유형별 문말 억양

② 중국인 학습자 교수 시 유의 사항

중국어는 성조 언어지만 문말의 억양에 있어서는 비성조 언어와 억양 모형이 유사하다. 억양이 관여하는 범위나 정도에 대한 것은 합의가 이루어지지 않고 있으나, 억양이 서술, 의문, 명령 등의 문법적인 기능을 수행한다는 사실은 대체로 인정하고 있다(고미숙 2003). 중국어는 음절마다 성조가 실리지만, 문장 억양은 한국어와 마찬가지로 문말 부분에서 두드러진다.

중국어의 문말 억양은 크게 상승조와 하강조, 평탄조, 굴곡조 네 부류로 나뉜다. 상승조는 문말을 상승시키는 유형이고, 하강조는 문말을 낮고 짧게 발음한다. 평탄조는 뚜렷한 고저나 상승, 하강이 나타나지 않고, 문말 어조가 완만하다. 굴곡조는 오르내림 혹은 내리오름의 음조 변화가 뚜렷한 유형이다.

평서문, 명령문, 청유문, 설명 의문문의 경우, 하강조로 실현되고, 판정 의문문은 상승조로 실현된다. 그리고 평탄조와 굴곡조는 다양한 문장 유형에 걸쳐 나타날 수 있는데, 화용적 의미나 비언어적 더한다. 평탄조는 엄숙하고 냉담함을, 굴곡조는 과장, 풍자, 반어 등을 표현한다(김난미·김정은 공역 2005).

- 상승조 : 문말을 상승시키는 유형으로, 의문, 반문, 호소, 제안을 나타내거나 잠시 쉼에도 나타난다.
- 하강조 : 문말을 내리면서 낮고 짧게 발음하는 유형으로, 진술, 긍정, 감탄, 명령을 표현할 때 사용한다.
- 평탄조 : 평탄조는 뚜렷한 고저나 상승, 하강이 나타나지 않고, 문말 어조가 완만한 유형이다. 서술하거나 설명할 때, 또는 엄숙하고 냉담함 등을 나타낼 때 사용한다.
- 굴곡조 : 선강후승, 선승후강의 뚜렷한 음조 변화가 있다. 과장, 반어, 풍자 등을 표현할 때 사용한다.

● **문말을 짧고 약하게 발음하는 중국인 학습자**

중국어는 문말에 어기사가 빈번히 출현하는데 이러한 어기사들은 짧고 약하게 발음하는 경성(經聲)으로 실현된다.[112]

[그림 13.5]에도 나타나듯이, 한국인은 평균 음절 길이에 비해 문말 음절을 확연히 더 길게 발음하고 다른 음절 못지않게 세게 발음한다. 그에 반해, 중국인 학습자들은 한국어 문말 음절을 장음화시키지 않으며, 세기에 있어서도 문말 음절에서 새로운 에너지를 발생시키지 않고 약하게 발음한다.

문말에 경성(經聲)이 빈번히 출현하여 문장 끝을 짧고 약하게 발음하는 중국어의 특징을 전이시킨 것으로 보인다. 중국인 학습자가 이같이 문말 음절을 약화시켜 발음할 때 언어적인 의미 측면에서는 문제가 없이 소통할 수 있겠지만, 비언어적인 측면에서는 문제가 생길 수 있다. 한국인이 듣기에 말끝을 흐리는 느낌이 들거나 친절하지 못한 느낌을 전할 수 있다.

---

112) 경성은 중국어의 네 성조가 모두 강세가 일정한 것과 달리 높낮이가 앞에 오는 음절에 의해서 결정되며 약하고 짧게 이완된 음으로 나타나는 약강세음절(weak stressed syllable)을 말한다(최영애 2008). 중국어 회화 교재의 529개 문장을 조사한 송지현(2001)에 따르면 기초적인 회화에 나타나는 문장의 절반 이상이 이러한 경성으로 끝난다.

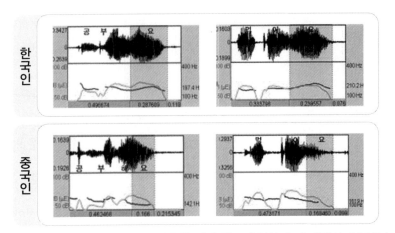

[그림 13.6] 한국인과 중국인이 발음한 경계 성조의 억양과 세기(권성미 2011a)

중국인 학습자에게 한국어 문말 억양을 교수할 때, 문말 음절 부분을 장음화시켜야 한다는 것을 명시적으로 제시할 필요가 있다. 예를 들어, '-아/어요' 체를 사용해 대화하는 연습을 할 때는 '요' 부분을 좀 더 길게 발음하도록 유도할 필요가 있다. 중국인 학습자의 경우에는 지나치게 짧게 발음하는 경향이 있으므로, 한국어 문말 음절 길이를 연장시키는 훈련이 필요하다.

③ 일본인 학습자 교수 시 유의 사항

일본어 문말 억양은 기본적으로 상승조는 상대방의 반응을 기대하는 의문을 나타내고, 하강조는 상대방의 반응을 요하지 않는 진술을 나타낸다.

일본어에서 상승조는 (1)과 같이 의문문에 쓰이기도 하지만, (2), (3)과 같이 청자의 반응을 요하는 평서문에서도 쓰인다(小泉保 1993). 이 밖에도 상승조는 주장을 할 때도 나타난다(Venditti 2005). 한편, 문장 유형은 의문문이지만, 청유문의 기능을 수행할 때는 (4)와 같이 하강조가 쓰이기도 한다.

(1) A : いきますか?↗ 갑니까? ikimasuka

   B : いきます。↘ 갑니다. ikimasu

(2) A : いきます。↗ 갑니까? ikimasu

   B : はい、私もいきます。네, 저도 갑니다. hai watashimoikimasu

(3) A : 今日は土曜日です。오늘은 토요일입니다. kyouhadoyoubidesu

   B : ええ、今日は日曜日ですよ。↗ 오늘은 일요일이에요.

   ee kyouhanichiyoubidesuyo

(4) A : いきますか?↘ 갑시다. (제안, 청유) ikimasuka

　　B : 宜しい、いきましょう。좋아요, 갑시다. yoroshii, ikimasyou

● 의문문을 하강조로 실현시키는 오류

의문문이 하강조로 실현되거나 평서문이 상승조로 실현되기도 하는 일본어의 억양의 특징을 한국어에 전이시켜, 의문문을 하강조로 발음하거나, 평서문을 상승조로 발음하는 오류가 종종 나타난다.

3. 학습 활동 예시

● 〈억양 연습: 섀도잉〉 억양에 유의하며 따라 읽게 한다. 〈보기〉처럼 교사의 발화가 끝나기 전에 학습자가 교사의 발화를 따라하도록 한다.

> **보 기**　교사 : 토요일에도 출근해요?
> 　　　　학생 :　　토요일에도 출근해요?
> 　　　　교사 : 아뇨, 토요일에는 출근 안 해요.
> 　　　　학생 :　　아뇨, 토요일에는 출근 안 해요.

1　A 주말에 영화 보러 가요.
　　B 네, 좋아요. 뭐 볼까요?

2　A 휴가에 어디에 갈지 모르겠어요.
　　B 제주도 가세요. 볼 거도 많고 먹을 거도 많아요.

3　A 한국 사람들은 휴가에 보통 어디에 가요?
　　B 요즘 휴가에 해외에 가는 사람들도 많아요.

● 〈설명 의문문과 판정 의문문의 억양 변별 인식 연습〉 들은 질문의 답으로 적절한 것을 찾게 한다.

1　A 밖에 누가 있어요?
　　B ＿＿＿＿＿＿＿＿＿＿＿＿＿＿.
　　① 아니요, 아무도 없어요.　　② 수미예요.

2 A 수미 지금 뭐 해요?

　　B _____.

　　① 네, 지금 설거지해요.　　　　② 청소해요.

3 A 뭐 마실래요?

　　B _____.

　　① 아니요, 오늘 음료수 너무 많이 마셨어요.

　　② 커피요.

● 〈문장 억양 연습〉 학생들에게 '나나나'와 같이 동일한 음절로 음 높이만 달리하여 교사를 따라 읽게 한다. 동일한 음절을 대입해 발음할 경우 억양에 집중하기 쉽다.

　　1　민호 씨는　　떡볶이를　　　　좋아해요.
　　　　　L H L H　　HHLH/HHLL　　L H L L
　　　　　나나나나　　나나나나　　　　　나나나나

　　2　저는　불고기를　　　　좋아해요.
　　　　　L H　L HL H/LHLL　L H L L

　　3　오늘　날씨가　　　좋아요.
　　　　　L H　LHH/LHL　L H L

　　4　철수 씨는　　　　비빔밥을　　　좋아해요?
　　　　　H H LH/HHLL　L HL H/LHLL　L H L H

● 〈의미 기능 결정 억양 인식 연습〉 대화의 빈칸에 들어갈 발화로 적절한 것을 듣고 찾게 한다.

　　1　A 수미가 제주도 갔는데, 날씨가 너무 추워서 재미없었대.

　　　　B 이상하네. _____.

　　　　① [제주도 요즘 날씨 좋을 텐데.↘]

　　　　② [제주도 요즘 날씨 좋을 텐데.↗]

2 A _____. 근데 거기서 민호 봤어.

   B 그래?

   ① [나 어제 인사동에 갔거든↘]

   ② [나 어제 인사동에 갔거든.↗]

3 A 일본어 잘 해요?

   B 아니, 난 못 해. _____.

   ① [내 동생은 잘 하는데↘]

   ② [내 동생은 잘 하는데.↗]

4 A _____. 아직도 머리가 아파.

   B 그래. 다음부터 조금만 마셔.

   ① [어제 조금만 마실걸↘]

   ② [어제 조금만 마실걸.↗]

● 〈**의미 기능 결정 억양 산출 연습**〉 밑줄 친 문장의 문말 억양에 유의
  해서 대화문을 읽게 한다.

   1 A 철수는 오늘 안 올 거야.

      B 왜?

      A 감기에 걸렸거든.

   2 A 사람들이 음식을 잘 안 먹네.

      B 맛이 없나 봐. 맛있으면 많이 먹을 텐데.

   3 A 수미 지금 식당에서 밥 먹고 있어.

      B 그래? 점심은 아까 먹었을 텐데.

   4 A 진수 술 잘 마셔?

      B 잘 마실걸.

● 〈초점 발화 인식 연습〉 질문을 듣고 초점이 다른 곳에 실린 문장들 가운데 질문의 답으로 적당한 것을 듣고 찾게 한다.

    1 [마이클이 불고기를 먹었어요?]
      ① [아뇨. <u>민호가</u> 불고기를 먹었어요.]
      ② [아뇨, 민호가 <u>불고기</u>를 먹었어요.]
      ③ [아뇨. 민호가 불고기를 <u>먹었어요</u>.]

    2 [할머니가 만드신 김치가 맛있다고요?]
      ① [아뇨, <u>할머니가</u> 만드신 두부가 맛있어요.]
      ② [아뇨, 할머니가 만드신 <u>두부가</u> 맛있어요.]
      ③ [아뇨, 할머니가 만드신 두부가 <u>맛있어요</u>.]

    3 [민호가 불고기를 버렸어요?]
      ① [아뇨. <u>민호가</u> 불고기를 먹었어요.]
      ② [아뇨. 민호가 <u>불고기를</u> 먹었어요.]
      ③ [아뇨. 민호가 불고기를 <u>먹었어요</u>.]

● 〈초점 발화 연습〉 학생들에게 초점이 실리는 부분에 밑줄을 치게 한다. 그리고 초점이 실린 대화문을 적절하게 읽게 한다. 초점이 실린 강세구의 음조를 높게 하고, 초점 단어부터 새로운 강세구를 만들게 하고, 초점 단어 이후에 구 경계를 해지시키는 연습을 시킨다.

    1 A 민호가 삼계탕을 먹었어요?
      B 아뇨. 민호가 <u>비빔밥</u>을 먹었어요.

    2 A 오후에 운동하는 사람이 많아요?
      B 아뇨. 오전에 운동하는 사람이 많아요.

    3 A 무대에서 말하는 사람들은 긴장되겠지요?
      B 아뇨. 무대에서 노래하는 사람들이 긴장될 거예요

    4 A 할머니가 만드신 김치가 맛있어요?
      B 아뇨. 할머니가 만드신 두부가 맛있어요.

부록

1 분절음 강의안 예시 : 평경격음

2 음운 현상 강의안 예시 : 장애음의 비음화

3 억양 강의안 예시 : 부정사 의문문의 억양

〈참고문헌〉

〈찾아보기〉

부록 1 분절음 강의안 예시

평경격음

주제	평경격음의 오류를 줄이기 위한 발음 수업
학습 목표	한국어의 평경격음을 변별적으로 인식하고 산출할 수 있다.
학습 대상	초급 학습자
소요시간	30분

단계	세부 단계	교수 · 학습 내용	자료 및 지도상의 유의점	시간 (분)
도입	• 흥미 유발, 주제 노출	• 평경격음 발음 오류로 인해 의사소통에 문제가 생기는 장면을 보여 주는 동영상 시청을 통해 학습자의 관심을 끌어내고 문제의식을 고취시킨다. **〈동영상 내용〉** (식당에서) A : 이 냉면 너무 차서 맛이 없어요. B : 냉면은 차갑게 먹는 음식이에요. 너무 차가우면 얼음은 건지세요. A : 아니요. 냉면이 너무 차요. 소금이 많아요. B : 아, 냉면이 짜요?	오류 동영상 준비	3
	• 학습 목표 제시	• 동영상의 대화에서 무엇이 문제인지 물어보고, 이번 시간에 'ㅈ-ㅉ-ㅊ' 발음을 공부하자고 하면서 학습 목표를 제시한다.		
제시	• 조음 원리 설명	• 경음과 평음, 격음은 기식성의 차이가 있음을 인지시킨다. – 손바닥 혹은 휴지를 활용하여 학습자가 조음 원리를 이해하였는지 스스로 확인케 한다. • 평음과 경음, 격음은 조음 기관의 긴장도에 차이가 있음을 설명한다. – '다다다다', '따따따따', '타타타타'와 같이 연이어 음절을 반복하게 해 긴장도의 차이를 인지시킨다. – 경음 발음이 힘든 학생은 발음하려는 자음 앞에 '으+자음'이 있다고 상상하고 1초 정도 숨을 멈추고, 속으로 '으+자음'을 발음하고, 해당 자음을 소리내어 발음하게 함으로써 후두를 긴장시키는 법을 익히게 한다. ◉ '읕따', '읍빠', '읏짜'	휴지 준비	5

제시	• 음소 설명	• '평음·경음·격음'이 의미 변별을 가져오는 소리임을 인지시킨다. 　– 의미를 전달할 수 있는 그림과 함께 최소대립어를 활용하여 제시한다. 　🔊 타다 vs. 따다, 토끼 vs. 도끼, 사다 vs. 싸다 　　(그림을 제시)	의미 전달할 수 있는 그림 준비	
연습	• 이해 연습	• 최소대립어 식별하기(identification task): 최소대립어 중 하나를 교사가 읽어 주고 활동지에서 들은 것을 찾는 연습을 한다. **교사:** [탈] **학생 활동지:** ① 달　② 탈　③ 딸 • 들은 순서대로 배열하기: 듣고 순서대로 배열하는 활동을 한다 **교사:** 탈 → 달 → 딸 **학생 활동지:** 달 (2)　탈 (1)　딸 (3)		20
	• 산출 연습: 　단어 단위	• 단어 차원에서 최소대립어 발음 테스트: 두 사람이 짝이 되어 한 사람 발음하고 한 사람은 듣고 찾는 연습을 한다. **학생 A:** 달 **학생 B:** ① 달　② 탈　③ 딸		
	• 산출 연습: 　문장 단위	• 문맥 내 최소대립어 활용한 문장 읽기 활동을 한다. 우리 딸은 달을 좋아해요. 방에 들어가서 빵을 먹어요. 공원에 풀이 났어요. 공원에 불이 났어요. 어제 꿀을 먹었어요. 어제 굴을 먹었어요.		
마무리	• 오류 수정	• 반복되는 오류를 수정해 준다.		2
	• 과제 부과	• 녹음 저널 만들기를 과제로 부과한다.		

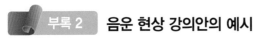 **부록 2** 음운 현상 강의안의 예시

장애음의 비음화 수업

주제	장애음의 비음화 교육
학습 목표	• 장애음의 비음화가 어떤 환경에서 일어나는지 규칙을 이해한다. • 장애음의 비음화를 적절히 적용시켜 정확하게 발음한다.
학습 대상	중급 학습자
소요시간	30분

단계	세부 단계	교수 · 학습 내용	자료 및 지도상의 유의점	시간 (분)
도입	• 주제 노출 및 동기 유발	• 한국어, 중국어, 일본어의 비슷한 말이 무엇인지 물어보면서 '한국말, 중국말, 일본말'을 소리 내 말해 볼 수 있도록 유도하고, 비음화가 일어나는 단어를 노출시킨다 • 칠판에 '한국말, 중국말, 일본말'을 써 주고 읽어 보라고 함으로써 장애음의 비음화가 일어나는 경우와 일어나지 않는 경우에 대해 생각해 볼 수 있게 한다. 한국말 [한국말]? [한궁말]? 중국말 [중국말]? [중궁말]? 일본말 [일본말]		3
	• 학습 목표 제시	• 왜 [한국말]이 아니고 [한궁말]로 발음하는지 공부해 보자고 하며 학습 목표를 제시한다.		
제시	• 조음 원리 설명	• 장애음의 비음화 규칙을 유형화시켜서 제시한다. ▼ 규칙 우리 딸은 달을 좋아해요. | ㄱ → ㅇ	ㄷ → ㄴ	ㅂ → ㅁ
---	---	---
먹는[멍는]	닫는[단는]	잡는[잠는]
작년[장년]	빗물[빈물]	앞문[암문]
국물[궁물]	찾는[찬는]	없는[엄는]			5
	• 규칙 적용 범위 설명	• 장애음의 비음화는 단어와 단어 간에도 일어남을 설명한다. 예 밥 먹은 사람 [밤머근 사람] 실컷 먹고 싶어. [실컫먹꼬시퍼]		

연습	• 산출 연습: 소리 나는 대로 쓰 연습	• 소리 나는 대로 쓰기 연습을 한다. 비음화가 일어나는 부분을 소리 나는 대로 쓴 후, 소리 내 읽어 보게 한다. 예 ① 국물 [궁물] 　꽃나무[꼰나무]	단어 카드 준비	20
	• 산출 연습: 대화문 읽기	• 비음화가 일어나는 표현이 포함된 대화문을 자연스럽게 읽는 연습을 한다. 비음화가 일어나는 부분에는 밑줄을 쳐 준다. 예 ① A: 수업 끝나고 뭐 할 거예요? 　B: 수업 끝나면 밥 먹으러 갈 거예요.		
	• 규칙 적용 환경 판단 연	• 비음화가 일어나는 단어와 일어나는 단어를 함께 제시하고 소리 내어 읽게 한다. 처음에는 다 같이 하다가 두세 명씩 조를 이뤄 조별로 연습을 하게 한다. 앞문　눈물　옛날　국물 못 먹어요　작년　신발　한복 합격　꽃나무　걷는　뒷문		
마무리	• 오류 수정	• 일본인 학습자와 중국인 학습자가 조음위치 동화를 일으키는 것에 대한 오류를 수정해 준다. 예 국물[굼물] → [궁물] 　겉만[검만] → [건만]		2
	• 과제 부과	• 장애음의 비음화가 일어나는 표현이 포함된 대화문을 자연스럽게 말하듯이 읽어서 녹음해 오는 것을 과제로 부과한다.		

부록 3 **억양 강의안 예시**

부정사 의문문의 억양

주제	부정사 의문문의 억양
학습 목표	• 부정사 의문문의 억양과 설명 의문문의 억양을 변별할 수 있다. • 설명 의문문의 억양과 변별적으로 사용할 수 있다.
학습 대상	중급 학습자
소요시간	30분

단계	세부 단계	교수 · 학습 내용	자료 및 지도상의 유의점	시간 (분)
도입	• 흥미 유발, 주제 노출	• 학생들에게 '어디 가요?'라는 질문에 대한 답으로 어떤 것이 적절할지 물어본다. A: 뭐 먹을래요? B: ① 전 비빔밥 먹을래요. 　② 아니요, 아직 배 안 고파요.		3
	• 학습 목표 제시	• 의문문의 억양에 따라 답이 달라질 수 있음을 알려 주고, 의문문의 다른 억양에 대해 공부하자고 하며 학습 목표를 제시한다.		
제시	• 두 의문문의 억양의 특징 제시	• 설명 의문문과 부정사 의문문의 억양의 특징을 설명하고 교사를 따라 읽게 한다. 　– 설명 의문문: 두 강세구 '뭐'와 '먹을래요'가 연결되게 발음하고, 문말 억양은 HL로 발음함을 설명한다. 　　A: [뭐 먹을래요]? 　　B: 전 비빔밥 먹을래요. 　– 부정사 의문문: 부정사 '뭐' 다음의 강세구인 '먹을래요'부터 새로운 강세구가 시작되게 발음하고, 문말 억양은 판정 의문문과 마찬가지로 H나 LH로 발음함을 설명한다. 　　A: [뭐][먹을래요]? 　　B: 아니요, 아직 배 안 고파요.	억양 곡선 준비	5

연습	• 인식 연습	• 설명 의문문과 부정사 의문문의 억양을 변별해서 인식하는 연습을 한다. 의문문의 발음을 들려주고 들은 질문의 답으로 적절한 것을 찾게 한다. 예 [밖에 누가 있어요?] ① 아니요, 아무도 없어요. ② 수미예요.		

	• 산출 연습	• 설명 의문문과 부정사 의문문이 포함된 대화문을 옆 사람과 낭독을 하게 한다.
		
		예 A: 요코 씨, 우리 뭐 먹을래요?
		  B: 아니요, 지금은 배가 안 고파요.
		    1시간 있다가 저녁 먹으러 갈까요?
		  A: 저녁에 뭐 먹을래요?
		  B: 시원한 냉면 먹을까요?
		
		• 설명 의문문과 부정사 의문문의 억양을 변별해서 산출하는 연습을 한다. 대답에 대한 적절한 질문을 억양으로 구분해서 발음해 보게 한다.
		
		예 A: 수미 지금 뭐 해요?
		  B: 네, 지금 설거지 해요.
			10	

활용	• 대본 읽기	• 먼저 드라마 대본을 읽는 연습을 하게 한다. 의문문의 억양은 물론 감정 표현과 같은 비언어적인 특징도 고려해 연습한다.		
	• 더빙	•동영상에 소리를 없애고 조별로 연기하여 더빙하게 한다.	10	
	• 발표	•조별로 더빙한 동영상을 재생시켜 함께 보면서 어느 조의 더빙이 가장 좋은지 투표를 하게 한다.		
마무리	•오류 수정	• 공통적으로 나타나는 오류를 수정해 준다.		
	• 과제 부과	• 설명 의문문과 부정사 의문문이 포함된 대화문을 나눠 주고, 과제로 그것을 자연스럽게 읽는 것을 핸드폰으로 녹음해서 교사에게 보내도록 한다.	2	

강사희(2005), 한국어 능력 평가 도구 개발의 실제, 국제한국어교육학회 제5차 국제학술대회 발표자료집, 395-406.

강옥미(2003), 『한국어 음운론』, 서울 : 태학사.

고미숙(2003), 중국어 억양 연구 고찰, 『중국어문학지』 13, 419-436.

권성미(2007), 한국어 단모음 습득에 대한 실험음성학적 연구, 이화여자대학교 박사학위 논문.

권성미(2009), 『한국어 발음 습득 연구: 모음 중심의 실험음성학적 연구』, 서울 : 박이정.

권성미(2010a), 연결어미의 종결어미적 쓰임에 나타나는 억양의 중간언어 연구, 『한국어 교육』 21(4), 1-23.

권성미(2010b), 학습 초기의 음소 교수 순서가 지각 범주화와 음성 습득에 미치는 영향 연구: 중국어 화자의 한국어 3중 대립 폐쇄음 습득 과정을 중심으로, 『언어연구』 25(4), 655-674.

권성미(2011a), 중국인 학습자의 한국어 억양에 나타나는 비언어적 양상 연구: 평서문의 문말에 나타나는 친절성을 중심으로, 1-22.

권성미(2011b), 중국인 한국어 학습자의 중간언어에 나타나는 억양의 특징 연구: 문두 강세구와 문말 억양을 중심으로, 『이중언어학』 45, 1-25.

권성미(2011c), 『한국어 기본 문법』, 서울 : 박이정.

권성미(2013), 외국어 음에 대한 음성적 민감성과 음소 습득 능력에 관한 연구, 『새국어교육』 97, 209-232.

권성미(2014), 발음 교육에 대한 한국어 교사의 인식 연구, 『국어 교육』 146, 505-529.

권성미(2015), 한국어교육을 위한 발음과 말하기 교육의 통합 방안 연구, 『화법연구』 30, 37-58.

권성미(2016), 억양의 기능에 따른 한국어 억양 교육 내용 고찰, 『언어와 문화 12(4), 1-27.

김난미·김정은 공역(2005), 『현대 중국어 개론』, 다락원(원전: 陈阿宝·吴中伟, 陈阿宝 现代汉语概论, 北京语言大学出版社).

김선정(2007), 결혼 이주 여성을 위한 한국어 교육, 『이중언어학』 33, 423-446.

김선정(2013), 음성학을 활용한 발음 교육 및 습득 연구 동향, 『언어와 문화 9(3), 117-139.

김선철(2005), 『국어 억양의 음운론』, 서울 : 경진문화사.

김성아(2003), 한국어 화자의 영어 억양에 나타나는 L1의 전이 현상에 관한 연구, 『Foreign Language Education 10(3)』, 263-281.

김소야(2006), 한국어 평음·경음·기음에 대한 중국인의 지각적 범주 연구, 『이중언어학』 32, 57-79.

김영선(2007), j계 하향이중모음 '의'의 단모음화 연구, 『동남어문논집』 23, 5-27.

김은애 외(2008), 한국어 억양 교육을 위한 방법론적 고찰: 교재 개발의 측면에서, 『한국어교육』 19(2), 3-23.

김중섭 외(2011), 국제 통용 한국어 교육 표준 모형 개발 2단계, 국립국어원.

민상희(2010), 여성 결혼 이민자를 위한 독학용 한국어 발음 교재 개발 방안 연구: 베트남인 여성 결혼 이민자를 대상으로, 부산외국어대학교 석사학위 논문.

박기영(2009), 한국어 학습자를 위한 한국어 종결어미의 억양 교육 방안: 특히 양태 의미에 따른 억양 차이를 중심으로, 『우리어문연구』 34, 373-397.

박동호 외(2006), 한국어교육능력검정시험 문항 개발 연구 보고서, 국립국어원.

박성현(2011), 한국어 어두파열음 삼중대립 지각학습 효과: 일본인과 중국인 학습자를 대상으로, 『한국어교육』 22(2), 139-160.

박성현·박형생(2008), 지각학습과제가 한국어 삼중대립 음소의 변별에 미치는 영향, 『인지 및 생물』 20(3),

145－166.

박숙희(2013), 『한국어 발음 교육론(개정판)』, 서울 : 역락.

박창원·오미영·오은진(2004), 『한영일 음운 대비』, 서울 : 한국문화사.

배주채(2003), 『한국어의 발음』, 서울 : 삼경문화사.

서정목(2002), 대조 분석이론에 관한 연구: 음성·음운 측면을 주심으로, 『언어과학연구』 23, 67－88.

송지현(2001), 한국인의 중국어 발음상의 문제점: 언어 간섭의 복잡성을 중심으로 억양과 음절 길이 분석, 『중국어문논집』 17, 153－178.

손형숙·안미애(2011), 단어 내 위치에 따른 한국어 폐쇄음의 VOT 연구: 대구 지역어 화자를 대상으로, 언어과학연구 59, 149－180.

신지영·차재은(2003), 『우리말 소리의 체계: 국어 음운론 연구의 기초를 위하여(2판)』, 서울 : 한국문화사.

장혜진(2012), 국어 어두 장애음의 음향적 특성과 지각 단서, 고려대학교 박사학위 논문.

조민하·신지영(2003), 경상 방언과 서울 방언의 VOT 지속 시간에 대한 비교 연구, 말소리 46, 1－11.

안병섭(2010), 『한국어 운율과 음운론』, 서울 : 월인.

양병곤·서준영(2007), 말하기 숙달도에 따른 대학생 집단별 억양곡선 고찰, 『음성과학』 14(3), 77－89.

오미라·이해영(1994), 외국어로서의 한국어 억양 교육, 『한국어교육』 5, 109－125.

유승미(2007), 현대 서울말 평서문에 나타나는 억양 연구: 어말어미 '－아/어, －지요'와 '－ㅂ/습니다'를 중심으로, 『언어사실과 관점』 17, 33－144.

윤은경(2012), '해요체'의 발음 교육을 위한 청자의 친절도 반응 비교: 대구 지역 거주 한국인과 중국인을 중심으로, 『이중언어학』 50, 107－138.

이진호(2005), 『국어 음운론 강의』, 서울 : 삼경문화사.

이혜영(2009), 발음 전략을 이용한 한국어 발음교육의 효용성 연구, 계명대학교 석사학위 논문.

이혜영(2011), 고급 학습자를 대상으로 한 "－을걸" 억양의 변별 교육 및 효과에 관한 연구, 『한국어교육』 22(3), 257－283.

이호영(1996), 『국어음성학』, 서울 : 태학사.

이호영(1997), 『국어 운율론』, 서울 : 한국연구원.

이호영·손남호(2007), 한국어 말토막 억양 패턴의 인지, 『한글』 277, 5－45.

장현묵·정운규·김수연·이승연(2014), 한국어교육에서의 피드백 연구 동향 분석, 『이중언어학』 56, 314－340.

장혜진(2015), 한국어 교육을 위한 억양 교육 항목에 대하여, 『한국어학』 67, 193－215.

장혜진·신지영(2010), 어두 폐쇄음의 발성 유형 지각에서 나타나는 방언 간 차이: 서울 방언과 대구 방언의 비교를 바탕으로, 『한국어학』 49, 369－388.

정명숙·이경희(2000), 학습자 모국어 변이음 정보를 이용한 한국어 발음 교육의 효과: 일본인 학습자를 대상으로, 『한국어교육』 11(2), 151－167.

정명숙·최은지(2013), 한국인과 외국인의 발화에 나타난 "－잖아"의 기능과 억양 실현 양상, 『한국어학』 60, 143－165.

조민하·신지영(2003), 경상 방언과 서울 방언의 VOT 지속시간에 대한 비교 연구, 『말소리』 46, 1－11.

최영애(2008), 『중국어란 무엇인가(개정 증보판)』, 서울 : 통나무.

최용재(1984), 대조 분석의 범위, 『영어교육』 28, 55－71.

최정순(2012), 한국어 발음 교육의 현황과 과제, 『언어와 문화』 8(3), 295－324.

한종임(2005), 『영어 음성학과 발음 지도: 영어교육학적 접근(제2판)』, 서울 : 한국문화사.

허용·김선정(2006), 『외국어로서의 한국어 발음 교육론』, 서울 : 박이정.

황선영(2014), 핵억양에 나타나는 화자의 태도에 대한 한국어 고급 학습자의 인식 연구, 『화법연구 25, 251－272.

Aoyama, K., Flege, J., Guion, S., Akahane-Yamada, R., and Yamada, T.(2004), Perceived phonetic dissimilarity and L2 speech learning: The case of Japanese /r/ and English /i/ and /r/, *Journal of Phonetics* 32, 233-250.

Baker, W. and Trofimovich, B.(2005), Interaction of native- and second- language vowel system(s) in early and late bilinguals, *Language and Speech* 48(1), 1-27

Bezooijen, R.(1993), Fundamental frequency of Dutch women: An evaluative study, Proceedings of the 3rd European Conference on Speech Communication and Technology.

Chela-Flores, B.(2001), Pronunciation and language learning: An integrative approach. *International Review of Applied Linguistics in Language Teaching* 39(2), 85-101.

Best, C. and Strange, W.(1992), Effects of phonological and phonetic factors on cross-language perception of approximants, *Journal of Phonetics* 20, 305-330.

Best, C.(1994), The emergence of native-language phonological influences in infants: A perceptual assimilation model, In Goodman, J. and Nusbaum, H.(eds.) *The Development of Speech Perception: The Transition from Speech Sounds to Spoken Words*, 167-224, MIT Press.

Best, C., McRoberts, G., and Gooddell, E.(2001), Discrimination of non-native consonant contrasts varying in perceptual assimilation to the listener's native phonological system, *Journal of the Acoustical Society of America* 109, 775-793.

Bohn, O. and Flege, J.(1996), Perception and production of a new vowel category by adult second language learners, In James, A. and Leather, J.(eds.) *Second Language Speech: Structure and Process,* 53-73, Mouton de Gruyter.

Bongaerts, T., van Summeren, C., Planken, B., and Schils, E.(1997), Age and ultimate attainment in the pronunciation of a foreign language, *Studies in Second Language Acquisition* 19, 447-465.

Breathnach, C.(1993), Temporal determinants of language acquisition and bilingualism, *Irish Journal of Psychological Medicine* 10(1), 41-7.

Breitkreutz, J., Derwing, T. and Rossiter, M.(2001), Pronunciation teaching practices in Canada, *TESL Canada Journal* 19(1), 51-61.

Brown, A.(1991), *Teaching English Pronunciation: A Book of Readings*. London: Routledge.

Burgess, J. and Spencer, S.(2000), Phonology and pronunciation in integrated language teaching and teacher education, *System* 28, 191-215.

Carroll, J.(1981), Twenty-five years of research in foreign language aptitude, In Diller, K.(eds.) *Individual Differences and Universals in Language Learning Aptitude*, 83-118, Rowley, MA: Newbury House.

Carroll, S. and Swain, M.(1993), Explicit and implicit negative feedback, *Studies in Second Language Acquisition* 15(3), 357-386.

Celce-Murcia, M., Brinton, D, and Goodwin, J. (2010), *Teaching Pronunciation: A Course Book and Reference Guide*(2nd Ed.), Cambridge University Press.

Chen, A.(2009), Perception of paralinguistic intonational meaning in a second language, *Language Learning* 59(2), 367-409.

Chen, A., Gussenhoven, C. and Rietveld, T.(2004), Language-specificity in the preception of paralinguistic intonational meaning, *Language and Speech* 47(4), 311-350.

Cucchiarini, C., Sterik, H.. and Boves, L.(2000), Quantitative assessment of second language learners' fluency by means of automatic speech recognition technology, *Journal of the Acoustical Society of America* 107(2), 989.

Derwing, T. and Munro, M.(2005), Second language accent and pronunciation teaching: A research-based approach, *TESOL Quarterly* 39, 379-397.

Derwing, T. and Munro, M.(1997), Accent, intelligibility, and comprehensibility: Evidence from four L1s, *Studies in Second Langauge Acquisition* 20, 1-16.

Derwing, T. and Rossiter, M.(2002), ESL learners'perceptions of their pronunciation needs and strategies, *System* 30 (2), 155–166.

Derwing, T. and Rossiter, M.(2003), The effects of pronunciation instruction on the accuracy, fluency, and complexity of L2 accented speech, *Applied Language Learning* 13(1), 1-17.

Derwing, T.(2003), What do ESL students say about their accents?, *The Canadian Modern Language Review* 59 (4), 547–566.

Derwing, T.(2009), Utopian goals for pronunciation teaching, Proceedings of the 1st Pronunciation in Second Language Learning and Teaching Conference, 24-37.

Derwing, T. and Munro, M.(2005), Second language accent and pronunciation teaching: A research-based approach, *TESOL Quarterly* 39, 379-397.

Derwing, T., Munro, M. and Wiebe, G.(1998), Evidence in favor of a broad framework for pronunciation instruction, *Language Learning* 48(3), 393-410.

Dieling, H. (1992), *Phonetik im Fremdsprachenunterricht Deutsch*. Berlin: Langenscheidt Publishers.

Dlaska, A. and Krekeler, C.(2008), Self-assessment of pronunciation, *System* 36(4), 506-516.

Eckman, F.(1977), Markedness and the contrastive analysis hypothesis, *Language Learning* 27, 315-330.

El Tatawi, M.(2002), Corrective feedback in second language acquisition, Working papers in TESOL and Applied Linguistics 2, 1–19.

Elliott, R.(1997), On the teaching and acquisition of pronunciation within a communicative approach, *Hispania* 80(1), 95-108.

Engwall, O. and Bälter, O.(2007), Pronunciation feedback from real and virtual language teachers, *Computer Assisted Language Learning* 20(30), 235-262.

Engwall, O., Bälter, O., and Öster, A.(2006), Designing the user interface of the computer-based speech training system ARTUR based on early user tests, *Behaviour and Information Technology* 25(4), 353-365.

Ervin-Tripp, S.(1974), Is second language learning like the first?, *TESOL Quarterly* 8, 111-127.

Fagel, S. and Madany, K. (2008), A 3-D virtual head as a tool for speech therapy for children, Proceedings of Interspeech 2008, 2643–2646, ISCA.

Flege, J.(1984), The detection of French accent by American listeners, *Journal of the Acoustical Society of America* 76, 692–707.

Flege, J.(1995), Second-language speech learning: Theory, findings, and problems. In Strange, W.(eds.), *Speech Perception and Linguistic Experience: Theoretical and Methodological Issues*, 229-273, Timonium, MD: York Press.

Flege, J.(1987), A critical period for learning to pronounce foreign language?, *Applied Linguistics* 8, 162~177.

Flege, J.(1999), Age of learning and second-language speech, In Birdsong, D.(eds.), *Second Language Acquisition and the Critical Period Hypothesis*, 101-132, Erlbaum Press.

Flege, J. and Hillenbrand, J.(1984), Limits on phonetic accuracy in foreign language speech production. *Journal of Acoustical Society of America* 76(3), 706-719.

Flege, J., Bohn, O. and Jang, S.(1997), Effects of experience on non-native speakers'production and perception of English vowels, *Journal of Phonetics* 25, 437-470.

Flege, J., Frieda, E., and Nozawa, T.(1997), Amount of native-language (L1) use affects the pronunciation of an L2, *Journal of Phonetics* 25, 169-186.

Flege, J., Munro, M. and Mackay, I.(1995), The effect of age of second language learning on the production of

English consonants, *Speech Communication* 16, 1-26.

Flege, J., Schirru, C., and MacKay, I.(2003), Interaction between the native and second language phonetic subsystems, *Speech Communication* 40, 467-491.

Flege, J., Yeni-Komshian, G., and Liu, S.(1999), Age constraints on second- language acquisition, *Journal of Memory and Language* 41, 78-104.

Foote J., Holtby A. and Derwing T.(2011), Survey of the teaching of pronunciation framework for pronunciation instruction, *Language Learning* 48, 393-410.

Freeman, M.(1995), Peer assessment by groups of group work, *Assessment and Evaluation in Higher Education* 20, 289–99.

Gendrot, C., and Adda-Decker, M.(2007), Impact of duration and vowel inventory size on formant values of oral vowels: An automated formant analysis from eight languages, Proceedings of the 16th international congress of phonetic sciences, 1417-1420.

Geschwind, N.(1970), The organization of language and the brain, *Science* 170, 940-944.

Gilbert, J.(2010), Pronunciation as orphan: What can be done?, *Speak Out* 43, 3-7.

Gottfried, T. and Suiter, T.(1997), Effect of linguistic experience on the identification of Mandarin Chinese vowels and tones. *Journal of Phonetics* 25(2), 207-231.

Griffiths, R.(1991), Language classroom speech rates: A descriptive study, *TESOL Quarterly* 25(1), 189-194.

Gussenhoven, C.(2004), The *Phonology of Tone and Intonation*, Cambridge: Cambridge University Press.

Holliday, J.(2014), The perceptual assimilation of Korean obstruents by native Mandarin listeners, *The Journal of the Acoustical Society of America* 135(3), 1585-1595.

Hamada, Y.(2016), Shadowing: Who benefits and how? Uncovering a booming EFL teaching technique for listening comprehension, *Language Teaching Research* 20(1), 35-52.

Hughes, I. and Large, B.(1993), Staff and peer-group assessment of oral communication skills, *Studies in Higher Education* 18(3), 379-385.

Isaacs, T.(2008), Towards defining a valid assessment criterion of pronunciation proficiency in non-native English-speaking graduate students, *Canadian Modern Language Review* 64(4), 555~580.

Jenkins, J.(2000), *The Phonology of English as an International Language*, Oxford: Oxford University Press.

Jenkins, J.(2002), A sociolinguistically based, empirically researched pronunciation syllabus for English as an international language, *Applied Linguistics* 23(1), 83-103.

Johnson, L. and Newport, E.(1989), Critical period effects in second language learning: the influence of maturational state on the acquisition of English as a second language, *Cognitive Psychology* 21, 60-99.

Jun, S. (2000), K-ToBI(Korean ToBI) labelling conventions, *UCLA Working Papers in Phonetics*, 149-173.

Kadota, S.(2007), *Shadowing to Ondoku no Kaagaku* [Science of shadowing, oral reading, and English acquisition], Tokyo: Cosmopier Publishing Company.

Kang, K. and Guion, S.(2008), Clear speech production of Korean stops: Changing phonetic targets and enhancement strategies, *The Journal of the Acoustical Society of America* 124(6), 3909-3917.

Kang, Y.(2014), Voice Onset Time merger and development of tonal contrast in Seoul Korean stops: A corpus study, *Journal of Phonetics* 45, 76-90.

Kelly, L.(1969), *25 Centuries of Language Teaching: An inquiry into the science, art, and development of language teaching methodology, 500 B.C.-1969*. Rowley, MA: Newbury House.

Kuhl, K. and Iverson, P.(1995), Linguistic experience and the "Perceptual Magnet Effect", In Strange W.(eds.) *Speech Perception and Linguistic Experience: Issues in Cross-language Research*, 121-154, York Press.

Krashen, S.(1973), Lateralization, language learning, and the critical period: Some new evidence, *Language Learning* 23(1), 63-74.

Krashen, S.(1979), Adult second language acquisition as post-critical period learning. *ITL: Review of Applied Linguistics* 43, 39–52.

Lambert, S.(1988), Information Processing among Conference Interpreters: A test of the depth-of-processing hypothesis. *Meta: Translators'Journal* 3, 377–387.

Lamendella, J.(1997), General principles of neurofunctional organization and their manifestations in primary and non-primary language acquisition, *Language Learning* 17, 155-196.

Lenneberg, E.(1967), *Biological Foundations of Language*, New York: Wiley.

Lennon, P.(1990), Investigating fluency in EFL: A quantitative approach, *Language Learning* 40, 387-417.

Levis, J.(2005), Changing contexts and shifting paradigms in pronunciation teaching, *TESOL Quarterly* 39(3), 369-378.

Levis, M.(2008), Pronunciation and the assessment of spoken language, In Hughes, R.(eds.), *Spoken English, Applied Linguistics and TESOL: Challenges for Theory and Practice*, 245~270, London: Palgrave Macmillan.

Lightbown, P. and Spada, N.(1999), Instruction, first language influence, and developmental readiness in Second language acquisition, *The Modern Language Journal* 83(1), 1-22.

Lyster, R. and Ranta, L.(1997), Corrective feedback and learner uptake, *Studies in Second Language Acquisition* 20, 37-66.

Mackay, IRA, Meador, D., and Flege, J.(2001), The identification of English consonants by native speakers of Italian, *Phonetica* 58, 103-125.

Major, R. and Kim, E.(1999), The similarity differential rate hypothesis, *Language Learning* 49(1), 151-183.

Massaro, D. W. and Light, J. (2003), Read my tongue movements: Bimodal learning to perceive and produce non-native speech/r/and/l/, Proceedings of Eurospeech (Interspeech), 8th European Conference on Speech Communication and Technology, 2249–52.

Massaro, D., Bigler, S., Chen, T., Perlman, M. and Ouni, S.(2008), Pronunciation training: The role of eye and ear, Proceedings of Interspeech 2008, 2623–2626.

Menzel, W.(2000), Fehlerdiagnose und Feedback in einem Aussprachetraining für den Fremdsprachenerwerb, Hamburg University, 69-75.

Miller, L. and Ng, R.(1994), Peer assessment in oral language proficiency skills. Perspectives, Working Papers in the Department of English, City University of Hong Kong.

Milovanov, R., M. Huotilainen, V. Valimaki, P. Esquef, and Tervaniemi, M.(2008), Musical aptitude and second language pronunciation skills in school-aged children: Neural and behavioral evidence, *Brain Research* 1194, 81-189.

Milovanov, R., Pietilä, P., Tervaniemi, M., and Esquef, P.(2010), Foreign language pronunciation skills and musical aptitude: a study of Finnish adults with higher education, *Learning and Individual Differences* 20(1), 56-60.

Moyer, A.(1999), Ultimate attainment in L2 phonology, *Studies in Second Language Acquisition* 21, 81-108.

Moyer, A.(2009), Input as a critical means to an end: Quantity and quality of experience in L2 phonological attainment. In Piske, T. and Young-Scholten, M.(eds.), *Input Matters in SLA*, 159-174, New York: Multilingual Matters.

Munro, J. and Derwing, T.(1995), Processing time, accent, and comprehensibility in the perception of native and foreign-accented speech, *Language and Speech* 38, 289-306.

Munro, M. and Derwing, T.(1995), Foreign accent, comprehensibility, and intelligibility in the speech of second language learners, *Language learning* 45(1), 73-97.

Munro, M. and Derwing, T.(2001), Modeling perceptions of the accentedness and comprehensibility of L2 speech the role of speaking rate, *Studies in Second Language Acquisition* 23(4), 451-468.

Munro, M., Flege, J., and Mackay, I.(1996), The effect of second-language learning on the production of English vowels, *Applied Psycholinguistics* 17, 313-334.

Murphey, T.(2001), Exploring conversational shadowing, *Language Teaching Research* 5, 128–155.

Neri, A., Cucchianini, and Strik, H.(2002), Feedback in computer assisted pronunciation training: technology push or demand pull?, Proceedings of 7th International Conference on Spoken Language Processing.

Neufeld, G.(1978), On the acquisition of prosodic and articulatory features in adult language learning, *Canadian Modern Language Review* 34, 163-174.

Oh, E.(2011), Effects of speaker gender on voice onset time in Korean stops, *Journal of Phonetics* 39(1), 59-67.

Ohara, Y.(1992), Gender-dependent pitch levels in Japanese and English: A comparative study, Proceedings of the Second Berkeley Women and Language Conference, 469-477.

Ouni, S., Cohen, M. and Massaro, D.(2005), Training Baldi to be multilingual: A case study for an Arabic Badr, *Speech Communication* 45(2), 115-137.

Oyama, S.(1976), A sensitive period for the acquisition of nonnative phonological system, *Journal of Psychological Research* 5, 261-283.

Patkowski, M.(1990), Age and accent in a second language: A reply to James Emil Flege, *Applied Linguistics* 11-1, 73-89.

Peabody, M.(2002), Methods for pronunciation assessment in computer aided language learning, PhD Thesis, MIT.

Penfield, W. and Roberts, L.(1959), *Speech and Brain Mechanism*, Princeton University Press.

Piske, T., Flege, J., MacKay, I., and Meador, D.(2002), The production of English vowels by fluent early and late Italian-English bilinguals, *Phonetica* 59, 49-71.

Pucell, E. and Suter, R.(1980), Predictors of pronunciation accuracy: A reexamination, *Language Learning* 30(2), 271-287.

Rolfe, T. (1990), Self-and peer-assessment in the ESL curriculum, *The Second Language Curriculum in Action* 6, 163-86.

Saito, K. and Lyster, R.(2012), Effects of form-focused instruction and corrective feedback on L2 pronunciation development of /ɹ/ by Japanese learners of English, Language Learning, *Language Learning* 62(2), 595-633.

Scherer, K.(1979), Personality markers in speech, In Scherer, K. and Giles, H. (eds.), *Social Markers in Speech*, 147-201, Cambridge: Cambridge University Press.

Schmidt, A.(2007), Cross-language consonant identification: English and Korean, In Bohn, O.-S. and Munro, M.(eds.) *Language Experience in Second Language Speech Learning: In honor of James Emil Flege,* 185-200, Amsterdam: John Benjamins.

Scovel, T.(1969), Foreign accent: Language acquisition and cerebral dominance, *Language Learning* 19, 245-254.

Sheen, YH. (2004), Corrective feedback and learner uptake in communicative classrooms across instructional settings, *Language Teaching Research* 8, 263-300.

Sheen, R.(2003), Focus on form: A myth in the making, *ELT Journal* 57(3), 225-233.

Skehan, P. (1991), Individual differences in second language learning, *Studies in second language acquisition* 13(2), 275-298.

Skehan, P.(2002), The orizing and updating aptitude. In Robinson, P.(eds.) *Individual Differences and Instructed Language Learning* 2, 69-94, John Benjamins Publishing.

Skehan, P.(1998), *A Cognitive Approach to Language Learning*, Oxford: Oxford University Press.

Snow, C. and Hoefnagel-Höhle, M.(1978), The critical age for language acquisition: evidence from second language learning, *Child Development* 49, 1114-1128.

Silva, D.(2006), Acoustic evidence for the emergence of tonal contrast in contemporary Korean, *Phonology* 23(02), 287-308.

Silva, D(2006a), Variation in voice onset time for Korean stops: A case recent sound change, Korean Linguistics 13(1), 1-16.

Silva, D(2006b), Acoustic evidence for the emergence of tonal contrast in contemporary Korean, *Phonology* 23(2), 287-308.

Trim, M.(1988), Some contrastive intonated features of British English and German, In Klegraf, J., Nehls, D., Nickel, G.(eds.) *Essays on the English Language and Applied Linguistics on the Occasion of Gerhard Nickel's 60th Birthday*, 235-249, Heidelberg: Julius Groos.

Trofimovich, P. and Baker, W.(2006), Learning second language suprasegmentals: Effect of L2 experience on prosody and fluency characteristic of L2 speech, *Studies in Second Language Acquisition* 28(1), 1-30.

Tsukada, K., Birdsong, D., Bialystok, E., Mack, M., Sung, H., and Flege, J.(2005), A developmental study of English vowel production and perception by native Korean adults and children, *Journal of Phonetics* 33(3), 263-290.

Venditti, J.(2005), The J_ToBI model of Japanese intonation, In Jun, S.(eds.) *Prosodic Typology: The Phonology of Intonation and Phrasing*, 172-200, Oxford University Press.

Yamada, R.(1995), Age and acquisition of second language speech sounds: Perception of American English /ɹ/ and /l/ by native speakers of Japanese. In Strange, W.(eds.) *Speech Perception in Linguistics Experience: Issues in Cross-Language Research*, 305-320, Timonium, MD: York Press.

Yeni-Komshian, G., Flege, J. and Lui, S.(2000), Pronunciation proficiency in the first and second languages of Korean-English bilinguals, *Language and Cognition* 3(2), 131-149.

Young, D.(1991), Creating a low-anxiety classroom environment: What does language anxiety research suggest?, *The Modern Language Journal* 75(4), 426-439.

小泉保(1993), 日本語教師のための日語学入門, 大修館書店.

吳宗济(1992), 現代漢語語音概要, 華語教育出版社.

L1 사용량······················42, 44, 46, 48

애착도, L1 집단에 대한 애착도···············48

경험 기간, L2 경험 기간···············42, 45

거주 기간, L2 환경 거주 기간···············48

VOT, Voice Onset Time, 성대 진동 시작 시간

·····························140

가상 교사·····················88, 89, 90

각운(rhyme)·····················100

감각 피드백(sensory feedback)···········87

강가 설−대조분석 가설···············34

강세(stress)·················50, 233

강세구(Accentual Phrase)···········241

개음절·····················160

거시 기능(macro−skill)···········20, 55

격음화·················27, 28, 104, 182

결정적 시기 가설(Critical Period Hypothesis)······

·····················22, 42, 43

경계 성조·····················243

경구개·····················97

경구개음·················133, 134

경구개음화·····················105

경음·····················138

경음화·····················209

고쳐 말하기(recasts)···············85

공명도(degree of sonority)·······101, 141, 189, 190

공명음·····················141

교수 효과·····················21

구 경계 해지(dephrasing)···········259

구강·················95, 136

구강음·····················95

구개음화·····················219

구별 기호(diacritics)···········106, 107

국제 통용 한국어 표준 모형···············18

국제음성기호·····················106

권설음·················126, 149, 152, 168

기식성·····················138

긴장성·····················138

나이·····················42

노력 코드(effort code)···········256

뇌의 편재화(lateralization)···········43

단모음·····················111

단어 구조 제약·····················103

단운모·················125, 126

대조분석 가설·············34, 35, 38, 39

대치·····················104

도치·····················104

동료 평가(peer evaluation)···········80

두음·····················99

마찰음·····················135

말음·················99, 100

종성·····················159

메타언어 설명(metalinguistic explanation)······87

메타언어 피드백(metalinguistic feedback)········85

명료화 요구(clarification requests)···········85

명시적 수정(explicit correction)···········85

명시적 피드백(explicit feedback)·········84, 85

모국어 발음의 흔적(accentedness)·······14, 76

모국어 화자와 같은 발음·········13, 14, 15

무기음(unaspirated)···············94

무성음(voiceless)···············94

무표화·····················232

문말 억양·················243, 251

문법번역식 교수법·····················48

미시 기능·················20, 55

반모음, 활음, 전이음·········117, 118

반복(repetition)···············85

발성(phonation) ·················· 94

발음 명료도 ························ 78

발화 속도(speech rate) ·········· 238, 239, 255

배출음(egressive) ················ 94

변별적 ·························· 98

변이음 ·························· 98

변이음 규칙 ····················· 103

변이음 변동 현상 ·················· 104

분리 평가(discrete-point test) ····· 78

분석적 평가(analytic evaluation) ···· 80

분절음(segment) ················· 98

불파음 ························· 142

비강 ·························· 93, 95

비강음 ························· 95

비언어적 변인 ··················· 42, 47

비음 ·························· 136

산출 코드(production code) ········ 256, 257

상보적 분포 ····················· 98

상향식 처리(bottom-up processing) ··· 57

섀도잉(shadowing) ················ 68, 70

설단(blade) ····················· 96

설면(front), 전설 ················· 96

설배(back), 후설 ················· 96

설첨(tip), 혀끝 ·················· 96

설측음 ························· 137

성대 ·························· 93, 95

성도(vocal tract) ················· 95

성문 ·························· 94

성문음 ························· 133

성절음(syllabic) ·················· 100

수동조음체 ····················· 96

수정적 피드백(corrective feedback) ···· 82, 84, 85

순행적 유음화 ··················· 202

시동(initiation) ·················· 94

실질 형태소 ····················· 175

악센트 ························· 33

암시적 피드백(implicit feedback) ······ 85

약 가설-대조분석 가설 ·············· 34

양 방향 처리 ···················· 57

양순음 ························· 133

어문규정 ····· 111, 191, 193, 203, 210, 211, 212, 220

어휘적 성조(lexical tone) ··········· 236

억양 ·························· 237

억양구(Intonation Phrase) ·········· 243

언어 적성(language aptitude) ········ 46

역행적 유음화 ··················· 203

연구개 ························· 96, 97

연구개음 ······················· 105, 133

연음화, 연음 ···················· 175

외국인 말투(foreign accent) ········· 76

운미 ·························· 125

유기음(aspirated) ················· 94

유도(elicitation) ·················· 86

유성음(voiced) ··················· 94

유성음화 ······················· 105, 142, 147

유음 ·························· 137

유음의 비음화 ··················· 191, 192, 195

유음화 ························· 202

유창성 ························· 15, 239

유표성 차이 가설 ·················· 37

음성범주동화(phonetic category assimilation) ··· 39

음성범주이화(phonetic category dissimilation) ·· 39

음성습득모형(Speech Learning Model) ······ 39

음성적 성조(phonetic tone) ··········· 237

음소 배열 제약 ·················· 101

음역(pitch range) ················· 237

음운 ·························· 97

음운 규칙 ····················· 103

음운 단어(phonological word) ········ 239, 241

음운론적 공동 영역(common phonological space)

··39
음절···241
음절 구조 제약································102, 160
음절 배열 제약····················102, 189, 202
음절말 끝소리 규칙·························175
음절말 평파열음화···········104, 161, 176
음조(pitch)·······································237
의사소통식 접근법···························50
이중모음····································111, 116
이해 가능성(intelligibility)···············77
이해 가능한 발음···························14, 15
이해 난이도(comprehensibility)·····14, 77
이해하기 쉬운 발음························13, 14
인두··93, 95
인지주의적 접근법···························50
자기 평가(self-assessment)··········80, 81
자음군 단순화····························160, 162
장단(length)··································231
장애음···141
장애음의 비음화····················189, 190
전설모음············95, 111, 112, 124
전이··35
정확성·····························13, 15, 76
조음 교수 피드백(articulatory instructions)·······86
조음 기관···································96, 96
조음 위치 동화························104, 197
조음(articulation)·····························95
조음점··97
조음체··96
종성···99, 159
종성 제약·······································102
주파수 코드(frequency code)···········256
중성···99, 159
지각 자석 효과(Perceptual Magnet Effect)·······42
지각동화모형(Perceptual Assimilation Model,

PAM)···41
직접 교수법·····································49
첨가···104
청각구두식 교수법···························49
초분절음(suprasegment)···········98, 231
초성···99, 159
초성 제약······································160
초점(focus)·····································258
총괄적 평가(holistic evaluation)········80
최소대립쌍, 최소대립어·····················97
축약··104
치조··97
치조음·····································97, 133
치찰음···134
크기(loudness)·······························233
탄설음···137
탈락··104
통합 평가(integrative test)················78
파열음···134
파찰음···136
평음··138
폐음절···160
표준 교육과정·····························18, 27
표준 발음······································111
표준 한국어 교육과정··················18, 265
표준발음법···25, 111, 191, 193, 203, 211, 212, 220
표현적 장음화································232
하향식 처리(top-down processing)···········56
핵··99
핵억양···252
현실 발음·····························26, 27, 28
형식 형태소···································175
후두(larynx)····································95
후설모음·······························95, 111, 112
흡기음(ingressive)····························94

한국어 교육학 총서

한국어 발음 교육론

초판발행	2017년 4월 25일
초판 3쇄	2022년 3월 30일

저자	권성미
책임편집	권이준, 양승주, 김아영
펴낸이	엄태상
콘텐츠 제작	김선웅, 김현이, 유일환
마케팅	이승욱, 왕성석, 노원준, 조인선, 조성민
경영기획	마정인, 조성근, 최성훈, 정다운, 김다미, 오희연
물류	정종진, 윤덕현, 양희은, 신승진

펴낸곳	한글파크
주소	서울시 종로구 자하문로 300 시사빌딩
주문 및 교재 문의	1588-1582
팩스	0502-989-9592
홈페이지	www.sisabooks.com
이메일	book_korean@sisadream.com
등록일자	2000년 8월 17일
등록번호	1-2718호

ISBN 978-89-5518-882-0 94700
　　　 978-89-5518-264-4(set)